ALBERTO F. ROLDÁN

ATENAS Y JERUSALÉN EN DIÁLOGO

FILOSOFÍA Y TEOLOGÍA EN LA MEDIACIÓN HERMENÉUTICA

Atenas y Jerusalén en diálogo
filosofía y teología en la mediación hermenéutica
Alberto F. Roldán

Hecho el Depósito Legal en la Biblioteca Nacional del Perú N° 2015-13124
ISBN N° 978-612-4252-08-2

Primera edición: setiembre 2015

Categoría: Teología - Filosofía

Editado por:

Apartado postal: 11-168, Lima - Perú
Av. 28 de Julio 314, Dpto. G, Jesús María, Lima - Perú
Telf.: (511) 423-2772
E-mail: puma@cenip.org
ventas@edicionespuma.org
Web: www.edicionespuma.org
Ediciones Puma es un programa del Centro de Investigaciones y Publicaciones (CENIP)

Diseño de carátula: Adilson Proc
Diagramación: Hansel J. Huaynate Ventocilla

A mis estudiantes de teología de Argentina, América Latina y el Caribe, quienes, mediante el diálogo abierto, me ayudaron a pensar la fe y desarrollar un pensamiento teológico que responda a la realidad de nuestros pueblos.

Contenido

Prólogo

Atenas y Jerusalén, ¿territorios culturalmente contrapuestos o complementarios? ¿Cómo es posible que dos escuelas de pensamiento tan diferentes una de la otra, hayan logrado unirse hasta el punto de fusionarse en una nueva concepción del mundo, suavizando un choque de ideas tan potente que fue capaz de crear una cultura totalmente nueva, que se dio en llamar "cultura cristiana occidental"? Aquí radica el sentido primigenio del diálogo intercultural que nos propone Alberto F. Roldán mediante su análisis hermenéutico de la teología contemporánea. Diálogo entre dos disciplinas, teología y filosofía, que constituyen un entramado racional documental, en el cual una complementa e ilumina a la otra, ya sea en virtud de sus contenidos, que son análogos, o a raíz de sus métodos, semejantes y complementarios. Y en este diálogo nuestro autor tiene algo relevante que decir.

Así, Roldán pasa revista al pensamiento que manifestaron al respecto Tillich y Pannenberg, tomando ambas posturas como marco teórico a partir del cual será posible definir distinciones y convergencias entre dos campos disciplinares, puesto que ambos pensadores le dieron gran importancia a la filosofía en la construcción de su teología. Sendas disciplinas se ocupan del ser, dice Tillich, pero en tanto la filosofía lo hace indagando acerca de la estructura del ser en sí, la teología se enfoca en su significado.

Un más que interesante análisis sobre la influencia de la obra de Kierkegaard en Karl Barth prosigue a la exposición kantiana sobre el reino de Dios. La dialéctica hegeliana aflora incisivamente en la obra del teólogo y filósofo danés, una dialéctica muy diferente a la de su maestro suabo, porque no incluye síntesis, sino que se resuelve en una irracional paradoja que sitúa a Dios en un sitio trascendente. Y precisamente aquí, en esta situación paradojal de la dialéctica, el pensamiento del danés resurge a través de la teología de Barth.

No podía estar ausente en esta obra una exposición sobre Ricoeur y su teoría hermenéutica, como teoría de una interpretación del texto capaz de darle claridad contextual y cultural al discurso. En el trasfondo del análisis hermenéutico de Ricoeur late la idea de que en toda escuela de pensamiento aflora siempre una tradición cultural y religiosa, razón por la cual existe la necesidad de desentrañar cualquier indicio de ideología encerrado en el discurso.

Un hito por demás importante en el estudio propuesto por el profesor Roldán lo constituye la hermenéutica gadameriana. A diferencia de Heidegger, Gadamer no pierde de vista la fecunda función de la hermenéutica en el esclarecimiento del lenguaje mediante el cual se revela lo sagrado, con lo cual reposiciona a la hermenéutica como centro neurálgico del análisis del ser y, por tanto, de la filosofía.

Heredero posmoderno de Gadamer, Gianni Vattimo destaca el rol que ha manifestado la religión en nuestra cultura, radicalmente despojada de metarrelatos sospechosos. Roldán analiza y evalúa la interpretación *sui generis* del abanderado italiano del pensamiento débil desde el ámbito de la *kénosis* divina.

No podía faltar en esta obra el análisis sobre la actual teología política. Aquí la erudita pluma del doctor Roldán se posa sobre el sentido y efecto de la secularización en el fenómeno religioso, y cómo éste se las ha ingeniado para lidiar con un proceso espiralado y recurrente desde los albores de la modernidad. ¿Cómo tendrá que ser el carácter de la respuesta religiosa de nuestro tiempo, capaz de dar cuenta y de asumir el impacto de la secularización? A dilucidar esto, sin más, nos invita Alberto F. Roldán en las páginas que siguen, fundiendo en un mismo texto el sentido propuesto por dos ciudades icónicas de nuestra cultura occidental: Atenas y Jerusalén. Un propósito por demás valioso y pertinente si pretendemos comprender el tiempo en el que vivimos.

Dr. Fernando Aranda Fraga
Decano de Humanidades de la Universidad Adventista del Plata
Libertador Gral. San Martín (E. R.), 15 de enero de 2015

Introducción

La presente obra expone las relaciones entre filosofía y teología. *Atenas* y *Jerusalén* son símbolos de ambas disciplinas, respectivamente. Remiten a la pregunta de Tertuliano: "¿Qué tiene que ver Atenas con Jerusalén, la academia con la iglesia?"

He dividido el libro en tres partes, referidas a tres ejes: filosofías, hermenéuticas y teologías. La primera se inicia con el capítulo "Las relaciones entre filosofía y teología según Paul Tillich y Wolfhart Pannenberg". Seguidamente, en "El concepto kantiano del reino de Dios en la religión dentro de los límites de la mera razón", muestro el modo en que el filósofo Emmanuel Kant concibe el reino de Dios en su obra *La religión dentro de los límites de la mera razón*. El tercer capítulo de esta parte, "La influencia de Sören Kierkegaard en la teología de Karl Barth. Dialéctica, desesperación y fe", indaga sobre la manera en que Sören Kierkegaard deja su impronta en el estilo barthiano. Los términos "fe", "desesperación", "decisión", de fuerte raigambre kierkegaardiana, son frecuentes en la obra de Barth, sobre todo en su comentario a Romanos. Este trabajo fue publicado inicialmente en la revista *Teología y cultura,* año 10, vol. 15, 2013.

La segunda parte del libro está consagrada a las hermenéuticas contemporáneas. El primer capítulo se titula "La hermenéutica de Paul Ricoeur: del símbolo a la acción", en el cual sintetizo su rica perspectiva, que destaca tanto el símbolo como la acción humana. Este trabajo está basado en mi tesis: *Ética en la praxis educativa desde la hermenéutica de Paul Ricoeur*, defendida en la Universidad del Salvador. A continuación, en "Giro hermenéutico, teología y debate con las ciencias en Hans-Georg Gadamer", analizo la interrelación de esas disciplinas en sus ensayos tardíos. El tercer capítulo de esta parte, "La kénosis de Dios según Gianni Vattimo: hermenéutica después de la cristiandad" —publicado en la revista *Teología y cultura*, N.° 7, año

2007— está dedicado a interpretar el pensamiento del filósofo italiano a partir de la *kénosis* o *vaciamiento* de Dios.

La tercera parte, sobre las teologías, incluye en primer lugar un capítulo titulado: "La fe como evento existencial-escatológico en el pensamiento de Rudolf Bultmann. De la filosofía de Martín Heidegger al planteamiento teológico". Publicado inicialmente en la revista *Franciscanum,* Universidad de San Buenaventura, Bogotá, volumen LV, N.° 160, expone la influencia de Martín Heidegger en el exégeta luterano para su replanteo de la fe. El siguiente capítulo, "La teología política como respuesta al desafío que la secularización plantea a los cristianos", es una ponencia que ofrecí en octubre de 2014 en el simposio organizado por el Instituto Superior de Enseñanza Religiosa. Finalmente, dedico el último capítulo a uno de los teólogos que más me han marcado en mi forma de hacer teología: José Míguez Bonino. Expongo su teología centrada en el reino, interpretado como la acción reconciliadora de Dios en la historia. Las reflexiones finales se abren con una pregunta inquietante: "¿La iglesia evangélica crea pensamiento?"

Mi gratitud a quienes me han ayudado consciente o inconscientemente en la elaboración de este libro. A mi querida esposa, Emi, por su inigualable compañía y sostén de años de vida matrimonial y ministerial. A mis hijos: Myrian, directora de escuela secundaria, David —teólogo y filósofo—, quien en muchas charlas me ha enriquecido con su profundidad de análisis, y Gerardo, abogado con trayectoria en Argentina y Australia. También mi gratitud al doctor Fernando Aranda por su gentileza de escribir el prólogo. Mi agradecimiento a las instituciones en donde desarrollo la docencia: FIET —del cual soy uno de sus fundadores—, PRODOLA, SEMISUD y UAP. Con esta obra estoy celebrando mis bodas de oro con la teología.

Al Padre de los astros, de quien procede todo buen regalo y todo don perfecto y "en el cual no hay fases ni períodos de sombra" (Stg 1.17 NBE), sea toda la gloria ahora y siempre. Amén.

Alberto F. Roldán

Ramos Mejía, 12 de abril de 2015

Primera parte

Filosofías

¿No es suficientemente intrincada la teología como para que se le sumen las oscuridades aún mayores de los sistemas filosóficos? Al simple cristiano que quiere comprender su fe —eso es hacer "teología"—, ¿se le ha de exigir la pesada carga especulativa de llevar a ese trabajo y colocar como base de él ese tembladeral donde las filosofías aparecen y desaparecen sin dar nunca, por lo visto, un decisivo paso adelante?

— Juan Luis Segundo —

Capítulo 1

Las relaciones entre filosofía y teología según Paul Tillich y Wolfhart Pannenberg

En la comprensión crítica, aunque no en el poder creador, el teólogo sistemático ha de ser un filósofo.
Paul Tillich

La teología necesita ahí de la filosofía, de sus reflexiones críticas y orientadoras, pero la filosofía también necesita de la teología...
— Wolfhart Pannenberg

Pensar [...] la filosofía y [...] la teología como planetas compañeros orbitando alrededor de un centro común, mantenidos por la atracción gravitacional de un secreto absoluto que se sienta en el medio mientras ellos trazan círculos concéntricos alrededor de un misterio central.
— *John D. Caputo*

Introducción

Las relaciones entre la filosofía y la teología siempre han sido difíciles de abordar por varias razones. Una es la incomprensión que desde una de las disciplinas se ha tenido hacia la otra. En efecto, no faltan los filósofos que ignoran de qué trata la teología o la identifican con cierta escuela teológica que ha absorbido una corriente filosófica determinada, como el sistema aristotélico-tomista. Por otra parte, tampoco faltan los teólogos que sospechan de cualquier enfoque filosófico por considerarlo, *a priori*, enemigo de la fe, de la religión y, por ende, de la teología. Otra razón radica en que muchas veces los críticos de un lado o de otro toman una especie de fotografía de un momento del debate y no se detienen a analizar la historia de esas relaciones. En este capítulo procuramos definir las distinciones que deben establecerse entre ambas formas del conocimiento y sus convergencias posibles, tomando a las teologías de Paul Tillich y Wolfhart Pannenberg como marco teórico para nuestra reflexión, en razón de que ambos han dado importancia a la filosofía en la construcción de su pensamiento teológico.

En apariencia: una misma perspectiva

La filosofía y la teología estuvieron vinculadas desde los comienzos de la filosofía griega. En efecto, "teólogos" eran los poetas griegos como Homero, y sus poemas eran considerados "teologías".[1] Aristóteles se refiere a Dios enfáticamente cuando dice: "Afirmamos que Dios es un ser viviente, eterno y supremo."[2] Y, al referirse a las ciencias teóricas, el Estagirita dice:

> Habría, entonces, tres ciencias teóricas: matemáticas, física y teología (pues es obvio que si lo divino está presente en alguna parte, lo está en esa clase de ente y que la ciencia más eminente debe ocuparse del género más alto). Las ciencias teóricas son preferibles a las otras ciencias pero esta ciencia, la teología, es preferible a las restantes ciencias teóricas.[3]

Estas primeras referencias, tomadas a la ligera o cándidamente, nos darían la impresión de que tanto la teología como la filosofía son idénticas, ya que Aristóteles se refiere a la teología como filosofía primera, cuyo tema es Dios. Sin embargo, como se verá más adelante,

---

1 Para un análisis histórico de la influencia de la filosofía griega en el cristianismo véanse los trabajos del filólogo y filósofo alemán Werner Jaeger: *Cristianismo primitivo y paideia griega*, trad. Elsa Cecilia Frost, México: FCE, 1965 (undécima reimpresión: 2012) y *La teología de los primeros filósofos griegos*, trad. José Gaós, México: FCE, 152 (octava reimpresión: 2013). En la primera obra, Jaeger expone con notable profundidad y capacidad de síntesis las influencias que la filosofía griega ejerció en el cristianismo de los primeros siglos. Prácticamente, para él, el cristianismo sin la filosofía no sería lo que conocemos en la historia. Jaeger también es autor de una obra ya clásica: *Paideia* (1934).

2 Aristóteles, *Metafísica*, trad. Hernán Zucchi, Buenos Aires: Editorial Sudamericana, 1978, XII, 1072b.30, p. 526.

3 *Ibíd.* VI.1026a, pp. 301–302.

el "Dios de Aristóteles" no necesariamente debe ser identificado, sin más, como el Dios de la fe judeocristiana.

Esos comienzos comunes entre filosofía y teología, se acentuarán todavía más con el surgimiento de los primeros teólogos, especialmente los alejandrinos. En efecto, en el siglo II d. C. en Alejandría, que ya había sido el lugar en donde el filósofo judío Filón estableció relaciones entre Platón y Moisés, se desarrolló una escuela teológica en la que descollaron Clemente y, especialmente, el gran Orígenes, quien se destacó por su prolífica obra, en la que, desde el platonismo, desarrolla una teología caracterizada por una hermenéutica simbólica y alegórica. Más adelante, ya en los siglos IV y V, la figura descollante será el africano San Agustín de Hipona, fuertemente influido por el platonismo, el neoplatonismo y el maniqueísmo.[4]

La explicación del fenómeno la ofrece Juan Luis Segundo. El teólogo uruguayo admite que el cristianismo se inculturó en el mundo del pensamiento helénico y "de allí, hasta [de las] obras del mismo Nuevo Testamento sacaron las principales categorías para pensar y expresar su mensaje."[5] Aunque el cristianismo siguió siendo más deudor del Antiguo Testamento, señala, y no adoptó elementos culturales griegos politeístas, trató de pensar el universo, la divinidad y sus relaciones "mediante los útiles conceptuales más refinados de la filosofía griega".[6] En otras palabras, la teología cristiana encontró en la filosofía un instrumental lingüístico útil para el desarrollo de su pensamiento. Esa influencia filosófica tuvo sus consecuencias positivas y negativas para el cristianismo. Por un lado, le permitió dialogar con la cultura grecorromana y, por otro, asimilar, acaso inconscientemente, perspectivas ajenas al pensamiento hebraico, como lo fue la incorporación de la idea de "inmortalidad del alma", tan ajena al Antiguo Testamento. La presencia de la filosofía griega desde los primeros siglos de la era cristiana fue de gran magnitud incluso en

---

4 Para más datos específicos de las influencias del platonismo en los primeros teólogos alejandrinos, véase la obra ya citada de Werner Jaeger: *Cristianismo primitivo y paideia griega*.

5 Juan Luis Segundo, *¿Qué mundo? ¿Qué hombre? ¿Qué Dios?*, Santander: Sal Terrae, 1993, p. 43.

6 *Ibíd.*

los padres de la iglesia. Por ejemplo, Tertuliano, a pesar de su pregunta "¿Qué tiene que ver Atenas con Jerusalén, la academia con la iglesia?", con la cual mostraba a las claras su posición al respecto, no pudo evitar dicha injerencia, ya que para la formulación de la doctrina trinitaria apeló a conceptos de fuerte raigambre filosófica, tales como "persona" y "sustancia".

La filosofía: *ancilla* de la teología

La victoria del cristianismo en la cultura europea fue de tal magnitud que en la Alta Edad Media, la teología llegó a ser la "reina de las ciencias", y la filosofía, la *ancilla* (sierva) de ella. Aun a riesgo de sintetizar demasiado, podríamos decir que en toda la Edad Media uno de los problemas centrales fue el de la relación entre fe y razón. Refiriéndose a la filosofía medieval, dice Paolo Lamanna:

> La filosofía medieval es en cierto modo continuación de la filosofía antigua; por otra parte, es una antítesis de ella y una anticipación de la filosofía moderna. Su característica está en que incorpora a su contenido la revelación cristiana: busca primero las fórmulas doctrinarias de ésta (los *Dogmas*), fórmulas que la fijen y expresen, luego las razones que hagan accesibles al intelecto las verdades de fe o que circunscriban por lo menos —en el campo de la verdad revelada— la parte traducible en verdades de razón.[7]

Con el escolasticismo, que alcanza su culmen con Santo Tomás, la teología se apodera de la filosofía y la convierte en "ancilla" de la teología. Para evaluar las consecuencias que tuvo ese "dominio teológico", nada mejor que citar la explicación de Raimon Panikkar:

> Mi interpretación se limita al uso que se ha hecho de la frase "Philosophia ancilla theologiae" desde la teología escolástica

[7] E. Paolo Lamanna, *Historia de la filosofía*, vol. II, *El pensamiento en la Edad Media y el Renacimiento*, 2.ª edición, trad. Oberdan Caletti, Buenos Aires: Librería Hachete, 1960, p. 313.

> hasta nuestros días. La teología, en oposición a lo que se nos dice en el Evangelio, ha querido mandar y, al mandar, se ha desacreditado. Ha querido tener poder, ser la "regina" de las ciencias y dictaminar lo que éstas debían decir. Ha confundido autoridad con poder. Como la misma palabra indica, tiene autoridad quien hace crecer a los demás, quien hace crecer la confianza, el amor, la comprensión y la tolerancia. Como decían los antiguos: "Auctoritas ab augendo", "La autoridad viene de quien nos hace crecer". No es poder. La autoridad nos la da y nos la reconoce el otro. Yo tengo el poder, dado por mi dinero, armas o músculos, y por ello el otro me teme. La teología, una vez utilizada una cierta filosofía, ha querido mandar, ser reina, convertir a la filosofía en su servidora y, por esta causa, se ha anquilosado, por no decir que ha muerto. Ya lo decía Lao-tsé antes que el Evangelio: quien realmente tiene autoridad ocupa el último lugar y entonces le es reconocida. La teología ha querido convertir a la filosofía en una especie de servidora. Aún hoy, en las facultades de teología se introduce a la filosofía como materia para preparar la entrada a la teología. Una vez adoctrinados en esta filosofía, que no es auténtica filosofía porque no es libre, se nos quiere introducir en la teología. Al hacer de la filosofía su servidora, la teología ha caído en sus manos. De manera que sin Aristóteles, Platón, etc., no existe teología posible. La teología se ve obligada a expresarse por medio de las formas que nos presenta la filosofía.[8]

Como plantea Panikkar, cuando la teología aristotélica tomista "adoctrina" a la filosofía, ésta ya no es libre para pensar, sino que queda aprisionada en un esquema rígido que no apela a la razón y la criticidad, sino a repetir viejas fórmulas que ya no son vigentes en el mundo. En efecto, Santo Tomás le concedió a esa Iglesia Católica Romana un marco teórico que le sirvió y le sirve todavía. Pero surgen preguntas: ¿es ese sistema vigente en el mundo hoy? ¿Resiste las críticas del racionalismo

---

8 Raimon Panikkar, "Muerte y resurrección de la teología", *http://www.servicioskoinonia.org/relat/367.htm*. Accedido el 15 de febrero de 2014.

y del iluminismo? Se nos ocurre que es un sistema útil y vigente *ad intra* de la iglesia, pero que difícilmente puede resistir esas críticas. Porque nos parece que una filosofía atada a la cosmovisión medieval, heredera de Aristóteles, tiene enormes dificultades para funcionar adecuadamente en un mundo dominado por la ciencia y la tecnología y que ha dejado atrás las ideas de que los planetas están movidos por ángeles. Hans Küng critica esa visión medieval que hunde sus raíces en Aristóteles "cristianizado" por Santo Tomás y entiende que René Descartes es el pensador que provoca "un giro copernicano" en la filosofía.

> Es menester una ruptura radical con el pasado, incluidos Aristóteles y Tomás de Aquino —como claramente se dice en la primera regla del *Discours*— "no admitir como verdadera cosa alguna, como no supusiese con evidencia que lo es", y así "no comprender en mis juicios nada más que lo que es presentarse tan clara y distintivamente a mi espíritu, que no hubiese ninguna ocasión de ponerlo en duda".[9]

Küng también formula una pregunta —en tono retórico— sobre el sistema filosófico-teológico de Santo Tomás: "¿No estaba *ligado a la imagen griega del mundo* en una medida mucho mayor de lo que la mayoría de tomistas hoy quieren reconocer?"[10] Por lo tanto, esa síntesis medieval quedará desfasada con las filosofías racionalistas (Descartes) y el iluminismo, particularmente en este caso por el trabajo demoledor de la filosofía de Immanuel Kant.

La teología: *ancilla* de la filosofía

Emmanuel Kant (1724–1804) representa otro momento clave en la historia de la filosofía, con consecuencias importantes para la teología.

---

9 Hans Küng, *Existe Dios. Respuesta al problema de Dios en nuestro tiempo,* 4.ª ediciión, trad. J. Mª Bravo Navalpotro, Madrid: Cristiandad, 1979, p. 31.

10 *Ibíd.*, p. 68. Cursivas originales. Con respecto al propio Santo Tomás, Hans Küng lo define como un hombre medieval no sólo en la forma de concebir el mundo, sino también en cuanto a su fe. Esa perspectiva lo condujo a la subordinación de la razón a la fe, de la naturaleza a la gracia, de la filosofía a la teología y del Estado a la Iglesia. *Ibíd.*, p. 69.

Criado en un ámbito pietista y, por lo tanto, luterano, Kant es un creyente pero no un creyente a secas, miembro fiel de una iglesia determinada que acepta sin mayores cuestionamientos sus dogmas y principios religiosos. Por el contrario, su criticidad —no en vano sus obras se titulan *Crítica de la razón pura, Crítica de la razón práctica, Crítica del juicio*— encara un trabajo analítico profundo que desmantelará mucho de lo construido hasta entonces en filosofía y teología. Como se aclara en la nota preliminar a su *Crítica de la razón pura,* el hombre de Koenigsberg (ciudad prusiana de la que nunca habría salido) denominó "crítica" a su doctrina, significando con ello "apreciación justa, sobre todo, apreciación de las posibilidades del hombre como creador y sostenedor de la cultura".[11] Kant es un eximio representante de la Ilustración. Precisamente él mismo escribe un opúsculo denominado: "¿Qué es la Ilustración?", en el que comienza definiendo:

> *La ilustración consiste en el hecho por el cual el hombre sale de la minoría de edad. Él mismo es culpable de ella.* La minoría de edad estriba en la incapacidad de servirse del propio entendimiento, sin la dirección de otro. Uno mismo es *culpable* de esta minoría de edad, cuando la causa de ella no yace en un defecto del entendimiento, sino en la falta de decisión y ánimo para servirse con independencia de él, sin la conducción de otro. *¡Sapere aude!* ¡Ten valor de servirte de tu propio entendimiento! He aquí la divisa de la Ilustración.[12]

"¡Atrévete a pensar!" es entonces el desafío que formula la Ilustración, dado que el ser humano ha llegado a la mayoría de edad. Ese atrevimiento lo ejecutará el propio Kant demoliendo las pruebas teístas elaboradas pacientemente por Descartes. Kant pone todo su empeño para analizar críticamente esas pruebas.[13] Divide lo que llamamos

---

11 Nota preliminar a Manuel Kant, *Crítica de la razón pura,* 14.ª edición, trad. Manuel García Morente y Manuel Fernández Núñez, México Editorial Purrúa, 2008, p. x.

12 Immanuel Kant, *Filosofía de la historia. Qué es la Ilustración,* trad. Emilio Estiú y Lorenzo Novacassa, La Plata: Terramar ediciones, 2005, p. 33. Cursivas originales.

13 Wolfhart Pannenberg ha evaluado las pruebas teístas y su deconstrucción realizada por Kant. Véase su *Systematic Theology,* vol. 1, trad. Geofrey W. Bromiley, Grand Rapids: Eerdmans, 1991, pp. 82–95.

"realidad" en dos planos diferenciables: lo *fenoménico* y *noumenal.* De los fenómenos podemos hacer ciencia, pero de lo *noumenal,* que significa "la cosa en sí"[14] y que incluye las ideas de Dios, inmortalidad, cielo, no podemos hacer "ciencia" en el sentido estricto. Se necesita una "razón práctica" o "un uso práctico" de la razón para hablar de ellas. Para Kant, sólo hay tres posibles pruebas especulativas de la existencia de Dios: la físico-teológica, la cosmológica y la ontológica. Kant se toma el trabajo de desmenuzar cada uno de sus argumentos para mostrar su inconsistencia. "Todas las pruebas de la existencia de Dios, según Kant, no sólo han fracasado en la práctica, sino que son también teóricamente imposibles".[15] Trasladado a la empresa teológica, Kant dice: "Todos los ensayos de un uso simplemente especulativo de la razón bajo la relación teológica son enteramente infructuosos y nulos, y sin valor en cuanto a la naturaleza interna de esta ciencia [...]".[16]

Pero esta demolición de las pruebas teístas encarada por Kant ¿significa que él no creía en Dios? De ninguna manera. En el final de

---

14 La expresión "la cosa en sí" es, según Eduardo Shore, una de las cosas que conduce a extrañas conclusiones al no ser interpretada debidamente. Para este autor, hay dos coas de "cosas en sí". Una, la que alude a Dios, el alma y la libertad, consideradas como "cosas en sí", por su incognoscibilidad. La otra se refiere a las cosas que denominamos "reales", porque su existencia es independiente de la aprehensión del sujeto. Eduardo Shore, *Entender a Kant. La cosa en sí en la Crítica de la razón pura,* Buenos Aires: Biblos, 2001, p. 15. Luego, citando a Heidegger, agrega: "Una cosa en sí es aquella que no nos es accesible por la experiencia como lo son las piedras, las plantas y los animales. [...] Una cosa en sí es por ejemplo Dios, entendiendo aquí la palabra como la entiende Kant, en el sentido de la teología cristiana". Martín Heidegger, *La pregunta por la cosa,* Buenos Aires: Alfa, 1975, p. 14, cit. en *Ibíd.*, p. 17. Otro libro importante relacionado con el tema es Martín Heidegger, *Kant y el problema de la metafísica,* trad. Gred Ibscher Roth, Madrid: Editorial Nacional, 2002. Para el tema que nos ocupa, es interesante observar la perspectiva que tenía Heidegger respecto a la teología y la filosofía. Dice: "La teología es una ciencia positiva, y como tal es absolutamente diferente de la filosofía. En consecuencia, es preciso preguntarse de qué modo la teología, siendo absolutamente diferente a la filosofía, se relaciona con ésta. Se sigue de nuestra tesis que la teología como ciencia positiva es fundamentalmente más próxima a la química y a las matemáticas que a la filosofía. De este modo formulamos, en su forma extrema, la relación de la Teología y la Filosofía." Martin Heidegger, *Wegmarken,* Fráncfort del Meno, Lostermann, 1978, p. 49, cit. por Philippe Capelle-Dumont, *Filosofía y teología en el pensamiento de Martin Heidegger,* trad. Pablo Corona, 2012, p. 27.

15 Hans Küng, *Op. Cit.*, p. 735.

16 *Crítica de la razón pura,* p. 362.

la *Crítica de la razón pura* aclara su posición respecto a la fe y admite: "Sólo *desde el punto de vista práctico* puede la creencia teóricamente insuficiente llamarse fe".[17] Kant une la fe a los fines morales, por lo que dice:

> … yo creo infaliblemente en la existencia de Dios y en una vida futura y estoy seguro que nada puede hacer vacilar esta fe, puesto que derribaría con ella mis mismos principios morales, a los cuales no puedo renunciar sin llegar a hacerme digno de desprecio ante mis propios ojos.[18]

Como se observa, Kant vincula la fe en la existencia de Dios a los principios morales que se derribarían sin su existencia. Más adelante insiste: "La fe en un Dios y en otro mundo está de tal forma unida a mi disposición moral, que no corro el riesgo de perder esta fe no creyendo en poder ser despojado jamás de esta disposición".[19]

En síntesis: Kant realiza un enorme esfuerzo por distinguir entre razón pura y razón práctica. La primera es la que se ejerce sobre fenómenos de los cuales se puede hacer ciencia en sentido estricto. Pero entes como Dios, el alma, el cielo, no son pasibles de ser comprendidas mediante la pura razón, pero sí se pueden captar mediante una razón práctica o un uso práctico de la razón. Kant distingue entonces los siguientes binomios:

- Razón pura *vs.* razón práctica
- Ciencia *vs.* fe
- Filosofía *vs.* teología

De allí, colige que la teología no puede ser una ciencia en el sentido cabal del término. Su tema central: Dios, tampoco puede ser tema de ciencia ni de una especulación filosófica. Pero ello no significa que no sea importante. Lo es, en un sentido tan profundo que Kant entiende

---

17 *Ibíd.*, p. 454. Cursivas originales.

18 *Ibíd.*, p. 456.

19 *Ibíd.*, p. 457. También Kant se ocupó de otros temas de origen plenamente teológicos como es el reino de Dios. Véase al respecto Alberto F. Roldán, "El concepto kantiano del reino de Dios", en *La religión dentro de límites de la mera razón*, Ramos Mejía, 19 de mayo de 2011 (inédito).

que si renuncia a él se cae todo su andamiaje filosófico-ético. ¿Por qué hemos puesto como título de este apartado "La teología: sierva de la filosofía"? Pues porque para Kant, a la inversa de lo que fue toda la Edad Media, en que la filosofía fue *ancilla* de la teología, ahora los roles son puestos al revés (Kant diría: en su verdadero lugar). Al final de su breve texto *La paz perpetua,* dice, al comparar la facultad de filosofía con otras: "Dícese que la filosofía, por ejemplo, [...] es la sirvienta de la teología [...]. Pero no se aclara bien si su servicio consiste 'en preceder a su señora, llevando la antorcha, o seguirla, recogiéndole la cola'".[20] La imagen que utiliza Kant es suficientemente elocuente: revierte la posición subalterna de la filosofía, tal como se dio en la Edad Media, y la reubica en el primer lugar, y la teología es la que —detrás— le recoge la cola [...].[21]

Dos enfoques: Paul Tillich y Wolfhart Pannenberg

Dejando de lado posiciones poco académicas de desprecio mutuo entre una disciplina y otra y, sin pretender agotar el tema, nos proponemos ahora exponer algunas respuestas a las relaciones entre filosofía y teología. Para ello, hemos escogido a dos teólogos luteranos con sólida formación en filosofía y que han reflexionado sobre nuestro tema: Paul Tillich y Wolfhart Pannenberg.

Paul Tillich (1886–1865), teólogo luterano y filósofo vinculado a la Escuela de Frankfort, se dedica a reflexionar sobre los puntos en común

20 Manuel Kant, *Fundamentación de la metafísica de las costumbres. Crítica de la razón práctica. La paz perpetua,* trad. 14.ª edición, México: Editorial Porrúa, 2004, p. 269.

21 Apelando a otra imagen, la misma perspectiva reflejaría Walter Benjamin cuando se refiere "al títere y el enano" en su ensayo "Sobre el concepto de la historia". Véase Walter Benjamin, *Conceptos de filosofía de la historia,* trad. H. A. Murena y D. J. Vogelmann, Buenos Aires: Terramar, 2007, p. 65. Para una interpretación de esa obra de Benjamin, véase Michael Löwy, *Walter Benjamin: aviso de incendio. Una lectura de las tesis "Sobre el concepto de historia",* trad. Horacio Pons, Buenos Aires: FCE, 2002, pp. 46–54. Para una visión crítica de la teología cristiana a partir de la imagen de Benjamin, véase Slavoj Žižek, *El títere y el enano. El núcleo perverso del cristianismo,* trad. Alcira Bixio, Buenos Aires: Paidós, 2005.

de ambas disciplinas y sus contrastes. En la Introducción a su *Teología sistemática,* Tillich ensaya una respuesta. Propone una definición de filosofía: "Aquella actitud cognoscitiva frente a la realidad como un todo en la que la realidad como tal es el objeto de conocimiento".[22]

Para elaborar una respuesta a la cuestión de las relaciones entre teología y filosofía, Tillich dice que ambas disciplinas plantean la cuestión del ser, pero desde distintas perspectivas. "La filosofía se ocupa de la estructura del ser en sí mismo; la teología, en cambio, se ocupa de lo que significa el ser para nosotros".[23] A partir de ese punto de convergencia, Tillich desarrolla luego el tema de las divergencias; a saber, la divergencia de la diferente actitud cognoscitiva entre el filósofo y el teólogo. "Aunque guiado por el *eros* filosófico, el filósofo intenta mantenerse objetivamente distanciado del ser y sus estructuras".[24] A diferencia del filósofo, el teólogo se halla por entero vinculado a su "objeto" con pasión, temor y amor. En ese sentido, Tillich define la actitud del teólogo como "existencial".

- Otra divergencia está en el tema de las fuentes. "El filósofo considera la totalidad de la realidad para descubrir en ella la estructura de la realidad en su conjunto".[25] Por el contrario, el teólogo debe descubrir de qué modo se manifiesta lo que le preocupa últimamente y debe situarse allí. De modo más claro, dice Tillich que, mientras el filósofo apunta al Logos universal, el teólogo se refiere al Logos encarnado, el Logos histórico particular.

---

22 Paul Tillich, *Teología sistemática,* vol. I, trad. Damián Sánchez-Bustamante Páez, Barcelona: Ariel, 1972, p. 34. Cursivas originales. En un texto anterior, Tillich ya se había referido a las relaciones entre filosofía y teología. Se trata de *Filosofía de la religión,* que corresponde a la época posterior a la Primera Guerra Mundial. Allí, el teólogo luterano aborda la religión como tema de la filosofía distinguiendo entre filosofía y teología. Define ambas disciplinas en estos términos: "La filosofía de la religión es la teoría de la función religiosa y de sus categorías. La teología es la presentación normativa y sistemática de la realización concreta del concepto de 'religión'. La historia cultural de la religión actúa como puente entre la filosofía de la religión y la teología." Paul Tillich, *Filosofía de la religión,* trad. Marcelo Pérez Rivas, Buenos Aires: La Aurora, 1978, p. 16.

23 *Teología sistemática,* vol. I, p. 38.

24 *Ibíd.*, p. 39.

25 *Ibíd.*, p. 40.

- Finalmente, un tercer punto de divergencia radica en el contenido. El filósofo se ocupa de las "categorías del ser", mientras que el teólogo "relaciona esas mismas categorías y conceptos en la búsqueda del 'nuevo ser'".[26] ¿Qué dice Tillich de las convergencias entre ambas disciplinas? Dice que la convergencia es obvia porque tanto el filósofo como el teólogo "existen" y no pueden desasirse del carácter concreto de sus existencias. Hay condicionamientos psicológicos, sociológicos e históricos para ambos. Y llega a afirmar lo siguiente:

> Todo filósofo creador es teólogo latente (a veces incluso un teólogo declarado). Es un teólogo en la medida en que su situación existencial y su preocupación última modelan su visión filosófica. Es un teólogo en la medida en que su intuición del *logos* universal, que alienta en la estructura en la realidad en su conjunto, está formada por un *logos* particular que se le manifiesta en su lugar particular y le revela la significación del todo. Y es un teólogo en la medida en que el *logos* particular es objeto de compromiso activo en el seno de una comunidad particular. Apenas si existe un filósofo históricamente importante que no presente estos rasgos de teólogo. Pero el filósofo no intenta ser un teólogo. Quiere servir el *logos* universal.[27]

Pero así como todo filósofo creador es un teólogo latente, en un apartado anterior, Tillich ya había afirmado que "en la comprensión crítica, aunque no en el poder creador, el teólogo sistemático ha de ser un filósofo".[28] En lo que se refiere a la situación existencial, el teólogo soporta una carga similar a la del filósofo. Pero hay un detalle: el teólogo no va al encuentro de su preocupación última "para confesarla públicamente, sino para poner de relieve la validez universal, la estructura de *logos* de aquello que le preocupa últimamente".[29] Pero justamente, por su enconada labor de poner de relieve la validez

---

26 *Ibíd.*, p. 41.
27 *Ibíd.*, pp. 42–43. Cursivas originales.
28 *Ibíd.*, p. 38.
29 *Ibíd.*, p. 43. Cursivas originales.

universal del *logos* y no desde una actitud meramente confesante como podría hacerlo cualquier miembro de una institución religiosa, el teólogo corre riesgos. Explica:

> Dado que la teología está al servicio tanto del *logos* concreto como del *logos* universal, puede convertirse en una piedra de escándalo para la Iglesia y en una tentación demoníaca para el teólogo. El desasimiento que requiere todo trabajo teológico honesto puede destruir el necesario compromiso de la fe. Esta tensión constituye la servidumbre y la grandeza de todo quehacer teológico.[30]

Finalmente, Tillich se plantea si es inevitable el conflicto entre ambos o si es posible una síntesis entre ellas. Responde con claridad y rotundamente: "No es inevitable el conflicto entre la teología y la filosofía, pero tampoco es posible una síntesis de ambas".[31] Dado que no hay base común entre teología y filosofía, si el teólogo y el filósofo se combaten, no lo hacen desde una base común, sino desde la base teológica o la base filosófica. Los conflictos, en consecuencia, surgen desde un nivel filosófico o desde un nivel teológico, y no son conflictos entre teología y filosofía. Y así como el teólogo no tiene ningún derecho a pronunciarse a favor de una decisión filosófica, tampoco el filósofo, que vive en la cultura occidental imbuida del cristianismo, puede negar su dependencia de la misma. Esto no significa que se pueda elaborar una síntesis que pueda ser denominada "filosofía cristiana",[32] pese a que en la historia de Occidente se hayan dado algunas "síntesis", como la que ya mencionamos del sistema aristotélico-tomista o el neotomismo.

Pese a la claridad expositiva de Tillich, hay algunos aspectos cuestionables. La "preocupación última" y el "nuevo ser" representan nomenclaturas propias del lenguaje filosófico y teológico de Tillich,

---

30 *Ibíd.* Cursivas originales.

31 *Ibíd.*

32 También se podría plantear si Tillich elabora una "teología filosófica". En opinión de Jonas Roos, la propuesta de Tillich se concreta como teología filosófica en el horizonte de su método de correlación. Jonas Roos, "A relação entre teologia e filosofia no pensamento de Paul Tillich", en Enio R. Mueller, Robert W. Beims (organizadores.), *Fronteiras e Interfaces. O pensamento de Paul Tillich em perspectiva interdisciplinar,* Sao Leopoldo: Sinodal, 2005, p. 159.

y no necesariamente pertenecen a una teología universalmente desarrollada. Asimismo, hay cierta contradicción en el planteo de Tillich, ya que, por un lado, dice que el filósofo se ocupa del *logos* universal, mientras que al teólogo le interesa el *logos* encarnado; pero luego, por otro lado, al referirse a los puntos de convergencia, afirma que la teología está al servicio tanto del *logos* universal como del *logos* concreto. Por otra parte, al moverse en ambos campos del conocimiento y la investigación, Tillich ha podido dejar su impronta en colegas de la Escuela de Frankfurt, particularmente en Theodor Adorno, de quien fue su director de tesis de habilitación, y en Max Horkheimer, quien, de sus ensayos dedicados a la teoría crítica y la religión, dedica dos de ellos a analizar y ponderar la huella de la teología dejada por Tillich.[33]

Wolfhart Pannenberg (1928–2014) fue uno de los más importantes teólogos sistemáticos. Perteneció a la Iglesia luterana y fue profesor en la Universidad de Múnich. Su obra está concebida deliberadamente como una "teología sistemática", empresa y modalidad que defendió epistemológicamente. En efecto, en su libro dedicado al tema: *Teoría de la ciencia y teología*, refiriéndose a la cientificidad de la teología, dice:

> En la teología, la totalidad de sentido de la realidad experimentada [...] se tematiza desde el punto de vista de la unidad que la unifica, la realidad de Dios, tal como la conciencia de la misma ha aparecido en la historia de las experiencias religiosas. En cuanto que la experiencia religiosa, que es materia de la teología, es histórica, la teología está relacionada no sólo con la filosofía sino también con la ciencia histórica [...][34]

Más adelante, explica que la construcción de la teología es autónoma en relación con los datos históricos en que se fundamenta, ya que su objeto no es la historia sino la realidad de Dios. "En este aspecto, la teología coincide con el problema filosófico de la realidad en general y

---

33 Véase Max Horkheimer, "Última huella de teología. En memoria de Paul Tillich" y "Recordando a Paul Tillich", en *Anhelo de justicia. Teoría crítica y religión,* trad. Juan José Sánchez, Madrid: Trotta, 2000, pp. 89–95 y 147–151.

34 Wolfhart Pannenberg, *Teoría de la ciencia y teología,* trad. Eloy Rodríguez Navarro, Madrid: Cristiandad, 1981, p. 344.

tiene que regirse, por tanto, con los criterios por los que se juzgan los enunciados filosóficos".[35] La teología y la filosofía, entonces, coinciden en que ambas tienen una perspectiva de totalidad, y sus enunciados deben regirse por los mismos criterios. Ahora bien, como la percepción de la realidad de Dios no tiene un acceso directo, sino que es mediada por la experiencia, junto con toda experiencia concreta, se dan siempre hipótesis sobre la realidad en general, lo que hace necesario que la conciencia crítica los ilumine. Allí Pannenberg define su vinculación con dos filosofías: el idealismo alemán y la teoría crítica. Dice:

> Por esta razón, una sistemática de los niveles de la experiencia sería el presupuesto indispensable de una sistemática de las ciencias, como la elaboró la filosofía más reciente en su forma clásica, el idealismo alemán, y como últimamente lo ha desarrollado a su modo la teoría crítica.[36]

El método de la filosofía no es sólo el análisis, sino también la síntesis. Pannenberg ilustra este principio apelando a Hegel, para quien la síntesis era "la intuición especulativa que completa y trasciende la reflexión".[37] La filosofía también construye hipótesis que se basan en modelos filosóficos precedentes. A partir de estos datos, Pannenberg relaciona la filosofía con la teología, al decir:

> Los enunciados teológicos, como los filosóficos, son hipótesis sobre la totalidad de sentido de la experiencia; pero hipótesis construidas, *en primer lugar*, desde el punto de vista de la realidad que en última instancia determina todo lo dado en su totalidad aún inacabada, y, *en segundo lugar*, desde el aspecto de cómo se ha manifestado esta realidad divina en la conciencia religiosa.[38]

Las hipótesis no sólo deben ser construidas desde la perspectiva de la realidad como un todo, sino que también deben satisfacer el criterio

---

35 *Ibíd.*, p. 347

36 *Ibíd.*

37 Pannenberg cita allí a G. W. F. Hegel, *Differenz des Fichteschen und Schllingschen Systems der Philosophie* (La diferencia entre los sistemas de Fichte y de Schelling) (1801), p. 31.

38 *Teoría de la ciencia y teología*, p. 348. Cursivas originales.

histórico, entendiendo por ello la apelación a la historia de cómo se formaron esas teorías teológicas y el estadio que han alcanzado. Pannenberg se refiere específicamente a los *conceptos* de las teorías teológicas que nunca se derivan directamente de los datos bíblicos, sino que "le deben siempre su formulación al estadio que en cada caso haya alcanzado la teorización teológica".[39]

A modo de resumen provisorio, las vinculaciones y semejanzas entre filosofía y teología están dadas en los siguientes temas comunes:

- Ambas contemplan la realidad como un todo.
- Ambas elaboran hipótesis que están basadas en modelos precedentes.
- Ambas apelan a la historia y al *estadio* al que han llegado hasta el momento.
- Ambas conceptualizan, es decir, elaboran conceptos interpretativos de esa realidad a la que se abocan.
- Ambas disciplinas usan la razón para elaborar y analizar los conceptos.[40]

Para Pannenberg, tanto la filosofía como la teología son "sistemas de sentido" que tratan de interpretar coherentemente la realidad. La búsqueda de coherencia es desatacada por Stanley Grenz cuando afirma que "la naturaleza básica de la teología sistemática como una coherente presentación de un modelo del mundo, la humanidad y la historia está fundada en Dios, que demuestra la realidad de Dios y la verdad de la doctrina cristiana".[41] Es por eso que en el prólogo de su *Teología sistemática,* el propio Pannenberg aclara su propósito de exponer la doctrina cristiana como una específica interpretación de la relación de la teología a la filosofía:

---

39 *Ibíd.*, p. 350.

40 Como dice Kant en los primeros tramos de su *Crítica de la razón pura:* "Una gran parte, quizá la mayor parte de la labor de nuestra razón, consiste en *análisis* de los conceptos que ya tenemos de los objetos." Manuel Kant, *Crítica de la razón pura,* p. 32. Cursivas originales.

41 Stanley J. Grenz, *Reason for Hope. The Systematic Theology of Wolfhart Pannenberg,* 2.ª edición, Grand Rapids: Eerdmans, 2005, p. 20.

> Sin embargo, debo advertir contra toda tendencia de vincular esta presentación con cualquier particular sistema filosófico, aun el propio. En mi punto de vista la primera tarea de una teología filosófica es fijar su punto de partida intelectual en la revelación histórica de Dios.[42]

En otras palabras, Pannenberg encara el proyecto de elaborar una "teología filosófica" que, como tal, no solo sea reflexiva, sino que, sobre todo, fije como punto de partida la revelación en la historia, eje central de su empresa. En efecto, la obra en la que Pannenberg inicia su proyecto, junto a otros teólogos, se titula: *Revelation as History*, planteando que la historia es el escenario del despliegue de la revelación de Dios no a un grupo humano en particular, sino a toda la humanidad, revelación abierta para todos, con lo cual se sitúa en una visión crítica hacia las teologías de Karl Barth y de Rudolf Bultmann. La revelación no es comprendida totalmente sino al final de la historia, y la resurrección de Jesús de Nazaret es concebida como una *prolepsis*, es decir, una anticipación del futuro de Dios.[43] Esta cuestión de la *prolepsis* tiene su influencia también para el tema de la verdad. En su ensayo "¿Qué es la verdad?", Pannenberg admite: "En tal empresa, la teología cristiana siempre se encontrará ante un ámbito del espíritu en el que la pregunta acerca de la verdad está ya planteada desde otro lado, especialmente desde el lado de la filosofía".[44] Vincula el concepto hebreo de "verdad" (*emet*) con la concepción griega de αληθεια, los cuales, a pesar de sus profundas diferencias, tienen rasgos comunes, ya que para los griegos la pregunta por la verdad es por aquello que permanece, y en la concepción hebraica, Yahvé es el único que

---

42 Wolfhart Pannenberg, *Systematic Theology*, vol. 1, trad. Geoffrey W. Bromiley, Grand Rapids: Eerdmans, 1991, p. xii.

43 Véase Wofhart Pannenberg (editor), *Revelation as History*, trad. David Granskou, London: The Macmillan Company, 1968. Para un análisis de la escatología de Pannenberg, véase Alberto F. Roldán, "La epistemología escatológica de Wolfhart Pannenberg", *Teología y cultura*, año I, N.° 2, diciembre de 2004, pp. 1-7. *http://www.teologos.com.ar/arch_rev/a_roldan_pannenberg.pdf*

44 Wolfhart Pannenberg, "¿Qué es la verdad?", en *Cuestiones fundamentales de teología sistemática*, trad. José María Mauleón y Joan Leita, Salamanca: Sígueme, 1976, p. 54.

permanece. Concluye con algunas tesis, de las cuales citamos dos que nos parecen más relevantes:

> 2. La subjetividad no puede entenderse como verdad, ni a sí misma ni a su pensamiento, sin presuponer a Dios como origen único de todo lo real [...] 5. La unidad de la verdad sólo resulta posible en el caso de que incluya la contingencia del acontecer y la apertura al futuro. 6. Por eso, la unidad de la verdad solamente queda constituida mediante la revelación proléptica de Dios en Jesucristo.[45]

Lo expuesto pone de manifiesto el interés de Pannenberg por vincular a la filosofía con la teología, al punto de denominar su proyecto como una "teología filosófica". Pero es en otra obra en la cual encara, decididamente, una historia de la filosofía desde la perspectiva teológica. Me refiero a *Una historia de la filosofía desde la idea de Dios,* que en su origen fueron las clases que ofreció Pannenberg en Múnich en el semestre de invierno de 1993–1994. Lo que más interesa a nuestros fines, es analizar el capítulo 1, titulado precisamente: "Tipos de definición sobre la relación entre filosofía y teología". Plantea que hay cuatro modelos de relación entre filosofía y teología, a saber: a) relación de oposición; b) relación de identidad; c) relación de la filosofía subordinada a la teología, y d) relación de la teología subordinada a la filosofía. Algunos de estos modelos ya los hemos expuesto párrafos antes. El primero, la teología en oposición a la filosofía, está representado, como hemos dicho, por Tertuliano, el abogado y teólogo de Cartago. Pannenberg señala que, aunque Tertuliano no fue el que acuñó la expresión, se le atribuye la famosa frase: *credo quia absurdum*. Pedro Damián, en los comienzos del siglo XI, consejero del papa Gregorio VII es otro de los representantes de esa posición. Pero, más adelante, el propio Martín Lutero se ubicaría en la misma perspectiva al juzgar a la razón como "una prostituta". Para Leszek Kolakowski, ésta sería una característica general de la Reforma Protestante, la cual, al comparar a Roma con las grandes iglesias reformadas, considera que la primera es superior

45 *Ibíd.*, p. 76.

en cuanto a la producción filosófica. El filósofo polaco resume: "La religiosidad predicada por los reformadores implica de modo tan natural el menosprecio por la filosofía que en ninguno de sus escritos le dedican mucho espacio y solo esporádicamente lo expresan de manera explícita".[46]

El segundo modelo que considera al cristianismo como la verdadera filosofía, se remonta a Justino Mártir, apologista del siglo II d. C. Consideraba a la fe cristiana como "la única filosofía segura y saludable". También pertenece a la misma escuela Clemente de Alejandría. Dice Pannenberg:

> De acuerdo con *Stromata*, el título completo de la obra sería *Diferentes exposiciones científicas conforme a la filosofía verdadera.* Capital para este propósito se revela la tesis de que la filosofía griega es "una obra de la divina providencia"(I, 18, 4), "un regalo divino obsequiado a los griegos" (I, 20, 1) una preparación para la revelación cristiana que despeña aquí la misma función que la ley para el pueblo judío (I, 28, 1ss.).[47]

El tercer modelo, "la filosofía como función de la razón natural diferenciada de la razón sobrenatural, se elabora en la Edad Media, cuando se hace descansar a la teología en una revelación sobrenatural. Por supuesto, el representante más importante de esta escuela es Tomás de Aquino, que adopta la filosofía de Aristóteles, quien, a partir de las traducciones de su obra al árabe realizadas en España, asoma como una amenaza inquietante para la fe cristiana. Tomás distingue entre "razón natural" y "razón sobrenatural". Es oportuno citar la contradicción de tal planteo. Argumenta Pannenberg:

> En efecto, si la razón natural apresa realmente la esencia de las cosas, ¿qué necesidad hay todavía de doctrinas sobrenaturales? De aportar algún conocimiento, éste sólo versaría sobre aspectos "inesenciales". Para eludir esta consecuencia, santo Tomás se vio

---

46 Leszek Kolakowski, *Vigencia y caducidad de las tradiciones cristianas,* trad. Ramón Bilbao, Buenos Aires: Amorrortu Editores, 1971, p. 123.

47 Wolfhart Pannenberg, *Una historia de la filosofía desde la idea de Dios,* pp. 28–29. Cursivas originales.

> obligado circunscribir la razón al ser de lo dado a los sentidos. Sin embargo, ¿por qué no iba a poder la razón hacer objeto de su reflexión y juicio todo pensamiento, sea cual fuera su referente? La razón es aquí enaltecida por medio de un concepto, lo sobrenatural, que ella misma ha concebido, pero del que se le prohíbe captar su contenido, lo cual constituye una verdadera contradicción.[48]

El cuarto enfoque se titula "universidad racional y subjetividad religiosa". Pannenberg dice que en ese esquema, la subjetividad se convierte en el refugio de la fe y la religión. Cita a David Hume, quien puso al descubierto la naturaleza sentimental de la fe y rechazó los milagros como algo contrario a la razón.[49] Por el contrario —como ya hemos visto— Kant intentó poner límites al saber racional reservando la subjetividad para la fe. Luego, Pannenberg cita a Schleiermacher cuyo concepto de religión se afinca en el sentimiento (*Gefühl*) de Dios, el todo o el universo. No es un sentimiento cualquiera, sino el "sentimiento de absoluta dependencia" (*Abhängigkeisgefühl*).

Finalmente, el quinto modelo es el de la elevación de la representación religiosa a concepto filosófico. Aquí, la figura descollante es Hegel, quien considera que, aunque la religión constituye el contenido verdadero, lo hace solo en la forma de la representación, pues la que eleva ese contenido a la forma de concepto es la filosofía. Dice Pannenberg:

> ... la elevación de la representación religiosa a concepto filosófico efectuada por Hegel mantiene parte del espíritu reduccionista de la Ilustración cuando descomponía el cristianismo en verdades filosóficas universales que como tales no necesitaban de la fe cristiana. En Hegel, este hecho va estrechamente ligado a la idea

48 *Ibíd.*, p. 31.

49 Para un análisis de la filosofía de David Hume hacia la religión véase Alberto F. Roldán, "Las consecuencias políticas de la religión según David Hume en su ensayo 'De la superstición el entusiasmo'", en Romina Pulley & Nahuel Charri (compiladores), *Discusiones en torno a la naturaleza humana. Homenaje a David Hume,* Mar del Plata, II Jornadas de filosofía moderna, Universidad Nacional de Mar del Plata, 2011, pp. 758–766.

> de comprender su propio pensamiento como el último eslabón de una tradición teológica que hacía a Dios su objeto en términos estrictamente filosóficos, en competencia directa con la religión histórica.[50]

A modo de síntesis: Wolfhart Pannenberg representa un esfuerzo deliberado y sólido para articular una teología que él denomina "filosófica". Tal vez esa nomenclatura es algo ampulosa porque habría que preguntar qué significa una teología que es adjetivada como "filosófica", y si tal empresa es posible. No queda explícito si Pannenberg se adhiere al último modelo en el sentido de elevar la representación religiosa a la categoría de concepto filosófico. En tal sentido, su planteo pareciera ser una continuación de la filosofía de Hegel, autor que es tomado como un referente en muchas de sus obras. Por ejemplo, al encarar una crítica a Martín Heidegger y su rechazo de la metafísica, Pannenberg sostiene que "Hegel dijo ya, con más acierto, que, históricamente, la filosofía está siempre en relación con la religión, y que trae al concepto la verdad que ya previamente ha hecho su aparición en la religión".[51]

Lo importante de la obra de Pannenberg en lo que se refiere a nuestro tema, es que recupera una dimensión histórica que de algún modo quedó obturada con la Reforma Protestante, es decir, reconocer el aporte de la filosofía para la articulación de un pensamiento teológico coherente y en diálogo fluido con la filosofía. Quizás los párrafos finales de la obra que hemos citado ampliamente, aclaren su posición al respecto. Dice: "Teología y filosofía coinciden en el esfuerzo por procurar al hombre una orientación sobre su propia realidad y sobre la realidad del mundo como un todo".[52] Particularmente, en lo que se refiere a Dios y la revelación aclara:

> La teología necesita ahí de la filosofía, de sus reflexiones críticas y orientadoras, pero la filosofía necesita también de la teología,

---

50 Wolfhart Pannenberg, *Una historia de la filosofía desde la idea de Dios*, pp. 39–40.

51 Wolfhart Pennenberg, *Metafísica e idea de Dios,* trad. Manuel Abella, Madrid: Caparrós editores, 1999, p. 19.

52 Wolfhart Pannenberg, *Una historia de la filosofía desde la idea de Dios*, p. 411.

> pues sin tener en cuenta la religión o la significación que las distintas religiones tienen para la naturaleza del hombre y para la construcción de una totalidad que englobe hombre y mundo —verdadero objeto de la religión—, nunca podrá elevarse a una comprensión verdaderamente global del ser humano y de su lugar en el mundo.[53]

Por su parte, Carlos Cásalle Rolle ha analizado con profundidad la importancia de la filosofía en la articulación de la teología sistemática de Pannenberg. Mientras pondera su enorme trabajo, señala que el teólogo de Múnich no puede ser sin más definido como un racionalista. Explica:

> Es difícil encontrar entre los teólogos protestantes del siglo pasado —quizá con la excepción de Tillich— un abogado de la filosofía tan entusiasta como Pannenberg. Su deseo primordial es que la teología, hecha en íntimo diálogo con el pensamiento filosófico, permita a los creyentes comprender hasta qué punto la fe cristiana es verdaderamente razonable. [...] Pero el entusiasmo de Pannenberg por la razón no le convierte, como algunos críticos han pretendido, en un racionalista. La razón y la filosofía no son para él ni el principio ni el fin de la labor del teólogo. Un buen teólogo sabe tanto de la necesidad como de la insuficiencia de la filosofía para su trabajo; insuficiencia que aparece allí mismo donde se mostraba la necesidad: en el nivel material, en el metodológico y en el pastoral.[54]

En suma: el verdadero y más íntimo deseo de Pannenberg es entrar en diálogo fecundo, respetuoso y abierto con la filosofía, no para convertir la fe en una especie de "filosofía cristiana", sino para mostrar su racionalidad. Su teología se distingue de la filosofía como tal al afirmar los dos elementos particulares que la convierten en una ciencia distinta: la fe y la revelación en la historia. En ese sentido, el teólogo

---

53 *Ibíd.*, p. 412.

54 Carlos Ignacio Cásalle Rolle, "La filosofía como mediación necesaria para la misión de la Iglesia: Una intuición básica para la teología de Wolfhart Pannenberg", *Teología y vida,* Año XLVIII, N.°.4, Pontificia Universidad Católica de Chile, 2007, p. 352.

luterano se ubica en una posición contraria a muchas tradiciones del protestantismo, entre otras: Martín Lutero, Karl Barth y Rudolf Bultmann.[55]

Conclusiones:

Aunque desde los comienzos la teología cristiana recibió el influjo de la filosofía griega, siempre resulta necesario distinguirlas cuidadosamente. Mientras la filosofía implica una reflexión sobre "la

55 En los dos últimos casos, sin embargo, es posible apreciar la influencia filosófica en sus respectivas teologías. En el caso de Karl Barth, decididamente Sören Kierkegaard y, en menor medida, Nietzsche y, en Bultmann, se percibe la nítida influencia de la filosofía de Martín Heidegger con quien desarrolló una fértil amistad y diálogo en Marburgo. Sobre los orígenes teológicos de la filosofía de Heidegger, él mismo admite que fue el pensamiento de Sören Kierkegaard sobre la existencia en cuanto problema existentivo un aporte para su propia reflexión sobre lo existenciario, aunque no como un asunto meramente antropológico sino más bien ontológico. Véase Martín Heidegger, *Ser y tiempo,* trad. Jorge Eduardo Rivera, Madrid: Editora Nacional, 2002, § 45, p. 288, nota 6. Sobre la procedencia teológica de la filosofía de Heidegger, Karl Löwith, uno de sus discípulos, dice citando al propio maestro: "'Quien ha experimentado la teología [...] desde la evolución de su origen preferiría hoy callar acerca de Dios en el terreno del pensamiento.' Esto no contradice la confesión de Heidegger de que, sin su procedencia teológica, él nunca habría llegado al camino del pensamiento y de que la procedencia siempre permanecería también porvenir." Karl Löwith, *Heidegger, pensador de un tiempo indigente,* trad. Román Setton, Buenos Aires: FCE, 2006, p. 157. Una de las obras en las que Heidegger aborda decididamente el tema religioso incluyendo también exégesis de las dos cartas de San Pablo a los Tesalonicenses es *Introducción a la fenomenología de la religión,* trad. Uscateuscu, México: FCE, 2006. Una clara influencia de la teología en la filosofía se percibe claramente en lo que se denomina "teología política", una derivación de la "filosofía política", que hunde sus raíces en la obra de San Agustín *La ciudad de Dios,* y que ha sido reactualizada con la obra del jurista alemán Carl Shmitt, que plantea que en la teoría moderna del Estado están presentes los conceptos teológicos de modo secularizado. Véase Carl Schmitt, "Teología política I, cuatro capítulos sobre la teoría de la soberanía", en Héctor Orestes Aguilar, *Carl Smith, teólogo de la política,* México: FCE, 2001, pp. 21–63 y Alberto F. Roldán, "Las teologías políticas de Jürgen Moltmann y Johann Baptist Metz", en *Reino, política y misión,* Lima: Ediciones Puma, 2011, pp. 157–186. Como un modelo de abordaje a ambas disciplinas, es oportuno citar las obras de la filósofa argentina Guillermina Garmendia: *Experiencia y filosofía. De la finitud a la eternidad,* Buenos Aires: Ediciones Colihue, 2004, y *Religión y filosofía,* Buenos Aires: Ediciones Colihue, 2012, ésta última consagrada al pensamiento de Malebranche.

totalidad de lo real", "la realidad", "el mundo", "el ser", sin un objeto de estudio que la convierta en una ciencia, la teología, si bien trata mucho de esos temas, lo hace siempre "desde la perspectiva de Dios", siendo su tema central el Dios revelado.

Un asunto decisivo en la teología y ausente en la filosofía es la fe. Como dice Tillich, "el teólogo está determinado por su fe." Por lo tanto, la teología es un pensamiento que se hace discurso a partir de la fe, realidad existencial o evento del cual no pueden decir nada ni la ciencia ni la filosofía, pues es de una naturaleza diferente de los temas abordados por esas disciplinas.

Los problemas surgen no sólo cuando ambos saberes dejan de distinguirse cuidadosamente, sino cuando la teología, procurando responder a los cuestionamientos filosóficos, elabora un pensamiento reflexivo que, en ocasiones, hasta puede tomar como soporte o punto de partida cierta escuela filosófica. En otras palabras, cuando la teología toma prestados conceptos de la filosofía, pueden sobrevenir equívocos y confusiones. En este caso los caminos se entrecruzan y, por momentos, no se sabe si estamos frente a un texto filosófico o teológico, o una mixtura de ambos. Esto ha sucedido desde los comienzos de la teología occidental, especialmente la alejandrina, pero también se ha podido percibir en San Agustín, en Santo Tomás de Aquino y, mucho más adelante en la historia, en Sören Kierkegaard, quien, definiéndose como "un pensador cristiano", da un impulso nuevo al pensar filosófico centrado en la "existencia", cosa admitida aun por el propio Martín Heidegger.[56]

En toda elaboración teológica sistemática es importante no mezclar ambas disciplinas o subsumir una disciplina a otra, pues no se trata de domesticar a la filosofía desde la teología ni viceversa. Tampoco se trata de que mientras la filosofía formula preguntas, la teología las responde, pues, como acertadamente dice Paul Ricoeur, "me cuido de

---

[56] Para un análisis de las mutuas influencias entre Martín Heidegger y Rudolf Bultmann, véase Alberto F. Roldán, "La fe como evento existencial escatológico en el pensamiento de Rudolf Bultmann. De la filosofía de Martín Heidegger al planteo teológico", *Franciscanum. Revista de las ciencias del espíritu,* Bogotá, Universidad San Buenaventura, Año LV, N.° 160, pp. 165–194.

aplicar a la relación entre filosofía y fe bíblica el esquema *pregunta-respuesta*. Como si la fe aportara sus propias respuestas a las preguntas que la filosofía plantearía o dejaría abiertas".[57]

Por un lado, se trata de teologizar con mentalidad filosófica inquisitiva y crítica, y, por otro, de filosofar reconociendo el valor de la teología como disciplina y su influencia en la historia del pensamiento, incluyendo el filosófico. Hablar de "teología", a secas, no define demasiado más allá de su etimología: "un λογος del θεôς porque, como se sabe, la teología puede ser elaborada aplicando distintas metodologías, que derivan en "teología bíblica", "teología histórica", "historia de las doctrinas", "teología práctica" y "teología sistemática", entre otras. En esta última modalidad se dan los puntos de mayor contacto y, a la vez, de mayor rispidez y conflicto, porque el teólogo que desarrolla una teología sistemática debe ser crítico de los presupuestos de la teología, aspecto que no siempre es reconocido por los filósofos.

En lo que se refiere a los conflictos entre ambas disciplinas, nos parece más realista la visión de Pannenberg. En efecto, mientras para Tillich no puede haber conflicto entre filosofía y teología, Pannenberg admite las tensiones que se producen entre ambas al señalar:

> ... filosofía y teología seguirán viendo caracterizadas sus relaciones por grandes tensiones, porque la teología está obligada a pensar la totalidad del hombre y del mundo a partir de Dios y de la revelación, mientras que la filosofía retrocede a un fundamento absoluto a partir de su experiencia del hombre y del mundo.[58]

La diferencia sustancial entre filosofía y teología radica en que, aun si las consideramos a ambas como una visión totalizante, mientras la segunda parte del presupuesto de la revelación de Dios y la fe en ella como experiencia subjetiva, la filosofía se atiene rigurosa y plenamente a la razón sin depender de otro recurso. Extrema las

---

57 Paul Ricoeur, *Fe y filosofía. Problemas del lenguaje religioso,* Buenos Aires: Almagesto-Docencia, 1990, p. 222. Cursivas originales.

58 Wolfhart Pannenberg, *Una historia de la filosofía desde la idea de Dios,* p. 412.

posibilidades del pensamiento, sin miedo a que sus conclusiones puedan desmentir algún dogma o principio religioso. Por esto, es en vano todo intento por elaborar una síntesis entre ambas disciplinas. La historia del pensamiento occidental es una prueba de ello: las síntesis logradas en cierto momento de la historia, sobre todo la Edad Media, quedaron luego desfasadas por los avances de la propia filosofía y de las ciencias sociales.[59] De todos modos, tanto la filosofía como la teología interactúan entre sí y pueden influirse mutuamente para enriquecimiento de ambas. La historia del pensamiento occidental está atravesada por el diálogo entre la filosofía y la teología. Los teólogos alejandrinos hicieron uso de la filosofía platónica para la articulación de su pensamiento. San Agustín fue influido por el neoplatonismo y el maniqueísmo. Ya en el escolasticismo, se perciben las claras influencias aristotélicas en el pensamiento teológico, sobre todo de Santo Tomás, quien, a su vez, reactualiza la filosofía del Estagirita. Es conocido por todos que el impulso para el desarrollo de la hermenéutica como una rama de la filosofía moderna procedió de las clases que sobre el tema desarrolló el teólogo reformado Friedrich Schleiermacher. Y, en lo que se refiere a una temática de rigurosa actualidad, la filosofía política o, más específicamente, la moderna teoría del Estado, está imbuida, como ha demostrado Carl Schmitt, de conceptos tomados de la teología cristiana.

En síntesis, no queda otro camino que, como dice Juan Luis Segundo, "sumar" la filosofía a la teología, aunque ésta ya sea en sí misma intrincada y oscura, y a pesar de que al hacerlo, le agreguemos la pesada carga especulativa propia de la filosofía, que pareciera ser un "tembladeral" en el cual sus discursos aparecen y desaparecen sin dar, aparentemente, un decisivo paso adelante.[60] Se trata de aceptar el desafío que planteaba el filósofo judío Franz Rosensweig: "Hoy la

---

59 Para un abordaje incisivo de las diferencias entre teología y ciencias sociales y la distinción entre ambas, véase David A. Roldán, "Teología y ciencias sociales. Hacia una distinción de dominios desde la teología", *http://site.adital.com.br/site/noticia.php?lang=ES&cod=50411* Accedido: 17 de febrero de 2014.

60 Juan Luis Segundo, "¿Por qué 'sumar' Filosofía a Teología?", en *¿Qué mundo? ¿Qué hombre? ¿Qué Dios?*, Santander: Sal Terrae, 1993, p. 15.

filosofía exige que filosofen los 'teólogos'".[61] En lenguaje poético del filósofo John D. Caputo, se trata de:

> Pensar [...] la filosofía y [...] la teología como diferentes momentos de una pasión común, diferentes voces en una canción común que cantamos [...] Pensar [...] la filosofía y [...] la teología como planetas compañeros orbitando alrededor de un centro común, mantenidos por la atracción gravitacional de un secreto absoluto que se sienta en el medio mientras ellos trazan círculos concéntricos alrededor de un misterio central.[62]

Éste es el desafío que confrontan quienes intentan articular una teología que pretenda tener algún espacio en el ámbito de la filosofía y las ciencias sociales, y prestar, de ese modo, un servicio a la sociedad como un todo.

---

61 Franz Rosenzweig, *Lo humano, lo divino y lo mundano,* trad. Marcelo G. Burello, Buenos Aires: Ediciones Lilmod, 2007, p. 144. Enseguida, el autor aclara que se trata de teólogo en un nuevo sentido; es decir, el teólogo que la filosofía exige por su cientificidad es el mismo teólogo que exige filosofía por su honestidad.

62 John D. Caputo, *Philosophy and Theology,* Nashville: Abingdon Press, 2006, p. 69.

Capítulo 2

El concepto kantiano del reino de Dios en *La religión dentro de los límites de la mera razón*

Se puede decir con fundamento "que el reino de Dios ha venido a nosotros", aunque sólo el principio del paso gradual de la fe eclesial a la Religión universal de la Razón, y así un Estado ético (divino) sobre la tierra, haya arraigado de modo universal [...]

— Emmanuel Kant

Introducción

La expresión "reino de Dios" pertenece al lenguaje teológico[1], pero es también una noción que ha sido estudiada filosóficamente por pensadores como Georg W. F. Hegel[2], Ernst Bloch, Jacob Taubes, Walter Benjamin y Georgio Agamben, entre otros. En *El principio esperanza,* Bloch cita el pasaje del evangelio en el cual Jesús se refiere al reino de los cielos como un grano de mostaza que se siembra en

1 Para un análisis del concepto desde la perspectiva teológica véanse: Rudolf Schanckenburg, *Reino y reinado de Dios,* 3.ª edición, Madrid: Fax, 1974; Walter Rauschenbush, *Los principios sociales de Jesús,* Buenos Aires: La Aurora, Walter Rauschenbusch, *Christianity and the Social Crisis,* Nueva York: Association Press, 1907; H. Richard Niebuhr, *The Kingdom of God in America,* Hamden: The Shoe String Press, 1956, Wolfhart Pannenberg, *Teología y reino de Dios,* Salamanca: Sígueme, 1974, Jürgen Moltmann, *Trinidad y reino de Dios,* Salamanca: Sígueme, 1983, Trevor Hart, "Imagination for the Kingdom of God?" en Richard Bauckham, *God will be all in all. The Eschatology of Jürgen Moltmann,* Minneapolis: Fortress Press, 2001, pp. 49-76 y Alberto F. Roldán, *Reino, política y misión,* Lima: Ediciones Puma, 2011.

2 Ver Georg F. W. Hegel, *Fenomenología del Espíritu,* México: FCE, 1966, 16.ª Reimpresión, 2000, pp. 443ss., en donde se refiere al reino del Hijo y al reino del Espíritu.

un campo y que, siendo la más pequeña de las semillas, crece hasta llegar a ser la más grande de las plantas y se hace árbol. (Mt 13.31 ss.). A partir de ese texto, Bloch comenta que "Jesús con su humanidad entra solo en el reino como lo único que queda por salvar, nadie más que él y nada más que él"[3], y que, siendo la "cepa" y la "vid" los que constituyen el reino, equipara de ese modo el acto de fundación al contenido del mismo, de modo que "el cosmos se convierte en el instrumento, más aún, en el escenario del reino […]".[4] Por su parte, Jacob Taubes, en su tesis doctoral *Escatología occidental*, sostiene que la historia es dialéctica, y agrega: "El poder de lo negativo obliga a la adopción de la antítesis y aclara por qué el reino de Dios no está realizado en el nivel de la tesis".[5] También Walter Benjamin, en su conocido "Fragmento político-teológico", hace una breve referencia al reino vinculándolo al Mesías, quien consuma toda la historia. En ese contexto, afirma, el "reino de Dios no es el telos de la dynamis histórica; no puede ser propuesto aquél como meta de ésta. Visto históricamente no es la meta, sino el final".[6] Para Benjamin, el reino no es meta a la cual la propia dinámica histórica pueda conducirnos, sino el final de la historia. Más recientemente, Giorgio Agamben ha dedicado un libro a las relaciones entre la teología y la filosofía política,

---

3 Ernst Bloch, *El principio esperanza*, vol. 3, Madrid: Trotta, 2007, p. 386.

4 *Ibíd.* Michel Löwy y Robert Sayre interpretan que el reino de Dios en la concepción de Bloch es "un reino de Dios sin Dios, que da vuelta al Señor del Mundo instalado en su trono celestial y lo reemplaza por una 'democracia mística'". *Rebelión y melancolía. El romanticismo como contracorriente de la modernidad*, Buenos Aires: Nueva Visión, 2008, p. 226.

5 Jacob Taubes, *Escatología occidental*, Buenos Aires: Miño & Dávila Editores, 2010, p. 35.

6 Walter Benjamin, *Ensayos*, vol. IV, Madrid: Editora Nacional, 2002, p. 71. En una obra reciente, Emmanuel Taub hace un análisis del pensamiento de Benjamin sobre el reino de Dios, en el que vincula al reino con el *shabat* profano. Dice: "El *shabat profano* debe pensarse desde el orden de lo profano, pero en su conexión inevitable con el reino de Dios: 'el orden profano de lo profano —escribe Benjamín— puede promover la llegada del mesiánico Reino. Así pues, lo profano no es por cierto una categoría del reino, sino una categoría (y de las más certeras) de su aproximación silenciosa'". Emmanuel Taub, *La modernidad atravesada. Teología política y mesianismo*, Buenos Aires: Miño & Dávila, 2008, p. 170. La cita de Benjamin corresponde a *Obras*, Libro II, vol. 1, Madrid: Abada editores, 2007, p. 207.

titulado *El reino y la gloria*[7], en el cual, el filósofo italiano muestra las influencias de las categorías teológicas de reino, gloria y *oikonomía* de la salvación en la génesis de la filosofía política occidental. Estos ejemplos muestran la importancia que la noción "reino de Dios" ha tenido en las diferentes filosofías modernas y contemporáneas. Nuestra investigación está referida al modo en que Emmanuel Kant analiza el concepto "reino de Dios" en su obra *La religión dentro de los límites de la mera razón.*[8] Estructuraré el trabajo en los siguientes apartados. En primer lugar, analizo las relaciones que el filósofo alemán establece entre la ética y el reino; en segundo término, veo el modo en que Kant vincula a la iglesia con el reino, para, posteriormente, reflexionar sobre la manera en que Kant vislumbra la consumación de ese reino. Finalizo con unas conclusiones críticas al planteamiento kantiano. La hipótesis que subyace en la presente investigación se enuncia en los siguientes términos: Kant concibe el reino de Dios como una realidad de naturaleza ética; considera la iglesia como mediadora del reino y vislumbra su consumación en términos de justicia y paz. La exposición kantiana, aunque válida como reflexión filosófica, es criticable por el exclusivismo que refleja al considerar al cristianismo como la única "religión verdadera", visión que ha sido superada por el ecumenismo y el diálogo interreligioso hoy.

Antes de comenzar el análisis, es necesario ubicar la obra de Kant. Este libro, *La religión dentro de los límites de la mera razón,* fue publicado en 1793, aunque la primera parte, referida al mal radical, ya había aparecido el año anterior. Kant ya había publicado también sus críticas: *Crítica de la razón pura, Crítica de la razón práctica* y *Crítica del juicio.* Las referencias de Kant al tema del reino de Dios son precedidas por su tratamiento del mal radical en la persona humana. En una primera parte, se refiere a la no convivencia del principio malo al lado del principio bueno, o sobre el mal radical en la naturaleza humana, y

---

7 Giorgio Agamben, *El reino y la gloria. Una genealogía teológica de la economía y del gobierno,* Buenos Aires: Adriana Hidalgo editora, 2008.

8 Emanuel Kant, *La religión dentro de los límites de la mera razón,* trad. Felipe Martínez Marzoa, Madrid: Alianza editorial, 1995. En el presente trabajo las citas de esta obra corresponden a esta edición. En adelante se citará: RLMR.

en la segunda el tema es la lucha del principio bueno contra el malo. Recién en las secciones tercera y cuarta, se ocupa del reino de Dios, que, para Kant, significa el triunfo del principio bueno sobre el malo, lo cual conduce a la fundación del reino de Dios sobre la tierra. Más allá de que en la cuarta sección menciona alguna vez el reino, recién en la tercera centra su pensamiento en el tema que nos ocupa.

El carácter ético del reino

Kant comienza su reflexión sobre la fundación de un reino de Dios sobre la tierra con una cita indirecta a San Pablo cuando, refiriéndose al cristiano, dice: "Llegar a ser *libre,* 'ser liberado de la esclavitud bajo la ley del pecado, para vivir a la justicia' es la ganancia suprema que puede alcanzar. La frase citada corresponde a la carta a los Romanos, que, textualmente, dice: *En efecto, habiendo sido liberados del pecado, ahora son ustedes esclavos de la justicia*".[9] Pero Kant sabe que el ser humano vive en una sociedad, dentro de un conjunto de personas con las cuales constituye una "sociedad ética". Distingue entre una "sociedad civil ética" y una "comunidad ética".[10] Kant diferencia a ambas, pero señala que tienen una cierta analogía, ya que la primera implica un "Estado ético", el "reino de la virtud", que tiene dos aspectos: objetivamente toma su idea de la razón humana, aunque, subjetivamente, "no pudiese jamás esperarse de la buena voluntad de los hombres que ellos se decidiesen a trabajar en concordia en orden a ese fin".[11] Mientras en un Estado civil de derecho hay leyes coactivas, en un Estado civil ético no puede haber coacción, porque sería lo contrario de las leyes de virtud y obturarían la

---

9 Romanos 6.18, (NVI).

10 Según Adela Cortina, la nomenclatura "comunidad ética" es una expresión poco usual en la filosofía moral. *Alianza y contrato. Política, ética y religión,* 2.ª edición, Madrid: Trotta, 2005, p. 108. La misma filósofa española entiende que la diferenciación que establece Kant entre Estado civil y Estado ético, es heredera de la tradición elaborada por San Agustín y retomada luego por Martín Lutero y que se condensa en la idea de "los dos reinos", en el sentido de que el mundo político no puede imponer sus leyes al mundo de la libertad personal e interna. Tal herencia se podría explicar a partir del hecho de que Kant fue formado en el pietismo alemán surgido dentro del luteranismo del siglo XVII. *Ibíd.*, p. 111.

11 *RLMR*, p. 95.

libertad, que es esencial a la naturaleza humana. Kant llega a exclamar: "¡Ay del legislador que quisiera llevar a efecto mediante la coacción una constitución erigida sobre fines éticos!".[12] El lamento surge de que, para Kant, un legislador que obligara coactivamente a formar una constitución sobre fines éticos también afectaría la constitución política. En otro tramo de su reflexión, plantea la necesidad de contar con un legislador para la conformación de esa comunidad ética llamada "reino". El propio pueblo no puede ser su propio legislador. Debe haber, entonces, alguien distinto al pueblo para que sea el legislador de esa comunidad ética. Se trata de un "legislador supremo", alguien que sea conocedor de las intenciones de los miembros de esa comunidad. Y dice: "Pero éste es el concepto de Dios como soberano moral del mundo".[13]

En síntesis: el Estado ético representa al reino de Dios en la tierra y tiene un carácter eminentemente ético, lo cual implica que, para ingresar a él no pueden existir leyes de coacción propias de un Estado político de derecho. Como el pueblo no puede ser su propio legislador, necesita de un legislador supremo, que es Dios. Ahora bien: ¿Cómo se relaciona en este planteamiento el reino con la iglesia?

La iglesia como mediadora del reino

Kant distingue entre "Estado civil de derecho" y "Estado civil ético". El primero es de naturaleza política, ya que es la relación de los seres humanos entre sí en tanto están comunitariamente vinculados por leyes de derecho públicas. Por el contrario, el Estado civil ético se rige por "leyes de virtud". La comunidad política no puede forzar a sus ciudadanos a entrar en la comunidad ética, porque lo ético conlleva la idea de libertad, que es, por naturaleza, contraria a todo tipo de coacción. Kant asocia la comunidad ética a la forma de iglesia, y distingue, como ya lo había hecho Juan Calvino, entre "iglesia invisible" e "iglesia visible".[14] A partir de esa distinción, relaciona la iglesia con el

---

12 *RLMR*, p. 96.

13 *RLMR*, p. 100.

14 El reformador francés dice: "De la misma manera que estamos obligados a creer la Iglesia, invisible para nosotros y conocida sólo por Dios, así también se nos manda que

reino, afirmando: "La verdadera iglesia (visible) es aquella que presenta el reino (moral) de Dios sobre la tierra en la medida en que ello puede acontecer a través de hombres".[15] Y presenta las notas distintivas de la verdadera iglesia, a saber: universalidad, calidad, relación, modalidad. Por ser la iglesia una comunidad ética, Kant la define como "mera *representante* de un Estado de Dios",[16] que sería el reino. Rechaza todo tipo de constitución política para la iglesia, sea el modelo monárquico, aristocrático o democrático. Se parece más a una comunidad doméstica o familiar, con un padre moral comunitario, aunque invisible (Dios). Para Kant sólo hay una verdadera religión, aunque existen muchas formas de creencia. Sugiere que se hable más de que una persona es de cierta creencia (mahometana, judía, cristiana, católica o luterana) que de una religión determinada. Kant parece identificar al cristianismo como el ámbito del cual surgirá, gradualmente, la religión verdadera y ética. Dice: "la *iglesia universal* empieza a constituirse en un Estado ético de Dios y a progresar hacia la consumación de tal Estado según un principio firme".[17] A partir de esa distinción, Kant desarrolla una acerba crítica al judaísmo. Dice que, según su organización original, la fe judía es un conjunto de leyes estatutarias sobre las que se fundó una constitución estatal. Lo que denomina "suplementos morales" se agregaron después, pues no pertenecían estrictamente al judaísmo. La constitución estatal del judaísmo tiene como base la teocracia, la cual "no hace ninguna reivindicación sobre la conciencia moral ni es dirigida a ésta, no hace de ella una constitución religiosa".[18] Para Kant, la clave al considerar el judaísmo como una constitución más bien política que religiosa, radica en el siguiente hecho: "Dado que no puede pensarse Religión alguna sin fe en una vida venidera, el judaísmo como tal, tomado en su pureza, no contiene fe religiosa alguna".[19] Pese a ello,

---

honremos esta Iglesia visible y que nos mantengamos en su comunión". Juan Calvino, *Institución de la religión cristiana*, vol. II, Libro IV.I.7, Rijwijk: Fundación Editorial de Literatura Reformada, 1968, p. 811.

15 RLMR, p. 102

16 *Ibíd.*, p. 103. Cursivas originales.

17 *Ibíd.*, p. 126.

18 *Ibíd.*, p. 128.

19 *Ibíd.*

Kant no desconoce que el cristianismo surge del judaísmo, pero, aclara, no del judaísmo de los patriarcas, sino del judaísmo posterior, que llegó a mezclarse con una fe religiosa "mediante doctrinas que poco a poco se habían hecho públicas allí, en una situación en que a este pueblo, en otro tiempo ignorante, había llegado ya mucha sabiduría extranjera (griega) [...]".[20] El cristianismo surge de ese judaísmo en forma repentina, aunque no sin preparación. Kant destaca al "maestro del Evangelio" —velada referencia a Jesús de Nazaret— como aquel que se anunció como enviado del cielo y digno de una misión que apuntó a "la fe moral, la única que santifica a los hombres, 'como santo es su padre que está en el cielo', y que muestra su genuinidad por la buena conducta [...]".[21] Esta ponderación del cristianismo no implica que Kant ahorre críticas al papado, las cruzadas y las excomuniones.

La consumación del reino

¿Cómo concibe Kant el reino de Dios? El filósofo afirma tanto la presencia actual del reino como su consumación escatológica. Sobre lo primero, señala: "Se puede decir con fundamento 'que el reino de Dios ha venido a nosotros', aunque sólo en principio del paso gradual de la fe eclesial a la Religión universal de la Razón, y así a un Estado ético (divino) sobre la tierra [...]".[22] También cita el conocido pasaje del evangelio, en donde, ante la pregunta de cuándo vendrá el reino, Jesús responde: "El reino de Dios no viene en figura visible. No se dirá tampoco: mira aquí, o: allí está. *¡Pues ved, el reino de Dios está dentro en vosotros!*" (Lc 17. 21–22).[23] Apelando a un símbolo bíblico, Kant dice que el reino es "como un germen que se desarrolla y seguidamente se fecunda de nuevo, reside (de modo invisible) el todo que un día debe iluminar y dominar el mundo".[24] Se trata de una indirecta referencia a la "semilla de mostaza" citada por Bloch, según hemos consignado. El

20 *Ibíd.*, p. 130.

21 *Ibíd.*, p. 131.

22 *Ibíd.*, p. 125.

23 *Ibíd.*, p. 138. Cursivas originales.

24 LRMR, p. 125.

reino actúa en forma casi inadvertida, imperceptible a la vista humana, pero marcha, inexorablemente, hacia una consumación. Explica Kant:

> Este es, pues, el trabajo —no observado por ojos humanos, pero constantemente en progreso— del principio bueno en orden a erigirse en el género humano, en cuanto comunidad según leyes de virtud, un poder y un reino, lo cual afirma el triunfo sobre el mal y asegura al mundo, bajo el dominio del principio bueno, una paz eterna.[25]

"Progreso", "principio bueno" y "paz eterna" integran la trilogía que expresa la consumación del reino, ahora incipiente en la historia. La visión kantiana es expresión de la escatología judeocristiana que vislumbra —en algunos casos bajo un prisma mesiánico-milenarista— un futuro de justicia y paz en el mundo.[26] A modo de evaluación, elaboramos ahora unas observaciones críticas al planteamiento de Kant.

Observaciones críticas

En primer lugar, aunque Kant enfatiza el carácter divino del reino, diciendo que "Dios mismo ha de ser el autor de su reino",[27] pone todo su énfasis en el protagonismo de la humanidad en el desarrollo de aquél. Al final de cuentas, es el ser humano quien, con su decisión libre, instaura el reino de Dios en el mundo.[28] Esto, por un lado le permite

---

25 *Ibíd.*, pp. 125–126. Dos años después, Kant desarrollaría más ampliamente este tema en *La paz perpetua*, Versión en castellano, 14.ª edición, México: Porrúa, 2004. A partir de la perspectiva kantiana de la paz, Paul Ricoeur manifiesta su expectativa de una paz generalizada entre las religiones al decir: "Veo en el horizonte como un reconocimiento mutuo entre lo mejor del cristianismo y del judaísmo, lo mejor del Islam, lo mejor del budismo, etc., en la línea que evocaba yo hace poco, siguiendo las enseñanzas del aforismo según el cual la verdad reside en la profundidad". Jean-Pierre Changeux/Paul Ricoeur, *La naturaleza y la norma. Lo que nos hace pensar*, México: FCE, 2001, p. 273.

26 Para diferentes análisis de esa perspectiva, véanse Jürgen Moltmann, *The Coming of God*, pp. 29–46, y Michael Löwy, *Redención y utopía. El judaísmo libertario en Europa central. Un estudio de afinidad electiva*, Buenos Aires: El cielo por asalto, 1997.

27 LRMR, p. 148.

28 Esta perspectiva del reino será retomada por Albrecht Ritschl, teólogo neokantiano que definió al reino como una realidad que se produce cuando los seres humanos actúan inspirados por el amor. En la comprensión de Ritschl, como señala John Macquarrie,

a Kant distinguirse de un enfoque puramente teológico, pero, por otro, es algo contradictorio respecto de su énfasis sobre Dios como autor de ese reino. De todos modos, matizamos diciendo que es "algo contradictorio" y no en su totalidad, porque en Kant el postulado de Dios, así como es necesario como fundamentación para la ética, también lo es como legislador de esa comunidad llamada reino. En ambos casos, se trata de postulados de la razón práctica.[29]

En segundo lugar, a pesar de que Kant distingue entre iglesia invisible e iglesia visible, su crítica a esta última es tan radical que termina casi en una negación de la iglesia empírica y concreta en la historia. Si la iglesia es mediadora del reino, como expresa Kant, su presencia tangible en la historia humana es esencial y no periférica.[30]

En tercer lugar, afirma la existencia de una "religión racional pura". Su intento es válido como tal, aunque quizás no toma en cuenta que cuando de experiencia religiosa se trata, entran en juego

---

"la meta de la religión cristiana la constituye la realización del reino de Dios, que es a la vez el bien religioso supremo y el ideal moral del hombre". *El pensamiento religioso en el siglo* XX, Barcelona: Herder, 1975, p. 101. Antes que Ritschl, el pensamiento kantiano sobre el reino dejó su impronta en Friedrich Schleiermacher, quien, según comenta Pannenberg, aunque criticó el imperativo categórico kantiano, hizo suya la interpretación ética del reino vinculada al bien supremo. Wolfhart Pannenberg, *Una historia de la filosofía desde la idea de Dios*, Salamanca: Sígueme, 2001, p. 243.

29 Según el pormenorizado análisis que Gómez Caffarena hace de la obra de Kant *Crítica del juicio*, "No puede llegar a determinarse si la inteligencia causante del orden teleológico de la Naturaleza es una o es múltiple [...] Y, desde luego, no permite llegar a afirmar un Creador y una creación en sentido estricto". José Gómez Caffarena, "El 'teísmo moral' en la tercera Crítica kantiana", *Miscelánea Comillas. Revista de Teología y Ciencias Humanas*, vol. 49, Madrid: Facultades de teología y filosofía de la Universidad Pontificia Comillas, 1991, p. 11. A modo de conclusión, el filósofo español entiende que "Kant busca, por una parte, evitar algo del antropomorfismo de la habitual expresión teística (Dios legislador, juez...), interiorizándola, para ello, en el fondo del mismo ser humano ('Dios en nosotros' es su fórmula preferida)". *Ibíd.*, p. 22.

30 Así interpreta Paul Tillich cuando dice que, según Kant, hay que criticar a la iglesia a partir de la iglesia esencial de la razón pura. Pero tal crítica se torna tan radical que termina en una negación de la Iglesia empírica. "Por lo tanto, todo individuo que pertenece a la Iglesia esencial debe tratar de vencer a esta Iglesia visible que destruye la autonomía mediante la autoridad heterónoma y destruye la razón mediante la superstición". *Pensamiento cristiano y cultura en Occidente. De la Ilustración a nuestros días*, vol. II, Buenos Aires: La Aurora, 1977, p. 385.

no sólo elementos puramente racionales, sino que también confluyen dimensiones no racionales, anímicas y emocionales.

En cuarto lugar, la visión kantiana del judaísmo es inapropiada, ya que al definirlo como una entidad puramente política en su constitución, no toma en cuenta los vínculos entre lo político y lo religioso, que hunde sus raíces en el Israel bíblico y en el cual interactuaban esos ámbitos. Considerar el judaísmo sólo como una "creencia" y no como una religión, representa una visión parcial del fenómeno.

En quinto lugar, y muy ligado al punto anterior, la visión de Kant respecto a que el cristianismo es la verdadera religión —más allá de las críticas que hace a su historia— ha quedado desfasada en por lo menos dos aspectos. 1) No se ha producido la universalidad de esa "única religión verdadera", ya que, por el contrario, ha habido un sostenido avance del islamismo, el cual, según estadísticas, sería la religión que más se expande en el mundo. 2) Existen movimientos históricos que desmienten el exclusivismo religioso kantiano; a saber, el ecumenismo, en cualquiera de sus vertientes[31], y el diálogo interreligioso. Desde la segunda mitad del siglo XX hasta el presente se han dado pasos significativos en el diálogo entre las religiones monoteístas: judaísmo, cristianismo e islamismo, al punto de que se habla hoy de una "teología del pluralismo religioso"[32], la cual rescata elementos comunes de esas religiones en la búsqueda de un entendimiento común.

Pese a estas observaciones críticas, el planteamiento de Kant fue un enfoque filosófico válido del reino de Dios, aunque, como no podría ser de otro modo, dependiente de lo teológico. En esto último, es digno de destacar la claridad con que Kant distingue al reino de la iglesia, considerando a esta última como una mediación del primero. El carácter eminentemente ético del reino dejará su impronta en teólogos posteriores, como Schleiermacher, Ritschl y Rauschenbush. Allí radica, tal vez, una de las principales virtudes del planteamiento kantiano.

---

31 Desde el protestantismo, es dable mencionar el Consejo Mundial de Iglesias con sede en Ginebra, que es expresión de unidad de diversas iglesias protestantes del mundo y, desde el catolicismo romano, el Vaticano II.

32 Véase A. Torres Queiruga, L. C. Susin, y J. Sobrino, *Teología del pluralismo religioso*, Estella (Navarra): Editorial Verbo Divino, 2007.

Capítulo 3

La influencia de Sören Kierkegaard en la teología de Karl Barth

Dialéctica, desesperación y fe

Si tengo un sistema, éste consiste en no perder de vista la significación negativa y positiva de lo que Kierkegaard llamó la "infinita diferencia cualitativa" que existe entre tiempo y eternidad. "Dios está en el cielo y tú en la tierra".
— Karl Barth

La desesperación no sólo es dialéctica de una manera completamente distinta a la que lo es cualquier otra enfermedad, sino que también todos sus síntomas son dialécticos.
— Sören Kierkegaard

Introducción

Es un hecho conocido que el pensamiento filosófico de Sören Kierkegaard ejerció una influencia importante tanto en la filosofía como en la teología del siglo XX. En efecto, filósofos como Martín Heidegger, Karl Jaspers y Jean-Paul Sartre, y teólogos como Karl Barth, Emil Brunner y Paul Tillich reconocieron esa impronta. En este capítulo se indaga en los textos de Karl Barth para mostrar en qué consiste la influencia kierkegaardiana en el teólogo reformado suizo, considerado el iniciador de la teología neoortodoxa o "de la crisis". Particularmente, la influencia de Kierkegaard se verá reflejada en tres aspectos: el método dialéctico, la desesperación como condición humana y la fe como salto y decisión. El análisis de las principales referencias que Karl Barth hace de los textos kierkegaardianos pone en evidencia que mientras esa influencia es marcada en el comentario de

Barth a la carta a los Romanos, en su obra más sistemática, la *Church Dogmatics,* pareciera tomar distancia de ella formulando algunas críticas puntuales al pensamiento del filósofo danés. En la sección final se intenta comparar tanto las coincidencias como las divergencias entre ambos autores.

La dialéctica

Antes de analizar puntualmente la dialéctica en Kierkegaard es preciso aclarar su importancia en instancias anteriores, sobre todo en la filosofía de Hegel. Como recuerda Paolo Lamanna[1], Kant ya había hablado de la dialéctica de la razón en el sentido de la inevitable contradictoriedad en que cae esta cuando deja el terreno de la experiencia, de modo que las ideas dan lugar a antinomias: tesis y antítesis. Para Hegel, toda tesis está ligada a su opuesto, es decir, antítesis, que impulsa a una profundización del pensamiento requiriendo la unidad de una síntesis, la cual vuelve a aparecer como nueva tesis, que, a su vez, suscita una nueva antítesis, la que al unificarse, provoca una nueva síntesis, y así sucesivamente.[2] Hans-Georg Gadamer hace un recorrido histórico del concepto de "dialéctica". Se inicia como método en los filósofos antiguos, quienes extraían las consecuencias de hipótesis contrarias entre sí. La restaura en el siglo XVIII la dialéctica trascendental kantiana y después la profundiza Hegel, quien, al percatarse de la ausencia de

---

1 E. Paolo Lamanna, *Historia de la filosofía.* Vol. IV. *La filosofía del siglo XIX,* trad. Oberdan Caleti y Floreal Mazía, Buenos Aires: Librería Hachete, 1969, p. 62-63.

2 Lamanna agrega que el triple momento del proceso lógico dialéctico hegeliano consiste en: a) momento intelectivo abstracto, b) momento racional-negativo o propiamente dialéctico y c) momento racional-positivo o especulativo. *Ibíd.,* p. 63. Según explica Arsenio Ginzo, Hegel aplica la dialéctica al tema de la muerte de Dios de modo que, a la muerte que es negación, sigue la negación de la negación o sea, la muerte de la muerte "y por ello Dios 'surge de nuevo a la vida.'" Arsenio Ginzo, "En torno a la filosofía de la religión de Hegel" en G. W. F. Hegel, *El concepto de religión,* trad. Arsenio Ginzo, México: FCE, 1981, p. 24. Para un análisis más pormenorizado de la dialéctica de Hegel véase Rubén Dri, *La Fenomenología del espíritu* de Hegel, tomo 2, *Intersubjetividad y reino de la verdad,* 2.ª edición, Buenos Aires: Biblos, 2006, pp. 89-104. Básicamente, el esquema en el que Dri sintetiza la dialéctica de la percepción en Hegel es el siguiente: 1) concepto simple de la cosa; 2) percepción contradictoria de la cosa, y 3) movimiento hacia la universalidad incondicionada y hacia el reino del entendimiento.

rigor metódico en su uso, marcó un procedimiento distinto y peculiar en continua progresión. Gadamer[3] aclara que, según el propio Hegel, hay tres elementos que constituyen la dialéctica: a) el pensar es pensar de algo en sí y para sí mismo; b) el pensamiento es un conjunto de determinaciones contradictorias, c) la unidad de las determinaciones contradictorias en una unidad. La búsqueda de Hegel fue "convertir la lógica tradicional en una genuina ciencia filosófica: el método de la dialéctica".[4]

Juan Luis Segundo[5] señala que pese a la importancia de la dialéctica en Hegel, y a la inmensa literatura que hace uso de la dialéctica como metodología, jamás se encontró una definición explícita. Sin embargo, a pesar de esa ausencia, el teólogo uruguayo llega a esta conclusión:

> Lo que podemos obtener leyendo y estudiando a Hegel mismo es que su pensamiento apunta siempre a procesos, no a esencias invariables. Además, en dichos procesos Hegel continuamente [sitúa] la negación. Cada momento es negado por otra que, a su vez, vuelve a ser negado, no para volver exactamente al primer momento, sino para ser negado de nuevo, y así sucesivamente.[6]

---

3 Hans-Georg Gadamer, *La dialéctica de Hegel,* trad. Manuel Garrido, Madrid: Biblioteca Nacional, 2002, p. 27. Gadamer remonta la dialéctica hegeliana a Platón, sobre todo a su obra *Menón*, según la cual la naturaleza está íntimamente relacionada de modo que no hay ideas aisladas y, por lo tanto, la tarea dialéctica consiste en destruir la falsedad de su absoluta separación. *Ibíd.*, p. 75.

4 *Ibíd.*, p. 74. Marx continuará la perspectiva filosófica de la dialéctica pero aplicada al "materialismo". En su análisis de la "dialéctica del trabajo", Jürgen Habermas entiende que una vez más "la dialéctica puede concebirse entonces desde el diálogo; ciertamente, no como tal diálogo, sino como consecuencia de la represión del mismo. Es objetiva y subjetiva a un tiempo". *Teoría y praxis,* trad. Salvador Mas Torres y Carlos Moya Espí, Madrid: Biblioteca Nacional, 2002, pp. 455–456. También inscripto dentro de la primera etapa de la escuela de Frankfurt, Theodor Adorno presentó su *Dialéctica negativa,* como una especie de "antisistema", ya que la dialéctica siempre ha sido un instrumento al servicio de un resultado positivo. Véase Theodor W. Adorno, *Dialéctica negativa,* trad. José María Ripalda, Madrid: Editora Nacional, 2002.

5 Juan Luis Segundo, *El hombre de hoy ante Jesús de Nazaret.* Vol. I, *Fe e ideología,* Madrid: Cristiandad, 1982, p. 248.

6 *Ibíd.*, p. 255. Citando a André Lalande, agrega Segundo: "Consiste esencialmente la dialéctica en reconocer la inseparabilidad de los contradictorios y en descubrir el principio de esta unión en una categoría superior. Así [Hegel] llama 'momento

Aclarado el antecedente hegeliano de la dialéctica, pasamos ahora a analizar qué dice Kierkegaard sobre su método. En su obra *Mi punto de vista,* señala claramente desde qué perspectiva escribe y cuál es su método. Se denomina "un escritor religioso" y define su método como "dialéctico". Dice:

> El contenido de este pequeño libro afirma, pues, lo que realmente significo como escritor; que soy y he sido un escritor religioso, que la totalidad de mi trabajo como escritor se relaciona con el cristianismo, con el problema de "llegar a ser cristiano", con una polémica directa o indirecta contra la monstruosa ilusión que llamamos cristiandad, o contra la ilusión de que en un país como el nuestro todos somos cristianos.[7]

Se percibe que Kierkegaard no sólo se define como "escritor religioso", sino que también indica de forma clara cuál es su propósito: el problema de llegar a ser cristiano, la crítica a la "cristiandad" y la ilusión de que en su país todos sean cristianos. Por otra parte, Kierkegaard insiste en el carácter dialéctico de su trabajo. Habla de "la posición dialéctica" que ocupa "y del carácter dialéctico de mi posición (que es justamente a lo que no me puedo resignar [...]".[8] Posteriormente es más enfático: "Si, como autor, tuviera que empezar a protestar, fácilmente llevaría a la confusión a toda mi obra, la cual, desde el principio al fin, es dialéctica".[9] El carácter dialéctico de su pensamiento se puede percibir en la diferencia cualitativa insalvable entre Dios y el hombre, el cielo y la tierra, la finitud y la infinitud, la fe y la incredulidad, la esencia y la existencia.

Kierkegaard reflexiona profunda y ampliamente sobre la contradicción que implica el Dios-hombre, que, como veremos más adelante, es el punto de inflexión ante el cual nos escandalizamos o creemos.

---

dialéctico' la contradicción misma y el paso, en esta contradicción, de un término al otro". André Lalande, *Vocabulaire technique et critique de la philosophie,* Alcan, París, 5.ª edición, 1938, p. 152, cit. en *Ibíd.*, p. 254.

7 Sören Kierkegaard, *Mi punto de vista,* trad. José Miguel Velloso, Madrid: Sarpe, 1985, p. 30.

8 *Ibíd.*, p. 31.

9 *Ibíd.*, p. 41

Y esa contradicción entre ser Dios y ser hombre, es infinitamente cualitativa. Dice:

> Ésta es una especie extraña de dialéctica: que Él, el omnipotente, se ate a sí mismo; y hace esto tan omnipotentemente que se siente realmente atado, sufre bajo las consecuencias de su amorosa y libre decisión de hacerse hombre individuo, tanta seriedad había en el hecho de hacerse un hombre real; mas así tenía que ser si había de ser signo de contradicción que patentizase los pensamientos de los corazones.[10]

En cuanto a Karl Barth, su teología ha recibido varias nomenclaturas: neoortodoxia, teología de la crisis, teología de la Palabra y teología dialéctica. El propio Barth admitió esa opción dialéctica, indicando que en su teología no hay nada que se haya afirmado y que, al mismo tiempo, se haya negado; perspectiva que se puede apreciar en su comentario a la carta a los Romanos. Allí, de modo claro, admite:

> … si tengo un sistema, éste consiste en no perder de vista la significación negativa y positiva de lo que Kierkegaard llamó la "infinita diferencia cualitativa" que existe entre tiempo y eternidad. "Dios está en el cielo y tú en la tierra. La relación de *este* Dios con *este* hombre, la relación de *este* hombre con *este* Dios es para mí el tema de la Biblia y el compendio de la filosofía.[11]

Obsérvese el juego dialéctico: tiempo/eternidad, Dios/tú, cielo/tierra/ este Dios/este hombre. Y también, que no se trata tanto de universales como de particulares: *este* Dios y *este* hombre. Lo que llama la atención es que ese planteo represente para Barth no sólo el tema de la Biblia, sino el compendio de la filosofía, aspecto este último que no aclara en el contexto.

Sean Turchin afirma que el teólogo Johann Tobias Beck (1804–1878) habría sido quien introdujo a Barth en la filosofía de Kierkegaard

---

10 Sören Kierkegaard, *Ejercitación del cristianismo,* trad. Demetrio G. Rivero, Madrid: Ediciones Guadarrama, 1961, p. 191.

11 Karl Barth, *Carta a los Romanos,* trad. Abelardo Martínez de La Pera, Madrid: BAC, 1998, p. 54.

y que, aunque Barth comenzó a leer a Kierkegaard a partir de 1909, reconoció que el pensamiento del danés influyó decisivamente cuando escribía el comentario a Romanos en 1918. Y agrega Turchin:

> ... la familiaridad de Barth con Kierkegaard es algo reconocido sobre la base de sus repetidas citas de Kierkegaard por nombre, tanto como por el uso que hace de la terminología kierkegaardiana en Romanos II tales como paradoja, el totalmente Otro, comunicación indirecta/directa, el momento, el incógnito divino, el escándalo, el salto de la fe.[12]

Según Hans von Balthasar, el estilo barthiano denota la influencia de Kierkegaard, al enfatizar el momento "estático" de la dialéctica, la "infinita diferencia cualitativa" entre Dios y la criatura. Pero, por encima de todo, enfatiza la aseidad de Dios en el verdadero acto de su automanifestación. Y aclara un dato importante:

> Este tipo de dialéctica fue redescubierta en los febriles y tumultuosos años que siguieron a la Primera Guerra Mundial, la era del expresionismo. Esto lo lleva a explicar en la segunda edición de *La carta a los Romanos*: es expresionismo teológico, especialmente en su metodología.[13]

Como hemos señalado en otro trabajo: "La exposición que Barth hace de la carta a los Romanos implica un método que podemos denominar dialéctico-crítico-paradójico".[14] Ese método se puede apreciar en el citado comentario, en conceptos que claramente denotan su aproximación dialéctica. Veamos algunos ejemplos:

> El tiempo atemporal, el lugar no espacial, la posibilidad imposible, la luz de la luz increada caracterizan, pues, al "pero

---

12 Sean Turchin, *Examining the Primary Influence on Karl Barth's Epistle to the Romans*, Liberty University, B. R. Lakin, 2008, p. 60. Con la expresión "Romanos II", Lakin se refiere a la segunda edición del comentario de Barth.

13 Hans Urs von Balthasar, *The Theology of Karl Barth*, trad. Edward T. Oakes, S. J., San Francisco: Ignatius Press, 1992, p. 83. Cursivas originales.

14 Alberto F. Roldán, "La dialéctica de la justicia en el comentario de Karl Barth a la carta a los Romanos", *Enfoques* XXI, 1,2, Libertador Gral. San Martín: Universidad Adventista del Plata, 2009, p. 25.

> ahora" con el que se fundamenta a sí mismo el mensaje del cambio, del cercano reino de Dios, del sí en el no, de la salvación en el mundo, de la absolución en la condena, de la eternidad en el tiempo, de la vida en la muerte.[15]

Barth abunda en contrastes y oposiciones cuando contrasta la justicia de Dios con la justicia humana. Dialécticamente, Dios es el Sí y el No hacia el ser humano. Dice Barth: "Dios es *el que* es, el Creador del mundo, el Señor de todas las cosas; el Sí, no es No. Dios pronuncia ese Sí. Hace valer su derecho, el derecho permanente, definitivo, último y decisivo al mundo".[16]

El método dialéctico barthiano es analizado por Jacob Taubes en su ensayo "Teodicea y teología: un análisis filosófico de la teología dialéctica de Karl Barth". El filósofo judío destaca que ningún trabajo teológico, desde que la filosofía se emancipó de la teología eclesiástica, despertó tanto interés como la *Dialektische Theologie*. "Parecería que el rechazo general por la teología que atraviesa toda la Edad Moderna se derrumbara ante Barth. Su trabajo agrega un nuevo capítulo a la historia del método dialéctico".[17] Reconociendo la polisemia del término, Taubes se pregunta: ¿Qué es la dialéctica? Responde: "El término aparece una y otra vez en diferentes contextos en la historia de la filosofía, de la teología o de la sociología. Sin embargo, todas las variantes dialécticas tienen el presupuesto de que el 'método dialéctico' se funda en el diálogo".[18] El método dialéctico barthiano retiene esa misma característica del diálogo, ya que entiende que la teología sólo es posible

> … "en forma de diálogo, en un discurso de pregunta y respuesta". Sólo en este encuentro entre pregunta y respuesta se realiza

15 Karl Barth, *Carta a los Romanos,* trad. Abelardo Martínez de La Pera, Madrid: BAC, 1998, p. 140.

16 *Ibíd.*, p. 141

17 Jacob Taubes, *Del culto a la cultura. Elementos para una crítica de la razón histórica,* trad. Silvia Villegas, Buenos Aires: Katz, 2007, p. 223. Cursivas originales.

18 *Ibíd.*, p. 225. *La dialéctica de Hegel,* trad. Manuel Garrido, Madrid: Biblioteca Nacional, 2002, pp. 9–10.

> el carácter tético-antitético de la teología. La teología es "pensamiento dialéctico". Si se considera seriamente el carácter dialéctico de la teología, ella debe entonces seguir siendo discurso abierto y no debe cerrarse en un sistema autorreferencial.[19]

Si bien la teología dialéctica, según Taubes, está caracterizada por la relación entre la filosofía de Hegel y la protesta de Kierkegaard, cuando Barth destaca el hiato entre Dios y el ser humano lo hace como resultado de la influencia de la dialéctica negativa de Kierkegaard.

La desesperación

Uno de los conceptos clave de la filosofía de Kierkegaard es el de "desesperación". En efecto, el tratado titulado *La enfermedad mortal o De la desesperación y el pecado* es una profunda reflexión sobre la condición humana en su finitud y su desesperación. El punto de partida de la reflexión de Kierkegaard es el relato de Juan 11.4 donde Jesús afirma que la enfermedad sufrida por Lázaro "no es de muerte". Comenta Kierkegaard: "Por lo tanto, Lázaro había muerto y con todo no se trataba de una enfermedad mortal; estaba muerto y, no obstante, tal enfermedad no era de muerte".[20] ¿En qué consiste, entonces, esa "enfermedad mortal" y por qué se puede hablar de "desesperación"? Kierkegaard entiende que al ser una síntesis de lo infinito y lo finito, de lo temporal y lo eterno, de la libertad y la necesidad, el ser humano es una síntesis. "La desesperación es una discordancia en una síntesis cuya relación se relaciona consigo misma".[21] Kierkegaard se pregunta: "¿Es la desesperación una ventaja o un defecto? En un sentido puramente dialéctico es ambas cosas".[22] Fundamenta su respuesta en que, desde el lado positivo, la desesperación es una ventaja enorme para el ser humano comparado con el bruto; "sin embargo, estar desesperado no

19 *Del culto a la cultura,* p. 225.

20 Sören Kierkegaard, *La enfermedad mortal o De la desesperación y el pecado,* trad. Demetrio G. Rivero, Madrid: Sarpe, 1984, p. 29.

21 *Ibíd.*, p. 40.

22 *Ibíd.*, p. 39.

solamente es la mayor desgracia y miseria, sino la perdición misma".[23] La desesperación existencial humana implica una dialéctica en la cual la persona a veces quiere ser sí misma y en otras quisiera deshacerse de sí misma. Es, también, resultado de la dimensión de eternidad con que ha sido creada. "Y es natural que la eternidad actúe de esta manera, puesto que poseer un yo y ser un yo es la mayor concesión —una concesión infinita— que se le ha hecho al hombre, pero además es la exigencia que la eternidad tiene sobre él".[24]

La desesperación es un hecho universal. Nadie escapa a su presencia en la vida humana porque todos experimentamos cierta dosis de desesperación, desasosiego, desarmonía. Nadie puede librarse de su presencia. Pero la desesperación es también dialéctica. ¿En qué sentido? Explica Kierkegaard:

> La desesperación no sólo es dialéctica de una manera completamente distinta a la que lo es cualquier otra enfermedad, sino que también todos sus síntomas son dialécticos; y ésta es la causa de que la consideración vulgar se engañe tan fácilmente al diagnosticar si la desesperación hace presa o no en determinados individuos.[25]

La desesperación se relaciona también con finitud e infinitud. Éste es, una vez más, un planteo dialéctico por el cual una cosa nunca deja de ser su contraria. Por lo tanto, la desesperación no puede definirse de modo directo, sino sólo reflexionando sobre su opuesto. Kierkegaard admite que para describir la desesperación el poeta puede hacerlo sin recurrir a la dialéctica. Pero "para definir la desesperación siempre es necesario el recurso a lo opuesto de la misma. Aquella réplica no podría ser poéticamente valiosa si no reflejase el colorido de su expresión en contraste dialéctico".[26] El carácter dialéctico de la desesperación se puede observar en todos sus síntomas, al punto de que no estar desesperado no implica superar la desesperación, sino que, aun

---

23 *Ibíd.*

24 *Ibíd.*, p. 47.

25 *Ibíd.*, p. 52.

26 *Ibíd.*, p. 60.

en la tranquilidad y el sosiego, "pueden significar que se está desesperado, es más, esta misma tranquilidad y este sosiego pueden ser desesperación [...]".[27]

Pero ¿qué es concretamente la "desesperación"? En la segunda parte de su tratado, Kierkegaard define claramente que la desesperación es el pecado. Explica:

> *Hay pecado cuando delante de Dios, o teniendo la idea de Dios, uno no quiere desesperadamente ser sí mismo, o desesperadamente quiere ser sí mismo.* Por lo tanto, el pecado es la debilidad o la obstinación elevadas a la suma potencia; el pecado, pues, es la elevación de la potencia de la desesperación. El acento cae aquí en ese *delante de Dios,* o en que se tenga al mismo tiempo la idea de Dios. Es precisamente esta idea de Dios la que en todos los sentidos, dialéctico, ético y religioso, hace que el pecado se convierta en lo que los juristas podrían llamar o llaman la "desesperación cualificada".[28]

La expresión "delante de Dios" evoca el *coram Deo* de Lutero, con lo cual el pecado sólo se puede definir en su relación con Dios. "Pecado" es una categoría teológica, no filosófica, y en su definición es imposible evitar la idea de Dios.

¿Hay salida para la desesperación? ¿Hay manera de superarla? Y, en todo caso, ¿cuál es esa manera? La respuesta de Kierkegaard es enfática: la fe. Es la única posibilidad de salida a la desesperación. "El creyente posee el eterno y seguro antídoto contra la desesperación, es decir, la posibilidad; ya que para Dios todo es posible en cualquier momento. Ésta es la salud de la fe, la cual resuelve todas las contradicciones".[29] Volveremos sobre el tema de la fe más adelante. Ahora, veamos de qué modo Barth retoma el pensamiento de Kierkegaard sobre la desesperación.

También Barth, sin mencionar específicamente a Kierkegaard, critica la "falta del coraje de la desesperación".[30] También insinúa

---

27 *Ibíd.*, p. 52.
28 *Ibíd.*, p. 117. Cursivas originales.
29 *Ibíd.*, p. 71.
30 Karl Barth, *Carta a los Romanos*, trad. Abelardo Martínez de La Pera, Madrid: BAC,

la influencia del pensador danés cuando se refiere a "la soberbia, la arrogancia que desconoce la distancia existente entre Dios y hombre, y que entroniza infaliblemente al no dios".[31]

A partir de la lectura que hace del comentario de Barth a Romanos 5 y el tema específico de "Adán y Cristo", Sean Turchin[32] afirma que la terminología usada por Barth da evidencia de que estaba familiarizado con el libro *La enfermedad mortal* o al menos con el uso kierkegaardiano para describir la condición caída del ser humano.

La fe[33]

¿En qué sentido la fe es una paradoja? Kierkegaard responde una vez más apelando a la fe de Abraham. Dice:

En todo momento se presenta a mi consideración la inaudita paradoja que constituye el sentido de la existencia de Abraham, y me siento como empujado hacia atrás, y mi pensamiento, pese a toda su pasión, es incapaz de penetrar en la paradoja ni tan siquiera por el espesor de un cabello. Todos mis músculos se tensan en un esfuerzo por llegar a un concepto comprensivo, pero en ese mismo instante me siento paralizado.[34]

Kierkegaard analiza el acto de Abraham y encuentra que en él hay una contradicción. Porque, desde el punto de vista ético, quiso matar a Isaac, pero desde el punto de vista religioso, quiso ofrecerlo en sacrificio. "Se presenta, pues, una contradicción, y es en ella precisamente donde

---

1998, p. 88. En este punto hay coincidencia entre Barth y Bultmann, ya que el exégeta luterano, luego de señalar que la filosofía existencialista tiene una gran deuda con el Nuevo Testamento, con Lutero y Kierkegaard indica que "la única actitud razonable que puede adoptar el hombre aparte de Cristo es la de desesperación, desesperar de la posibilidad de lograr nunca el auténtico ser". *Nuevo Testamento y mitología*, trad. Antonio Bonnano, Buenos Aires: Editorial Almagesto, 1998, p. 49.

31 *Carta a los Romanos*, p. 105.

32 *Op. Cit.*, p. 76.

33 En esta sección del trabajo tomo como base mi comunicación titulada "La fe como paradoja y pasión según el planteo de Sören Kierkegaard en *Temor y temblor*", IV Jornadas Nacionales de Filosofía Moderna, Universidad Nacional de Mar del Plata, 2013.

34 *Temor y temblor*, p. 25.

reside una angustia capaz de condenar a una persona al insomnio perpetuo [...]".[35] Si reducimos a cero el valor de la fe, argumenta Kierkegaard, entonces lo único que queda es el hecho desnudo de que Abraham quiso matar a Isaac. Pero, si por el contrario le damos a la fe un valor máximo, llegaremos a la conclusión de que "únicamente por la fe podemos asemejarnos a Abraham, y no por el asesinato".[36]

Al ilustrar lo que piensa sobre la fe a partir de la experiencia de Abraham, Kierkegaard afirma sin ambages que la fe es una pasión. Al contratar al héroe trágico con el caballero de la fe que está ilustrado en la persona de Abraham, dice Kierkegaard:

> Cualquiera puede llegar a ser, gracias al propio esfuerzo, un héroe trágico, pero nunca un caballero de la fe [...] quien echa adelante por el estrecho sendero de la fe, no podrá encontrar nadie que pueda darle una mano, nadie que pueda comprenderle. La fe es un milagro del que, sin embargo, nadie está excluido, pues toda existencia humana encuentra su unidad en la pasión, y la fe es una pasión.[37]

Kierkegaard ha sido capturado de tal modo por el patriarca hebreo que hasta hace una invocación a modo de oración:

> ¡Venerable padre Abraham! ¡Segundo padre del género humano! Tú que fuiste el primero en sentir y testimoniar esa pasión poderosa que desdeña el peligro, combate contra la furia de los elementos y las fuerzas de la creación, para pelear con Dios; tú, que antes que cualquier otro sentiste en ti esa elevada pasión, limpia y humilde —manifestación sagrada del absurdo divino [...][38]

En toda su argumentación, Kierkegaard manifiesta un esfuerzo por separarse del racionalismo hegeliano. Esto puede percibirse en dos

---

35 *Ibíd.*, p. 22.

36 *Ibíd.*, p. 23.

37 Sören Kierkegaard, *Temor y temblor*, trad. Vicente Simón Merchán, Barcelona: Altaya, 1994, p. 56.

38 *Ibíd.*, p. 18.

hechos: por un lado, el rechazo de toda posibilidad de sistema y, segundo, la crítica a una fe "racional" o "racionalista". En cuanto al intento de hacer un sistema, dice Kierkegaard:

> El autor del presente libro no es de ningún modo un filósofo. No ha comprendido el Sistema —caso de que exista uno, y caso de que uno [...]: ya tiene bastante su débil cerebro con la tarea de imaginar la prodigiosa cabeza de que debe uno disponer en nuestra época para contener proyecto tan descomunal. Aunque se lograse reducir a una fórmula conceptual todo el contenido de la fe, no se seguiría de ello que nos hubiésemos apoderado adecuadamente de la fe de un modo tal que nos permitiese ingresar en ella o bien ella en nosotros.[39]

Esta crítica al afán de "sistema" que pone en duda pueda lograrse, aparece como una velada negación del objetivo de Hegel. Pero, más adelante, ya de modo enérgico, comenta Kierkegaard que se oye decir que es difícil entender a Hegel y que, en contraste, comprender a Abraham es "una bagatela". Sin embargo, Kierkegaard dice que cree entender a Hegel, pero que cuando piensa en Abraham, se siente "anonadado".[40] Y, finalmente, "Hegel no tiene razón cuando habla de la fe [...]".[41] Desde ese lugar, como escritor religioso y en reacción a la filosofía hegeliana marcada por la razón y la búsqueda de "sistema", Kierkegaard planteará su nueva perspectiva de la fe, situada en las antípodas del proyecto hegeliano.[42]

---

39 Sören Kierkegaard, *Temor y temblor,* trad. Vicente Simón Merchán, Barcelona: Altaya, 1994, p. 5.

40 *Ibíd.*, p. 25.

41 *Ibíd.,* p. 45. Paul Tillich entiende que cuando Kierkegaard rompió con el sistema hegeliano de esencias "hizo dos cosas: proclamó una actitud existencial e instigó una filosofía de la existencia. Se percató de que el conocimiento de aquello que nos concierne infinitamente es posible sólo en una actitud de infinita preocupación, en una actitud existencial". *El coraje de existir,* trad. José Luis Lana, Barcelona: Estela, 1968, p. 120.

42 No obstante situarse en las antípodas de Hegel, no faltan estudiosos que sostienen que, pese a sus esfuerzos, Kierkegaard sigue de alguna manera dependiente de Hegel. Theodor Adorno afirma que por muy polémicamente que Kierkegaard se posicione contra Hegel y su "sistema", todavía permanece en estrecha dependencia con él, y que la verdadera diferencia con Hegel no se encuentra tanto en el "salto" sino más bien en que las esferas

Por otra parte, también contrasta la fe con la duda. Sostiene que la fe es contraria a la duda, pero aclara:

> … ninguna de las dos es un acto de conocimiento, sino que son pasiones opuestas. La fe es un sentido del devenir, y la duda una protesta contra toda decisión que quiere ir más allá de la percepción inmediata y del conocimiento inmediato. […] En la medida en que se sirve de la dialéctica para hacer que dos contrarios sean exactamente probables, de la misma manera, no es con todo en virtud de esta dialéctica que establece su escepticismo, pues tales no son sino las obras exteriores y acomodamientos humanos.[43]

También Kierkegaard en su obra *Ejercitación del cristianismo* se pregunta si puede llegar a saberse algo de Cristo. Y responde categóricamente:

> No. ¿Por qué no? Porque, en general, nada puede "saberse" acerca de "Cristo"; es la paradoja, objeto de la fe, solamente para la fe. Pero toda comunicación histórica es comunicación del "saber", por lo tanto, por la historia no puede llegarse a saber nada sobre Cristo. […] La historia hace de Cristo otra cosa de lo que en verdad era, y así se llega a saber por la historia mucho acerca de ¿Cristo? No, no es acerca de Cristo, ya que sobre Él nada se puede saber, solamente ha de ser creído.[44]

---

se sustraen de ser sintetizadas. Theodor Adorno, *Kierkegaard,* trad. Roberto J. Vernengo, Caracas: Monte Ávila, 1969, p. 151. El propio Kierkegaard admite una coincidencia con Hegel: "Por fe entiendo yo aquí lo que en alguna parte designa Hegel muy justamente a su manera: la certeza interior que anticipa la infinitud". *El concepto de la angustia,* 3.ª edición, Buenos Aires: Espasa-Calpe, 1946, p. 176. Por su parte María J. Binetti, tomando en cuenta a varios especialistas sobre el tema, indica que el concepto kierkegaardiano de libertad se relaciona estrechamente con el sujeto hegeliano construido en la acción de su autorreflexión. Cita a autores como T. W. Adorno, Karl Löwith, J. Wahl y el propio Jean-Paul Sartre. María J. Binetti, *La posibilidad necesaria de la libertad. Un análisis del pensamiento de Sören Kierkegaard,* Pamplona: Universidad de Navarra, Cuadernos de Anuario Filosófico, 2005, p. 27, nota 57.

43 Sören Kierkegaard, *Fragmentos filosóficos,* trad. Arnoldo Canclini, Buenos Aires: La Aurora, 1955, p. 124

44 Sören Kierkegaard, *Ejercitación del cristianismo,* trad. Demetrio G. Rivero, Madrid: Guadarrama, 1961, pp. 62–63.

De modo que la fe está en las antípodas del saber.[45] No se fundamenta en hechos históricos, sino en una adhesión a la paradoja. Por otra parte, la fe puede comprobarse fácticamente, pero no mediante razonamientos, sino mediante la pasión y el sufrimiento. Dice Kierkegaard:

> Sólo hay una manera de relacionarse con la verdad revelada: tener fe. Y que uno tiene fe puede probarse de un solo modo: estar dispuesto a sufrir por esa fe; y el grado de la fe que uno tiene puede probarse sólo por el grado de voluntad que uno tenga de sufrir por esa fe. De ese modo llegó el cristianismo al mundo, servido por testigos dispuestos incondicionalmente a sufrirlo todo por su fe y que en verdad tuvieron que sufrir, dar su vida y su sangre por la fe. El coraje de su fe causa tal impresión en el género humano que éste saca la siguiente conclusión: aquello que puede entusiasmar al hombre para darlo todo y arriesgar su vida y su sangre debe ser la verdad.[46]

Una vez más, la fe no se constata mediante argumentaciones filosóficas o especulaciones. Su autenticidad sólo se puede probar mediante el sufrimiento al que llega quien tiene esa fe. La fe es coraje y decisión que puede llevar a la muerte a aquel que la sostiene.

Kierkegaard también se refiere a la fe como determinación, elección y escándalo. Dice: "La fe es por su parte también una determinación dialéctica. Fe es una elección, de ningún modo una

---

45 En este punto Kierkegaard se sitúa en oposición a Hegel, quien en varios momentos de su filosofía reflexiona sobre la fe; por ejemplo, cuando dice que "a la fe hay que atribuirle la forma de la *mediación:* ella es en sí misma esta forma, puesto que es saber acerca de Dios y de su determinación y este saber es en sí mismo un proceso, un movimiento, vida, mediación". G. W. F. Hegel, *El concepto de religión,* trad. trad. Arsenio Ginzo, México: FCE, 1981, p. 287. Cursivas originales. En *Fe y saber,* Hegel encara una crítica a la Ilustración porque considera que ese movimiento, particularmente Kant, se ha mostrado incapaz de alcanzar un concepto de razón pleno. Como explica Vicente Serrano en la introducción a la versión en castellano de esa obra, esa crítica se refería a "una filosofía basada en la fe, en el sentido de fe y de la creencia, es decir, en la fe cristiana y en la creencia de las cosas sin ulterior justificación racional de las mismas." G. W. F. Hegel, *Fe y saber,* traducción e introducción por Vicente Serrano, México: Madrid: Biblioteca Nueva, 2001, p. 29.

46 Sören Kierkegaard, *El Instante,* trad. Andrés R. Albertsen, Madrid: Trotta, 2006, pp. 177–178.

recepción inmediata —y el que la recibe es aquél que patentiza si desea creer o escandalizarse".[47] En ese contexto, contrasta la moderna filosofía con la experiencia de la fe. Sostiene que para esa filosofía la fe es simplemente una "opinión". Ello, porque se hace del cristianismo una "enseñanza", cuando en rigor no lo es. Si fuera enseñanza, implicaría la necesidad de "comprensión". Y todo esto pertenece al campo de la filosofía.

> Todo ello sería completamente correcto si el cristianismo fuera una enseñanza; mas como no lo es, todo eso no tiene ni pies ni cabeza. La fe en sentido preciso se relaciona al Dios-hombre. Mas el Dios-hombre, signo de contradicción, tiene que rehusar la comunicación directa y exige la fe.[48]

Kierkegaard entiende que en cuanto el Dios-hombre es una realidad cualitativamente distinta a cualquier ser humano, ese hecho niega la comunicación directa y exige la fe. La negación de una comunicación directa y la opción por su contrario, es decir, la comunicación indirecta es, según interpreta Oscar Cuervo, parte de la estrategia literaria de Kierkegaard. A partir del carácter pseudonímico de la obra kierkegaardiana, explica Cuervo:

> Si Kierkegaard dispuso su obra como una polifonía de voces cuya unidad será siempre problemática, es ante todo porque es el pensador que instala en la filosofía occidental el problema de la comunicación indirecta, un modo de comunicar que siempre está pendiente de que cada lector desencadene un sentido que sólo a él le atañe.[49]

---

47 Sören Kierkegaard, *Ejercitación del cristianismo,* p. 205.

48 *Ibíd.* Esta perspectiva negativa de Kierkegaard hacia el "saber" o el "conocer", contrasta con otros textos en los cuales admite la importancia de lo cognoscitivo, como cuando afirma: "El conocimiento de Dios es el factor más decisivo de cada vida humana, y sin este conocimiento, el hombre no llegaría a ser absolutamente nada". Sören Kierkegaard, *Edifying Discourses,* vol. IV, trad. David F. Swenson and Lillian Marvin Swenson, Minneapolis: Augsburg Publishing House, 1946, p. 47.

49 Oscar Cuervo, *Kierkegaard. Una Introducción,* Buenos Aires: Editorial Quadrata, 2010, p. 20.

Kiekegaard reflexiona por qué en el caso de la fe no puede haber comunicación directa, y señala las formas que puede adoptar la comunicación indirecta. Una forma de comunicación indirecta es conjuntar broma y seriedad de modo que la síntesis sea un nudo dialéctico que sólo el autor puede soltar. Otra forma es que en la comunicación esté implicada el comunicante. Para el caso de la fe en Cristo sólo puede haber comunicación indirecta. Explica:

> Esto acontece con el Dios-hombre. Él es un signo, un signo de contradicción. Él está en la incognoscibilidad, por lo tanto, toda comunicación directa es imposible. Para que la comunicación de un comunicante sea concretamente directa es necesario que no solamente la comunicación sea directa, sino que el mismo comunicante esté directamente determinado. De no ser así, incluso la más directa de todas las expresiones de un tal comunicante, que tiene que ser inseparable de él, es decir, de aquello que él es, nunca será a pesar de todo comunicación directa.[50]

Jesucristo, el Dios-hombre no sólo es signo de contradicción, sino, directamente, un escándalo que se nos presenta en nuestro camino. ¿Cómo se relaciona la fe con el escándalo? Dice Kierkegaard: "La posibilidad del escándalo es la defensa y el escudo de la fe, es de tal manera ambivalente que toda humana razón tiene de una manera u otra que llegar a la perplejidad, debe chocar contra ella, o para escandalizarse o para creer".[51]

A modo de contraste, podemos decir que también Kierkegaard relaciona la fe con el amor. En *Las obras del amor,* dice:

> … como la fe se ofrece sugestivamente al hombre para acompañarle por las sendas de la vida, pero petrifica al insolente que intenta osadamente comprenderla; así también el deseo y la súplica del amor consisten en que su secreto manantial y su vida oculta en lo más íntimo permanezcan en misterio […][52]

---

50 Soren Kierkegaard, *Ejercitación del cristianismo,* pp. 194–195.

51 *Ibíd.*, p. 157.

52 Sören Kierkegaard, *Las obras del amor,* Primera parte, Madrid: Ediciones Guadarrama, s/f, p. 51.

En síntesis: Kierkegaard define la fe como un acto subjetivo caracterizado por la paradoja, la pasión y la decisión. Al intentar tomar distancia de Hegel, termina por un plateo completamente subjetivo de la fe. En palabras de María J. Binetti: "la conciencia kierkegaardiana sólo se presta a la universalidad y absolutidad espiritual de un sujeto singular, contingente y finito, en quien se resuelve el devenir dialéctico del todo".[53] La dialéctica, la pasión y la paradoja son aspectos indisolublemente ligados a la experiencia de fe, al punto de que, como expresa David Gouwens, Kierkegaard "ve la fe cristiana como una historia de pasiones y de amores: la pasión divina incorporada a la vida humana que busca 'igualdad con el aprendiz', una pasión que incita una respuesta sea al amor o a la ofensa".[54]

Barth se inscribe, como Kierkegaard, en la tradición del *Credo quia absurdum,* que habría iniciado Tertuliano de Cartago. En un juego dialéctico referido al tiempo, al sí y al no, dice:

> El "momento" es y será algo propio, distinto, extraño, frente a todo antes y después; no se prolonga en el después, ni tiene sus raíces en el antes; no está en un contexto temporal, causal, lógico; es siempre y por doquier lo absolutamente nuevo; es siempre el ser, tener y obrar de Dios, que es el único mortal. *Credo quia absurdum!* El hombre es absuelto siempre y sólo como condenado ante Dios. La vida viene siempre y sólo de la muerte, el principio sólo del final, el Sí sólo del No.[55]

Al comentar el pasaje paulino de Romanos 4, que es una reflexión de la fe de Abraham, dice Barth: "Ante Dios *que da vida a los muertos y habla como existente a lo no existente*". La fe como principio del conocimiento y como fuerza generadora de la historia se diferencia mediante eso de toda intramundanidad del mito y de la mística".[56]

---

53 María J. Binetti, *La posibilidad necesaria de la libertad. Un análisis del pensamiento de Sören Kierkegaard,* Pamplona: Servicio de Publicaciones de la Universidad de Navarra, 2005, p. 11.

54 David J. Gouwens, *Kierkegaard as religious thinker,* Nueva York: Cambridge University Press, 1996, p. 150.

55 Barth, *Op. Cit.*, p. 161. Cursivas originales.

56 *Ibíd.*, p. 192. Cursivas originales.

Estos aspectos de la fe convergen con la perspectiva kierkegaardiana: la fe de Abraham fue "ante Dios" (*coram Deo*) y se diferencia tanto del mito como de la mística, con lo cual pareciera también ubicar a la fe fuera de las etapas estética y ética planteadas por Kierkegaard. Y también vuelve a la paradoja de la fe cuando afirma: "La fe se atiene a la palabra de Dios, la tiene por recta y verdadera a pesar de que parece tan descabellada e imposible".[57] Es decir, la fe se atiene a la palabra de Dios aunque esa palabra suene descabellada o absurda.

Casi calcando la expresión kiekegaardiana, dice Barth: "*Jamás* se podrá esquivar la paradoja de la fe; *jamás* será abolida. 'Sola fide', *sólo mediante la fe* está el hombre ante Dios, es movido por él. A la fidelidad de Dios, por ser fidelidad *de Dios*, *sólo* se puede acceder a través de la fe".[58]

La fe también es una pasión. Kierkegaard distingue entre un héroe trágico y un caballero de la fe. Dice que cualquiera puede, con esfuerzo, transformarse en héroe trágico. Ello, porque el héroe trágico cuando endereza sus pasos puede encontrar gente que lo aconseje para lograr su cometido.

> … pero quien echa adelante por el estrecho sendero de la fe, no podrá encontrar nadie que pueda darle una mano, nadie que pueda comprenderle. La fe es un milagro del que, sin embargo, nadie está excluido, pues toda la existencia humana encuentra su unidad en la pasión, y la fe es una pasión.[59]

En su interpretación de la filosofía de Kierkegaard y, a modo de síntesis, María J. Binetti afirma: "La filosofía de Kierkegaard se proyecta, más allá del ser, hacia ese horizonte de actualidad subjetiva, constitutivo de lo real".[60] Y agrega: "la conciencia kierkegaardiana sólo se presta

---

57 *Ibíd.*, p. 195.

58 *Carta a los Romanos*, p. 161. Cursivas originales

59 *Ibíd.*, p. 56. También la decisión está íntimamente vinculada a la fe porque remite a lo existencial en Kierkegaard, que "no es resultado de la deliberación intelectual sino el límite de la misma, cuyo origen no es otro que el *pathos*". Patricia Dip, *Op. Cit.*, p. 55. Cursivas originales.

60 María J. Binetti, *La posibilidad necesaria de la libertad. Un análisis del pensamiento de Sören Kierkegaard. Cuadernos de Anuario Filosófico,* Pamplona: Universidad de

a la universalidad y absolutidad espiritual de un sujeto singular, contingente y finito, en quien se resuelve el devenir dialéctico del todo".[61] En otras palabras: todo el pensamiento filosófico-religioso de Kierkegaard se puede sintetizar en un planteamiento no ontológico, sino más bien que destaca al sujeto en su singularidad, contingencia y finitud, con lo cual la totalidad se resuelve como un todo. El acento está puesto, definitivamente, en la total subjetividad.

Coincidencias y contrastes

Un primer punto de coincidencia entre ambos pensadores está en la adopción de ambos al *credo quia absurdum.* Ambos intentan tomar distancia del hegelianismo, lo cual, aplicado al tema central de la fe, implica que ella no es resultado de un análisis racional, sino más bien una experiencia que surge de la desesperación humana y que da el "salto al vacío", como lo hizo Abraham. Barth define: "Creer significa para todos la misma zozobra y la misma promesa. Creer es para todos el mismo salto al vacío. Creer es posible para todos porque es igual de imposible para todos".[62] Todavía más claramente, Barth se inscribe dentro de la perspectiva de Kierkegaard cuando dice: "*Credo quia absurdum!* El hombre es absuelto siempre y sólo como condenado ante Dios. La vida viene siempre y sólo de la muerte, el principio sólo del final, el Sí sólo del No".[63]

Un segundo punto de convergencia está en el tema del individuo. La teología de Barth intenta recuperar la importancia del individuo. En coincidencia con Kierkegaard, dice: "Pregonamos el derecho del individuo, el valor infinito del individuo (¡Kierkegaard!) al dar a conocer que su alma está perdida ante Dios y en Dios, que está consignada y salvada en él".[64]

Navarra, 2005, pp. 8-9.

61 *Ibíd.*, p. 11.

62 *Carta a los Romanos*, p. 148.

63 *Ibíd.*, p. 161.

64 *Ibíd.*, p. 166.

Un tercer aspecto en que convergen Kierkegaard y Barth es en relación con la crítica al cristianismo. Kierkegaard critica a la "cristiandad" por no representar cabalmente el mensaje de Cristo y su desafío al discipulado y al costo de éste. Por su parte, el "primer" Barth critica duramente a la religión desde la revelación. En su famoso texto "La revelación como abolición de la religión"[65], el teólogo suizo adopta una posición sumamente crítica a la religión, que define como un intento meramente humano por llegar a Dios y, por lo tanto, destinado al fracaso, y la revelación de Dios en Cristo como el único camino en el cual el ser humano puede lograr una relación vital con el Creador. Inclusive, Barth critica al mismo cristianismo como un espacio que puede desnaturalizar su esencia al punto de convertirse, también, en una nueva forma de religión humana.

En cuarto lugar, ambos pensadores toman en cuenta a Jesucristo como el centro de la fe, del encuentro con Dios y la salvación. Pero en este campo de la teología, la cristología de ambos adquiere rasgos distintos. Kierkegaard no desarrolla sistemáticamente ni la cristología ni la soteriología, aunque podemos percibir algunos esbozos en sus textos. Por el contrario, Barth desarrolla ambos aspectos de la teología sistemática ofreciéndonos un *corpus* de dimensiones casi monumentales. Baste citar solamente el volumen IV, parte I y II de su *Church Dogmatics* titulado: *The Doctrine of Reconciliation.* Pero precisamente a partir de la cristología se separan los caminos de Kierkegaard y Barth.

Justamente, como primer eje de contraste, podemos decir que mientras Kierkegaard se caracteriza por un subjetivismo de la fe, Barth apela a un objetivismo teológico. David J. Gouwens destaca este punto de contraste afirmando que si a Kiekegaard se le puede considerar no sólo como el padre del existencialismo sino también del "subjetivismo teológico", por el contrario a Barth se le puede ver como clásico ejemplo del "objetivismo teológico", pues busca ser cristocéntrico, "afirma el carácter referencial del lenguaje acerca de 'Dios', 'Cristo', etc.; bosqueja el criterio 'objetivo' en la teología, asignando a la teología como una

65 Corresponde a la *Church Dogmatics*, vol. I.2, parte III, pp. 280–361. Hay versión española de esa sección por Marova-Fontanella, trad. Carlos Castro, Madrid-Barcelona, 1973.

clase de "ciencia"; y enfatiza la racionalidad de la fe y de la teología".[66] De ese modo, agrega Gouwens[67], en Kiekegaard lo objetivo está en algún sentido subordinado al momento subjetivo de la fe del individuo alineándose con un número importante de teólogos como San Agustín, Lutero, y quizás el propio Calvino.[68] Barth no rechaza la dimensión subjetiva de la fe, sino que la admite explícitamente cuando señala: "Ciertamente, la cuestión de la aprehensión subjetiva de la expiación por el individuo es absolutamente indispensable".[69] Sin embargo, aunque no rechaza esa dimensión, enfatiza el carácter objetivo de la fe. Efectivamente, en el parágrafo § 63 del volumen IV, parte 1, de la *Church Dogmatics,* donde expone el tema: "El Espíritu Santo y la fe cristiana", Barth afirma claramente que para llegar a ser cristiano es necesario el conocimiento y la confesión de Jesucristo, rechazando las modernas doctrinas de la fe que se expresa en categorías morales. Y agrega:

> Ellas descansan sobre el hecho de que en los últimos siglos (desde el amplio camino que conduce desde el antiguo pietismo al actual existencialismo teológico inspirado por Kierkegaard) el cristiano ha comenzado a tomar por sí mismo un sendero que no guarda relación con la seriedad del cristianismo.[70]

---

66 David J. Gouwens, *Kierkegaard as religious thinker,* Nueva York: Cambridge University Press, 1996, p. 20.

67 *Ibíd.*, p. 149.

68 Para su interpretación, Gouwens toma en cuenta la obra de Bruce L. McCormack, *Karl Barth's Critically Realistic Dialectical Theology: Its Genesis and Development, 1909–36,* Oxford: Clarendon Press, 1995, obra en la cual su autor considera que nunca Barth fue un "existencialista kierkegaardiano" y aun desde la segunda edición de su comentario a Romanos no estuvo interesado en cómo los seres humanos llegan a ser cristianos sino más bien en cómo Dios se revela a sí mismo sin dejar de ser Dios. *Ibíd.*, nota 115. En su análisis de las relaciones entre Kierkegaard y Barth, Reinhold Niebuhr advierte que la tendencia universalista de Kierkegaard y su simple apelación a resolver los problemas de la vida simplemente apelando a la aceptación de la interna contradicción de la existencia humana pudieron haber conducido a Barth a tomar distancia del pensador danés. Reinhold Niebuhr, *Christian Realism and Political Problems,* Nueva York: Charles Scribner's Son, 1953, pp. 193–194.

69 Karl Barth, *Church Dogmatics,* vol. IV, parte I, trad. G. W. Bromiley y T. F. Torrance, Edimburgo: T. & T. Clark, 1956, p. 150.

70 *Ibíd.*, p. 741.

Barth pone de relieve el tema de la relación de la fe cristiana con su objeto, afirmando que la fe es una actividad humana espontánea y libre pero que, sobre todas las cosas, es una relación. "La fe es simplemente seguimiento, seguimiento de su objeto".[71] Y, más contundentemente dice: "El 'objeto' de la fe, la *res* objetiva y subjetivizada en la fe, es Jesucristo, en quien Dios ha llevado a cabo la reconciliación del mundo de todos los hombres consigo mismo —el viviente Jesucristo, en quien esto acontece, este cumplimiento, esta restauración del pacto quebrado entre Dios y el hombre [...]."[72] Casi al final de la sección, Barth todavía es más enfático al cuestionar que el existencialismo teológico de sus días "está lejos de poder ser considerado seriamente como teológico".[73]

Otro punto de contraste se relaciona con el tema de la teología natural. Como explica Gouwens[74], Kierkegaard puede hablar de un conocimiento natural de Dios que surge de la persona que busca un conocimiento de sí misma. Precisamente en ese punto la diferencia entre Kierkegaard y Barth se torna más pronunciada, porque si bien ambos pensadores rechazan la teología natural, Kiekegaard tiene una visión más amplia de la doctrina de la creación en la teología, desde la cual admite un conocimiento natural de Dios. Se trata de un camino que Barth no alienta.

Destacando el carácter dialéctico del pensamiento de Kierkegaard en relación con el protestantismo, Louis Dupré sostiene:

> Verdaderamente, en Kierkegaard estamos confrontando con un protestantismo que continúa protestando, porque sabe que ambos momentos, tanto el estado existente de las cosas como la protesta contra ello, son igualmente esenciales para la realización pura del cristianismo. Toda vez que la protesta suprima el estado

---

71 *Ibíd.*, p. 742.

72 *Ibíd.*, pp. 742–743.

73 *Ibíd.*, p. 755. Por su parte, Joel Jump afirma que "ambos teólogos rechazan la definición de la fe que la reduce a una adherencia a proposiciones doctrinales o una creencia correcta. Kierkegaard no sólo rechazó el hegelianismo y su afirmación de que el sistema fuese omnicomprensivo, sino que hizo burla de esa idea". Joel Jupp, *Kierkegaard and Barth: similarities, complexities and differences*, Deerfield: Trinity Divinity School, 2010, p. 4

74 Gouwens, *Op. Cit.*, p. 70.

existente, una nueva realidad viene a ser; contra esto, también, la protesta debe ser hecha en nombre de la trascendencia de Dios.[75]

Conclusiones:

A lo largo de esta investigación se ha procurado mostrar la influencia de Kierkegaard en el pensamiento teológico de Karl Barth. De modo especial, esa influencia se percibe en el decisivo comentario que el teólogo suizo elabora sobre *La carta a los Romanos*, en la cual se detectan conceptos de clara raigambre kierkegaardiana. Ambos pensadores se consideran "dialécticos", y el propio Barth admite la asunción del método kierkegaardiano referido a la "infinita diferencia cualitativa" entre tiempo y eternidad, Dios y el ser humano en la tierra. Pero también se percibe en conceptos clave como "desesperación" y la "paradoja de la fe". Ambos se inscriben dentro de la tradición atribuida a Tertuliano: *Creo quia absurdum*. Otro punto de coincidencia radica en la crítica que ambos formulan al cristianismo en tanto "cristiandad", o sea, una cultura imbuida de lo religioso pero que no contiene la esencia de la fe.

Sin embargo, no habría que considerar a Barth como un teólogo propiamente kierkegaardiano, ya que, como hemos señalado, sobre todo en su obra sistemática *Church Dogmatics*, toma distancia del pensador danés, sobre todo en lo que se refiere al tema de la fe. En efecto, mientras Kierkegaard la sitúa plenamente en lo subjetivo-individual, Barth insiste en que la fe tiene también su objeto. La fe es seguimiento de su objeto, que es Jesucristo. Se podría decir entonces que, mientras Barth recibe una impronta kierkegaardiana para su elaboración del comentario a Romanos, paulatinamente, en sus obras sistemáticas, va tomando distancia de ese enfoque, cuestionando aun el existencialismo teológico, el cual, según expresa, no puede considerarse seriamente como tal. Pese a esas notorias diferencias, ambos pensadores se inscriben dentro del protestantismo que siempre debe ser un impulso para la protesta y el cambio de la iglesia, la sociedad y del mundo.

---

75 Louis Dupré, *Kierkegaard as theologian. The dialectic of Christian existence*, Nueva York, Sheed and Ward, 1963, p. 219.

Segunda parte

Hermenéuticas

La hermenéutica es todo.
Todas las cosas fluyen en un río de significado.

— John D. Caputo —

Capítulo 1

La hermenéutica de Paul Ricoeur

Del símbolo a la acción

... la lectura es como la ejecución de una partitura musical; marca la realización, la actualización de las posibilidades semánticas del texto.

— Paul Ricoeur

Introducción

Paul Ricoeur nació en Valence, Francia, el 27 de febrero de 1913. Fue educado en Rennes. Recibió la licenciatura en Filosofía en 1933 y enseñó en Colmar. Luego, al entrar al ejército francés como oficial, cayó prisionero de guerra hasta 1945. Es autor de numerosas obras, entre las que podemos citar algunas de las traducidas al castellano: *Ideas directrices para una fenomenología: Filosofía de la voluntad; Historia y verdad; Ser, esencia y substancia en Platón y Aristóteles; Freud: una interpretación de la cultura; Finitud y culpabilidad; El conflicto de las interpretaciones; La metáfora viva; Del texto a la acción; El lenguaje de la fe; Tiempo y narración; Sí mismo como otro; La memoria, la historia y el olvido; Autobiografía intelectual* y *Caminos del reconocimiento.* Perteneció a la Iglesia Reformada Francesa, hecho que quizás explique su gran afición hacia los temas teológicos, especialmente la fe, la culpa, la finitud humana y la salvación. Ricoeur se destaca por su enorme bagaje cultural, producto de lecturas muy profundas en casi todos los campos de las ciencias sociales. Murió el 20 de mayo de 2005.

Podemos decir que toda la obra de Ricoeur, amplia y diversificada como es, se resume en una gran hermenéutica. Pablo Corona define la filosofía ricoeuriana como una filosofía hermenéutica:

> El pensamiento de Paul Ricoeur se presenta como una filosofía hermenéutica. Es filosofía porque intenta un discurso último conceptual sistemático acerca de lo que es. El carácter hermenéutico de esta filosofía resulta del hecho de que aquel discurso se despliega reflexivamente desde las figuras de la vida humana en que ésta acontece, se comprende y se dice, esto es, en especial desde las obras de la cultura, y en particular desde la comprensión de los textos.[1]

Ricoeur hace un rastreo histórico de la hermenéutica desde Schleiermacher, pasando por Dilthey, Husserl, Heidegger y, más recientemente, Gadamer. En su ensayo "La tarea de la hermenéutica: desde Schleiermacher y desde Dilthey", Ricoeur la define así: "La hermenéutica es la teoría de las operaciones de la comprensión relacionadas con la interpretación de los textos; la idea rectora será entonces la de la actualización del discurso como texto".[2] Aquí están las palabras clave que aparecerán recurrentemente en sus textos y nuestro análisis: teoría, comprensión, interpretación, textos. La idea básica del recorrido que hace la hermenéutica, según explica Ricoeur, es que primero hay un discurso, que luego se convierte en texto y que, en consecuencia, exige una interpretación. "Se requieren entonces técnicas específicas para llevar al discurso la cadena de signos escritos y discernir el mensaje en medio de las codificaciones superpuestas propias de la actualización del discurso como texto".[3] A Friedrich Schleiermacher, teólogo y filósofo alemán, le cupo el honor de haber sido quien "desregionalizó" la hermenéutica para darle *status* de "ciencia" y, desde ese momento, situarla dentro del campo, no sólo de los estudios bíblicos —que fue donde nació—, sino de los intereses de la filosofía moderna y actual. Ricoeur admite que Schleiermacher sólo elaboró unas clases de hermenéutica, especie de apuntes de

---

1 Pablo Edgardo Corona, *Paul Ricoeur: lenguaje, texto y realidad*, Buenos Aires: Editorial Biblos, 2005, p. 21.

2 Ricoeur, *Del texto a la acción* (en adelante: DTA), Buenos Aires: Fondo de Cultura Económica, 2000, p. 71.

3 DTA, p. 73.

cursos,[4] no pudiendo ofrecer nunca una obra sistemática sobre el tema, pero fue el pionero de la hermenéutica moderna y el primero en distinguir entre una interpretación *gramatical* de la Escritura y una interpretación *técnica*. La primera era una interpretación *objetiva*, porque se refería a los contenidos y rasgos lingüísticos del texto bíblico. La segunda consistía en una interpretación más técnica y, a la vez, subjetiva (o psicológica), en el sentido de intentar llegar a la subjetividad del hablante.[5] En cuanto a Dilthey, Ricoeur destaca que el filósofo alemán "pone de relieve la aporía central de una hermenéutica que coloca la comprensión del texto bajo la ley de la comprensión de alguien diferente que allí se expresa".[6] Por supuesto, Martin Heidegger es otra referencia fundamental en este recorrido que hace Ricoeur de la historia de la hermenéutica. Destaca los aportes de Heidegger en su obra magna *Ser y tiempo*, donde el *Dasein* es "el ser ahí que somos nosotros" y "designa el *lugar* donde surge la pregunta por el ser, el lugar de la manifestación: la centralidad del *Dasein* es sólo la de un ser que comprende el ser".[7] No es éste el lugar para un análisis pormenorizado del intrincado pensamiento de Heidegger[8], baste por ahora indicar

---

4 El texto, en su título original alemán es: *Hermeneutik,* Heidelberg: ed. Kimmerlé, 1959. Hay versión al portugués: *Hermenêutica. Arte e técnica da interpretação,* Petrópolis: Vozes, 1999.

5 En su balance global que hace José Severino Croatto de la obra de Schleiermacher, dice: "Creemos que el aporte de Schleiermacher fue más que nada el haber 'movido' el asunto de la hermenéutica, el darle un status filosófico y el haber distinguido dos aspectos en todo acto interpretativo, uno más ligado a la 'gramática' (hoy: las ciencias auxiliares de la Biblia) y otro más relevante y relacionado con 'lo que quiere decir' el texto (para él el autor, para nosotros, el texto mismo) lo que por ende tiene que ver con el proceso de la comprensión". "Schleiermacher: como exégeta y hermeneuta", en Guillermo Hansen (editor), *Friedrich Daniel Ernst Schleiermacher, Reseñas desde América Latina,* Buenos Aires: Instituto Universitario Isedet, 2002, p. 121.

6 DTA, p. 81.

7 DTA, p. 84.

8 Para un análisis más profundo, además de la obra de Heidegger *El Ser y el tiempo,* Barcelona: FCE-RBA coleccionables, 2002, en traducción de José Gaos. Hay otra versión en castellano realizada por Eduardo Rivera, publicada por Editorial Universitaria de Chile y, más recientemente, por Trotta de Madrid. Véanse: Néstor A. Corona, *Lectura de Heidegger. La cuestión de Dios,* Buenos Aires: Editorial Biblos, 2002, Oscar Lavapeur (h), *Occidente, Oriente y el sentido de la vida. Una posible confluencia a partir de Heidegger,* Buenos Aires: Biblos, 2004, Carlos Astrada, *Martín Heidegger, de la analítica*

el concepto de "precomprensión". El término se relaciona con el "círculo hermenéutico" que, a manera de circularidad o de "espiral", va modificando nuestras interpretaciones y que, enunciado en el binomio sujeto/objeto, no puede dejar de aparecer como un círculo vicioso. "Entonces la función de una ontología fundamental es hacer aparecer la estructura que aflora en el plano metodológico con el aspecto del círculo, estructura a la que Heidegger llama *precomprensión*".[9] Respecto a la herencia de Gadamer, que Ricoeur también reconoce, la analizaremos más adelante en la que observaremos cómo Ricoeur se sitúa entre la hermenéutica y la teoría crítica, es decir, entre Gadamer y Habermas, respectivamente.

---

ontológica a la dimensión dialéctica, Buenos Aires: Quadrata Editorial, 2003 y Karl Löwith, *Heidegger, pensador de un tiempo indigente,* Buenos Aires: Prometeo Libros, 2007, donde el escritor de origen judío que fue discípulo de Heidegger mientras critica la afiliación que este último tuvo con el nazismo, le reconoce la gran profundidad filosófica de su obra a cuyo hechizo, sugiere, no hay que sucumbir. Desde la teología, pero con sólido bagaje filosófico, véase Wolfhart Pannenberg, *Metafísica e idea de Dios*, Madrid: Chaparrós Editores, 1999, especialmente los capítulos "El fin de la metafísica y la idea de Dios" y "Ser y tiempo".

9 DTA, p. 87. Cursivas originales. El círculo hermenéutico fue retomado especialmente por Rudolf Bultmann, exégeta luterano alemán, quien, siendo colega de Heidegger en la misma universidad, aunque en el campo de los estudios neotestamentarios, realiza una reinterpretación del *kerygma* cristiano a partir de la filosofía "existencialista" de Heidegger. Obras clave: *Teología del Nuevo Testamento*, Salamanca: Sígueme, 1981, *Nuevo Testamento y mitología*, Buenos Aires: editorial Almagesto, 1998. La influencia de Heidegger en su teología es admitida por el propio Bultmann en esta última obra, cuando dice: "Sobre todo el análisis del *Dasein* (es decir, del ser del hombre) parecería no ser más que una versión secularizada y filosófica de la visión de la vida humana en el Nuevo Testamento. Para él, la principal característica del ser del hombre en la historia es la angustia. El hombre existe en una tensión permanente entre el pasado y el futuro. En cada momento se ve enfrentado a una alternativa". *Nuevo Testamento y mitología,* pp. 40–41. Para un análisis del círculo hermenéutico en la teología latinoamericana de la liberación, véase Juan Luis Segundo, *Liberación de la teología,* Buenos Aires: Carlos Lohlé, 1974. Para un análisis del prejuicio como precomprensión véase Alberto F. Roldán, "La reivindicación del prejuicio como precomprensión en la teoría hermenéutica de Gadamer", *Revista Enfoques,* Año XXIV, N.° 1, otoño 2012, pp. 19–29 y Alberto F. Roldán, "La fe como evento existencial-escatológico en Rudolf Bultmann. De la filosofía de Martín Heidegger al planteo teológico", *Franciscanum. Revista de las ciencias del espíritu,* Bogotá: Universidad de San Buenaventura, N.° 159, 2013.

Pablo Corona[10] distingue cuatro etapas en la hermenéutica de Ricoeur, las cuales, a su vez, muestran los diversos intereses de sus búsquedas:

- Primera etapa, en la que Ricoeur estudia los mitos que relatan el origen y el fin del *mal.* De esta primera etapa es su obra *La simbólica del mal.*
- Segunda etapa: Se dedica al tema del símbolo, no sólo religioso sino como forma cultural y estructuras de doble sentido. Aquí es clave su obra *De l'interprétation. Essai sur Freud.*[11]
- Tercera etapa, que Ricoeur dedica a cuestiones del lenguaje y el estructuralismo. Aquí se citan dos obras clave: *El conflicto de las interpretaciones* y *La metáfora viva.*
- Cuarta etapa: Ricoeur se ocupa de los relatos históricos y de ficción y ofrece, entre otros libros fundamentales, *Del texto a la acción* y *Tiempo y narración.*

La riqueza y los vastos alcances de la hermenéutica de Ricoeur son difíciles de abordar y sintetizar en todo su contenido. Para los fines de nuestra investigación, hemos intentado resumirla en algunos ejes centrales que más se adecúan a nuestro tema: la educación. Esos ejes son: hermenéutica del texto, hermenéutica del símbolo, hermenéutica de la acción, hermenéutica crítica y hermenéutica del sí mismo. Este último eje nos servirá de puente para la ética y, después, para la educación.

---

10 *Op. Cit.*, pp. 22-23.

11 El original francés es de 1965. En castellano fue publicado con el título: *Freud: una interpretación de la cultura*, 10.ª edición, México: Siglo XXI, 2002. Obra por la cual fue profundamente criticado y que provocó en él una profunda crisis como escritor. En rigor, fueron los lacanianos de Francia los que le reprocharon no haberse referido a Lacan en su obra. Ricoeur explicó que en realidad él había decidido no hablar de ninguno de los renovadores del psicoanálisis, cosa que no fue aceptada por los seguidores de Lacan. Dice Ricoeur: "Sea como fuere, esta polémica me afectó largamente, y no publiqué casi nada en Francia sobre psicoanálisis hasta la conferencia pronunciada en Lovaina-la-Nueva, en el coloquio en memoria de A. De Waelhens sobre 'La cuestión de la prueba en los escritos psicoanalíticos de Freud', en 1982, y publicada en el volumen de homenaje a De Waelhens bajo el título *Qu' est-ce que l'homme?* (Bruselas)". *Autobiografía intelectual*, p. 39.

Hermenéutica del texto

La importancia central del texto es clave en la hermenéutica de Ricoeur. Tanto es así que para Carlos Gende esta referencia al texto es la principal contribución de Ricoeur a la filosofía hermenéutica. Dice Gende:

> ... consideré como el aporte original de este autor lo que a su vez representa su contribución específica al problema hermenéutico: su elaboración de una teoría del texto, con especial atención a los textos narrativos; lo que a su vez, y mediante una generalización liberadora de su terreno de origen, los textos escritos, se constituye en una progresiva reinscripción en la teoría de la acción.[12]

En el ensayo titulado "¿Qué es un texto?", Ricoeur lo define así: "Llamamos texto a todo discurso fijado por la escritura. Según esta definición, la fijación por la escritura es constitutiva del texto mismo".[13] La escritura permite fijar lo que se dijo en un discurso, a fin de que no se pierda y perdure en el tiempo. En su argumentación sobre las relaciones entre el habla y la escritura, afirma que la escritura es una realización comparable al habla, paralela a ella. El lenguaje oral se transcribe mediante signos gráficos. Para Ricoeur, esto supone una doble perturbación: por un lado, es una perturbación de las relaciones entre el lenguaje y el mundo, y, por otro, de la relación entre el lenguaje y las subjetividades implicadas, es decir, entre el autor y el lector. Ricoeur muestra las diferencias entre el habla y el texto en cuanto a que en la primera instancia, los hablantes participan en el diálogo cara a cara y en el contexto concreto de ese hablar. Cuando el texto sustituye la palabra, el diálogo se interrumpe; entonces surge la lectura como interpretación, que consiste en efectuar la referencia; de ese modo, cada texto es libre de entrar en relación con otros textos. Ampliando la relación entre texto, mundo, autor y lector, dice:

---

12 Carlos Emilio Gende, *Lenguaje e interpretación en Paul Ricoeur*, Buenos Aires: Prometeo Libros, 2004, p. 25.

13 DTA, p. 127.

> Cuando el texto toma el lugar del habla, ya no hay locutor propiamente hablando, al menos en el sentido de una autodesignación inmediata y directa del que habla en la instancia de discurso. Esta proximidad del sujeto hablante con su propia palabra es sustituida por una relación compleja del autor con el texto que permite decir que el autor es instituido por [el] texto, que él mismo se sostiene en el espacio de significado trazado e inscripto por la escritura. El texto es el lugar mismo donde el autor adviene.[14]

Sigue luego una discusión sobre el binomio *explicación y comprensión*, que, a modo de antítesis, fue formulada por Dilthey, excluyéndose mutuamente: o bien se explica (modelo de las ciencias naturales) o bien se interpreta (a la manera del historiador). Ricoeur rechaza esa oposición, que exige ser renovada, ser "reinterpretada". Propone, entonces, un nuevo concepto de interpretación que parte de la lectura del texto, y enuncia un concepto clave que define al texto como tal: "La lectura es posible porque el texto no está encerrado en sí mismo, sino abierta hacia otra cosa; leer es, en toda hipótesis, articular un discurso nuevo al discurso del texto".[15] Esto implica, o insinúa, una "hermenéutica de texto", en oposición a la "hermenéutica de autor" que caracterizó en tiempos pasados a algunas escuelas hermenéuticas del campo bíblico.[16] Pero, además, Ricoeur introduce otro término en su discusión de la hermenéutica de texto: la *apropiación*. Con ese término quiere subrayar dos rasgos: primero, que una de las finalidades de la hermenéutica radica en luchar contra la distancia cultural, el sentido mismo, el sistema de valores sobre el cual se establece el texto. En segundo lugar, con la *apropiación* desea destacar el carácter *actual* de la interpretación: "la lectura es como la ejecución de una partitura musical; marca la realización, la actualización, de las posibilidades

14 DTA, p. 131.

15 DTA, p. 140.

16 Para un análisis de la hermenéutica de autor y la hermenéutica de texto, véase Luis Alonso Schökel y José María Bravo, *Apuntes de hermenéutica*, Madrid: Trotta, 1994.

semánticas del texto"[17]. En el acto de lectura el texto "adquiere vida" y es re-creado por el lector. "El mundo es el del lector; el sujeto es el lector mismo. Diremos que en la interpretación la lectura se convierte en una suerte de habla".[18] En la conclusión del ensayo, Ricoeur muestra cómo ha reconciliado el binomio que Dilthey oponía, es decir: explicación *vs.* comprensión, diciendo: "Resulta que la lectura es este acto concreto en el cual se consuma el destino del texto. En el corazón mismo de la lectura se oponen y se concilian indefinidamente la explicación y la interpretación".[19]

En el ensayo titulado "Explicar y comprender", Ricoeur amplía las conexiones entre teoría del texto, teoría de la acción y teoría de la historia. Insiste en que comprensión y explicación son dos términos que asignan dos campos epistemológicos y dos modalidades de ser irreductibles. Desde el punto de vista epistemológico, admite que no hay dos métodos: explicativo y comprensivo. Hablando con precisión, sólo la explicación es algo metodológico. ¿Qué es entonces la comprensión? Responde que "es más bien el momento no metodológico que, en las ciencias de la interpretación, se combina con el momento metodológico de la explicación. Este momento precede, acompaña, clausura y, así, *envuelve* a la explicación".[20] En otro ensayo. "El modelo del texto: la acción significativa considerada como un texto", Ricoeur amplía el horizonte de su reflexión para plantear dos preguntas iniciales: 1) ¿Hasta qué punto podemos considerar la noción de texto como un paradigma para el objeto de las ciencias sociales?, y 2) ¿En qué medida podemos usar la metodología de interpretación de textos como un paradigma válido para la interpretación en el campo de las

---

17 DTA, p. 141.

18 DTA, p. 142. En cuanto a las relaciones entre "mundo del texto" y "mundo del lector" en la hermenéutica de Ricoeur, comenta Marie-France Begué: "Un texto puede ser entendido como una cosa con mundo propio, una configuración, equivalente a un momento separado del proceso crear, pero también se lo puede considerar como algo que es recibido, leído, interpretado por un acto de lectura o de recepción. En ese momento, el mundo del texto se entrecruza con el mundo *del* receptor con sus respectivas cargas simbólicas y sus riquezas de significación." *Paul Ricoeur: La poética del sí-mismo*, Buenos Aires: Editorial Biblos, 2002, p. 136.

19 DTA, p. 147.

20 DTA, p. 167.

ciencias humanas? Dejando para más adelante toda la discusión que hace sobre la "teoría de los actos del habla", la "fijación de la acción", la "autonomización de la acción" y la "acción humana como obra abierta", veamos lo que nos dice en cuanto al paradigma de la interpretación de textos. Afirma el carácter dialéctico de la relación entre explicar y comprender que se evidencia en el acto de lectura. Intenta, entonces, mostrar hasta qué punto el paradigma de la lectura proporciona una solución a la paradoja de la metodología de las ciencias humanas. El paradigma de la lectura deriva sus rasgos de las características del texto, que son: a) fijación del significado, b) disociación de la intención mental del autor, c) exhibición de referencias no evidentes, d) abanico universal de destinatarios. Esas características constituyen lo que Ricoeur denomina: "la objetividad del texto". Nos invita a hacer el recorrido dialéctico entre explicar y comprender partiendo de la comprensión a la explicación, y de la explicación a la comprensión, con la aspiración de que el intercambio y reciprocidad de esos dos procedimientos brinde la aproximación al carácter dialéctico de la relación. En la vía que va desde la comprensión a la explicación, dice, a modo de presupuesto: comprender no es reunirse con el autor o a su intención. Citando la obra de Hirsch *La validez en la interpretación,*[21] admite que no hay reglas para elaborar buenas conjeturas, pero hay métodos para validar conjeturas. Ilustrando el concepto, menciona a Schleiermacher, para quien había un momento de *adivinación* y otro de *validación.* El primero corresponde a la *conjetura*; el segundo, a la *gramática.* Pregunta: ¿por qué un texto debe ser interpretado? Responde que esa necesidad no surge simplemente del hecho de que el lenguaje es metafórico en su esencia, desplegando pluralidad de estratos de significado, como intentó demostrarlo en *La metáfora viva,* sino que "un texto debe ser interpretado porque no consiste en una mera secuencia de oraciones, todas en un pie de igualdad y comprensibles por separado. Un texto es un todo, una totalidad".[22] Tanto las partes como el todo son importantes a la hora de la interpretación. No es

---

21 E. D. Hirsch, Jr., *Validity in Interpretation*, New Haven y Londres: Yale University Press, 1967–1969, cit. en DTA, p 184.

22 DTA, pp. 184–185.

necesario —ni tampoco puede probarse— qué es lo central y qué es lo secundario en el texto, porque el juicio de importancia es una simple conjetura. Ricoeur ilustra el texto con la imagen de un cubo; en ese sentido, el texto presenta cierto "relieve", cuyos temas no están al mismo nivel o altura. Por lo tanto, en la reconstrucción del todo hay un aspecto semejante al de la percepción. "En el acto de la lectura está implícito un tipo específico de parcialidad y esta parcialidad confirma el carácter conjetural de la interpretación".[23] Insiste en que el texto es más que la secuencia lineal de oración; su contenido es un proceso que denomina *acumulativo* y *holístico.* Hay tres términos que Ricoeur relaciona en su explicación de la interpretación: plurivocidad, polisemia, pluralidad. Los textos tienen plurivocidad, es decir, son portadores de pluralidad de voces, y las palabras son individualmente polisémicas, poseen pluralidad de sentidos. La plurivocidad del texto considerado como un todo abre a una pluralidad de interpretación. No se trata de que todas las interpretaciones sean posibles *ad infinitum,* porque, dice:

> En conclusión: si bien es cierto que siempre hay más de una manera de interpretar un texto, no es verdad que todas las interpretaciones son equivalentes y corresponden a lo que en inglés se llama *rules of thumb* [reglas empíricas]. El texto es un campo limitado de interpretaciones posibles. La lógica de la validación nos permite movernos entre los dos límites que son el dogmatismo y el escepticismo.[24]

¿Cómo se entiende esa lógica de la validación? ¿Qué es la validación? Responde: "La validación es una disciplina argumentativa comparable a los procedimientos jurídicos de la interpretación legal".[25] El equilibrio entre conjetura y validación es el equivalente de la dialéctica entre comprender (*Verstehen*) y explicar (*Erklären*).[26] A su vez, la conjetura y

---

23 DTA, p. 185.

24 DTA, pp. 186–187.

25 DTA, p. 186.

26 También Schleiermacher, el padre de la hermenéutica moderna, hizo referencia a los términos "explicación" (*Erklärung*) y "comprensión" (*Verständnis*). Según interpreta José Severino Croatto: "En la nomenclatura usada por él, la 'explicación' tiene que ver

la validación están en relación circular, en tanto son enfoques subjetivo y objetivo del texto. Se trata del "círculo hermenéutico", el cual no es un círculo vicioso, como Ricoeur anticipa, y que definirá al finalizar el ensayo.

Luego invierte el orden para analizar "de la explicación a la comprensión". Hay dos formas de ubicarnos frente al texto como lectores: una, permaneciendo en un estado de suspenso con respecto a cualquier clase de mundo referencial, o, por el contrario, actualizando las referencias que en el texto no son explícitas pero que están en potencia, creando una nueva situación, que es la del lector. "En el primer caso, tratamos al texto como una entidad ajena al mundo; en el segundo creamos una nueva referencia ostensiva, como resultado del tipo de *ejecución* que implica el arte de leer".[27] Ricoeur ilustra la primera forma de leer con las escuelas estructuralistas, para las cuales el acto de lectura consiste en una suspensión (*Epoché*) de la referencia ostensiva al mundo y el lector se traslada al *lugar* donde está el texto, ajeno al mundo. El objeto literario se convierte entonces en un sistema cerrado de signos. Cita a Claude Lévi-Strauss y su obra *Antropología cultural* como una aplicación de ese modelo a una categoría especial de textos: los mitos. Las oposiciones y combinaciones que pueden hacerse en estos juegos de lenguaje analizados o creados a través del estructuralismo son válidas porque se trata de oposiciones significativas relacionadas con nacimiento y muerte, ceguera y lucidez, sexualidad, verdad. Entonces, conjetura: "Si no nos equivocamos, ¿no podríamos decir que la función del análisis estructural consiste en conducir desde una semántica de superficie, la del mito narrado, a una semántica de profundidad, la de las situaciones límite que constituyen el *referente* último del mito?"[28] Sugiere, en consecuencia, que el análisis estructural sea considerado como un estadio temporario que medie

con la interpretación 'gramatical', llamada también 'objetiva', pues se refiere a la lengua dentro de una cultura determinada, no al autor de un texto. La otra interpretación, la 'técnica' —como expresión del proyecto de una *Kunstlehre* o tecnología, o mejor, de una *ars interpretandi*— trabaja sobre la individualidad del autor, su genialidad, su proceso de producción de la obra." *Op. Cit.*, p. 105. Cursivas originales.

27 DTA, p. 190. Cursivas originales.

28 DTA, p. 191. Cursivas originales.

entre una interpretación ingenua y una interpretación crítica, o sea, entre una interpretación superficial y una interpretación profunda. Así como usó antes la figura del cubo, ahora utiliza la figura del arco para decir que esas dos interpretaciones: ingenua (o superficial) y crítica (o profunda) constituyen los dos sectores donde se ubican la explicación y la comprensión como partes del único *arco hermenéutico.* Una vez más, insiste en que esa interpretación profunda del texto no significa la búsqueda por comprender lo que quería decir el autor, porque de lo que se trata es de interpretar aquello sobre lo cual trata el texto en cuestión. "Lo que se debe comprender no es la situación inicial del discurso, sino lo que apunta hacia un mundo posible. La comprensión tiene menos relación que nunca con el autor y su situación".[29]

Finalmente, Ricoeur destaca tres puntos respecto a la dialéctica entre explicar y comprender; a saber:

En primer lugar, el modelo estructural puede ser extendido en sus aplicaciones más allá de las fronteras de las entidades textuales, para alcanzar a todos los fenómenos sociales. Partiendo del hecho de que la función semiótica o simbólica consiste en sustituir cosas por signos, parece que se trata de algo más que una superestructura de la vida social para constituir su verdadero fundamento.

En segundo lugar, la función mediadora de la semántica profunda es muy importante, porque de ella depende que "la apropiación pierda su carácter psicológico y subjetivo para adquirir una genuina función epistemológica".[30] Ricoeur entiende que, así como los juegos de lenguaje son "formas de vida", como dijo Wittgenstein, las estructuras sociales son intentos por enfrentar las complejidades y aporías de la vida humana. Y, a partir de ello, argumenta que así como en la interpretación de los textos, a través del análisis estructural, vamos desde interpretaciones ingenuas a interpretaciones críticas, de superficiales a profundas, también debe ocurrir lo mismo en las ciencias sociales.

En tercer lugar, no es posible comprender las pautas significativas de una interpretación profunda sin un compromiso personal similar a la del lector que se enfrenta con un texto. No se trata de negar el

---

29 DTA, p. 192.

30 DTA, p. 193.

compromiso personal en la comprensión, sino de tomarlo en cuenta e, inclusive, restringirlo.

A manera de remate final del ensayo y, jugando con los términos "círculo hermenéutico" y "círculo vicioso", dice Ricoeur:

> Esta rectificación de la noción de compromiso personal no elimina el *círculo hermenéutico*. Este círculo continúa siendo una estructura insuperable del conocimiento aplicado a las cosas humanas; pero esta restricción le impide convertirse en un círculo vicioso. En el fondo, la correlación entre explicación y comprensión, *y viceversa*, entre comprensión y explicación, constituye el *círculo hermenéutico*.[31]

Hermenéutica del símbolo

El tema del símbolo ocupa el interés de Ricoeur desde sus primeras etapas de investigación. Puede verse su tratamiento en textos como *La simbólica del mal* y *El conflicto de las interpretaciones*. En el ensayo "Existencia y hermenéutica" incluido en ese último libro, define al símbolo del modo siguiente: "Llamo símbolo a toda estructura de significación donde un sentido directo, primario y literal designa por añadidura otro sentido indirecto, secundario y figurado, que sólo puede ser aprehendido a través del primero".[32] La interpretación, a su vez, recibe una fuerte impronta del símbolo, ya que significa el trabajo de pensamiento consistente en descifrar el sentido oculto del aparente, desplegando niveles de significación, de tal modo que "símbolo e interpretación se convierten en conceptos correlativos. Hay interpretación allí donde existe sentido múltiple, y en la interpretación se pone de manifiesto la pluralidad de sentidos".[33] La tarea del análisis lingüístico de los símbolos es doble: en una primera etapa, implica hacer una enumeración exhaustiva de los símbolos, procediendo

---

31 DTA, p. 195. Cursivas originales.

32 Ricoeur, *El conflicto de las interpretaciones. Ensayos de hermenéutica* (en adelante: ECI), Buenos Aires: Fondo de Cultura Económica, 2003, p. 17. Cursivas originales.

33 *Ibíd.*

inductivamente. Las formas simbólicas son muy amplias: símbolos cósmicos, analizados por la fenomenología de la religión con autores como G. Van der Leeuw y Mircea Eliade, símbolos oníricos revelados por el psicoanálisis con sus equivalentes folclóricos de leyendas, refranes y mitos; las creaciones verbales de los poetas, etc. Luego, en una segunda instancia, la tarea consiste en establecer una criteriología que fije la constitución semántica de formas emparentadas pero no sinónimas, tales como la metáfora, la alegoría y el símil. Tomando siempre en cuenta la cuestión de los símbolos como central en la hermenéutica, Ricoeur presenta dos ejemplos de hermenéutica: la hermenéutica del psicoanálisis y la hermenéutica de la fenomenología del espíritu. La primera, creada por Freud[34], descubre la existencia del deseo, la que es revelada en la arqueología del sujeto. La otra, creada por Hegel, dice Ricoeur, "sugiere otra manera de desplazar el origen del sentido: ya no detrás del sujeto, sino delante de él. Yo diría que existe una hermenéutica que vale como una profecía de la conciencia, que, en último análisis, anima la *Fenomenología del espíritu,* de Hegel".[35] Ricoeur entiende que la hermenéutica debe nutrirse de las figuras simbólicas porque ellas muestran las diferentes modalidades de la existencia y los símbolos más ricos "son aquellos que aseguran la unidad de estas múltiples interpretaciones".[36]

Hay otros dos ensayos en los que Ricoeur amplía su reflexión sobre los símbolos. Se trata de "Hermenéutica de los símbolos y reflexión filosófica" I y II. En el primero, ofrece una definición que, aunque sencilla, es profunda en sí misma y, ciertamente, ha tenido una recepción muy favorable en sus lectores y estudiosos. Dice Ricoeur:

> "El símbolo da qué pensar". Esta sentencia que tanto me cautiva dice dos cosas: el símbolo da; no planteo yo el sentido, es él el que lo da; pero lo que da es "qué pensar", aquello en qué pensar. A partir de la dación, el planteo. La sentencia sugiere, a un mismo tiempo, que todo ya está dicho en el enigma, y que, sin embargo,

---

34 Para más datos sobre la interpretación que Ricoeur hace de toda la obra de Freud véase *Freud: una interpretación de la cultura,* México: Siglo XXI, 2002.

35 *ECI*, p. 25.

36 *Ibíd.*, p. 27.

> debemos comenzar y recomenzar todo en la dimensión del pensar.[37]

Para explicar el significado del símbolo, Ricoeur recurre a la simbólica del mal, porque la considera una piedra de toque para entender el tema. Destaca entonces tres aspectos: en primer lugar, los símbolos elementales son el lenguaje insustituible del ámbito de la experiencia. "Símbolos elementales" es el nombre que Ricoeur les da para distinguirlos de los "símbolos míticos". Esos símbolos elementales se refieren al mal padecido o cometido, a la impureza, desviación, transgresión, de la simbólica del mal. Luego distingue entre símbolo y signo:

> El símbolo es un signo en la medida en que, como todo signo, apunta más allá de algo y vale por ese algo. Pero no todo signo es un símbolo. El signo encierra en su orientación una doble intencionalidad: tiene, en primer lugar, una intencionalidad primera y literal [...] la mancha, la desviación, el peso; todas estas son palabras que no se asemejan a la cosa significada. Pero por esa intencionalidad primera se edifica una intencionalidad segunda que, a través de la mancha material, la desviación en el espacio, la experiencia de la carga, apunta a una determinada situación del hombre en lo Sagrado.[38]

El segundo aspecto o beneficio del análisis de los símbolos primarios es hacer aparecer una dinámica o vida de los símbolos. Hay tres constelaciones de imágenes que menciona Ricoeur: la impureza, el pecado y la culpabilidad. Destaca que esa trilogía de imágenes se va interiorizando. En efecto, la impureza "exterior" luego se convierte en pecado "algo más interior" y deriva en la culpabilidad "evidentemente interior". A medida que se interiorizan las imágenes se va empobreciendo la riqueza simbólica. Hay algo que es realmente central en el análisis de Ricoeur sobre el mal, en el sentido de que "el mal está ahí". Dice:

---

37 ECI, p. 262.

38 *Ibíd.*, p. 263.

> En el centro de esta simbólica se encuentra el esquema de la "exterioridad", del asalto del mal que quizás sea el fondo inescrutable del "misterio de la iniquidad". El mal sólo es mal en la medida en que lo establezco, pero en el corazón mismo del libre planteo del mal, se revela un poder de seducción emanado del "mal que ya está allí", que había sido dicho desde siempre y de manera simbólica por la antigua impureza.[39]

Ricoeur también afirma que un símbolo destruye a un símbolo anterior. Esto se ilustra con la misma simbólica del pecado, el cual se organiza en torno a imágenes contrapuestas a la impureza, las cuales luego se sustituyen por la imagen de la "distancia", y entonces surge la nueva categoría de experiencia religiosa: el "ante Dios", es decir, la *berith*: la alianza con Dios. Siempre dentro de este segundo aporte de la simbólica, Ricoeur señala que el pecado es real, mientras que la culpabilidad se mide por la conciencia, de modo que "aplastada por una ley a la cual jamás podrá satisfacer, la conciencia se reconoce como la presa de su propia injusticia y, peor aún, el engaño de su aspiración a ser justa".[40] El tercer aporte es la triple función de los grandes relatos: en primer lugar, colocan a la humanidad entera ante su propio drama, bajo el signo del hombre ejemplar o primordial que representa lo universal —en lenguaje bíblico, el "Adán"—. En segundo lugar, le dan a su historia un impulso y una orientación para que se desarrolle de un comienzo hacia un fin, de un *Génesis* a un *Apocalipsis*. En tercer lugar, "exploran la falla de la realidad humana representada por el pasaje, el salto, de la inocencia a la culpabilidad; cuentan cómo el hombre originariamente bueno se convirtió en lo

---

39 *Ibíd.*, p. 265. La expresión "misterio de la iniquidad" aparece en un texto paulino de 2 Tesalonicenses: το γαρ μυστεριον μδη ενεργειται ("porque el misterio de la iniquidad (*anomias*) ya está ejerciendo su poder". 1 Tesalonicenses 2.7. Este misterio de la iniquidad, en la visión de San Pablo implicaría el advenimiento (parusía) del *hombre de iniquidad* (o ilegalidad), que en lenguaje juanino es "el anticristo". Para más datos sobre el sentido del "hombre de iniquidad", véase la exégesis de 2Ts 2.6-7 en *Del Evangelio a la formación de la teología cristiana,* Salamanca: Sígueme, 1972.

40 *ECI,* p. 266.

que es en el presente".[41] Luego de citar los mitos del texto babilónico *Enuma Elish,* y *Prometeo encadenado*, de los griegos, Ricoeur considera el mito bíblico de "la caída"[42] como el único propiamente antropológico. Cuenta el surgimiento de la constitución malvada a través de un acontecimiento que ocurre en un instante y que emerge inesperadamente en medio de una buena creación. "El mito de la mala elección es el de la tentación, del vértigo, del insensible deslizamiento hacia el mal".[43] Analizando los personajes que intervienen en el mito, Ricoeur identifica:

- La mala elección = la tentación
- La mujer = figura de la fragilidad
- El hombre = figura de la mala decisión
- La serpiente[44] = el mal que "ya está ahí", que atrae y seduce

Ahora bien, ¿de qué modo se puede pasar de la simbólica del mal hacia un pensamiento filosófico sobre el mal? Afirmando su vínculo con la filosofía y la racionalidad, dice:

> No se trata de ceder a no sé qué intuición imaginativa, sino de elaborar conceptos que comprendan y hagan comprender conceptos coordinados según un orden *sistemático*, en un sistema cerrado. Pero, al mismo tiempo, se trata de transmitir, por medio

---

41 *Ibíd.*

42 Ponemos la expresión entre comillas, porque en rigor el texto bíblico de Génesis 3 no habla específicamente de una "caída". Se trata de cierta influencia platónica en la teología cristiana. Como bien señala Paul Tillich: "Cuando Platón describió la transición de la esencia a la existencia, utilizó una expresión mitológica —y habló de la 'caída del alma'. Sabía que la existencia no es una cuestión de necesidad esencial sino un hecho, y por eso la 'caída del alma' es una narración que ha de expresarse en símbolos míticos". *Teología sistemática,* vol. II, Barcelona: Ariel, 1973, p. 48.

43 ECI, p. 268.

44 Con respecto a la serpiente como símbolo, Michel Meslin dice: "El simbolismo de la serpiente es uno de los más importantes de la Humanidad, a pesar de no ofrecer concordancia total entre su significación religiosa y el arquetipo del que procedería. En todo el mundo antiguo la serpiente aparece como un animal extraño, incomprensible, temido. Su mirada paraliza, su veneno mata. Animal terrestre, se convierte en divinidad chtoniana detentadora de las fuerzas de la regeneración sexual". *Aproximación a una ciencia de las religiones,* Madrid: Cristiandad, 1978, p. 218.

> de esta elaboración racional, una riqueza de significado que ya estaba allí, que desde siempre ha precedido a la acción racional.[45]

Antes de la filosofía, todo fue dicho por medio del signo y el enigma. Cita las famosas palabras de Heráclito: "El maestro cuyo oráculo está en Delfos no habla, no disimula: significa ἀλλὰ σημαίνει".[46] El discurso hermenéutico, propio de la filosofía, es una especie de continuación de los enigmas que lo precedieron y lo envolvieron. Se trata de comprender el símbolo en tres etapas: una primera, que es la de una simple fenomenología en la que subsiste una comprensión del símbolo por el símbolo; una segunda, que se abre al campo de la hermenéutica propiamente dicha, la interpretación aplicada en cada caso a un texto en particular; y una tercera, la propiamente filosófica, de un pensamiento a partir del símbolo. Particularmente importante para nuestros fines, es destacar lo que señala en la segunda etapa. Haciéndose heredero de San Anselmo, afirma: "Hay que comprender para creer, pero hay que creer para comprender".[47] Descarta que ello sea un círculo vicioso o mortal, sino que, por el contrario, es un círculo vivo y estimulante. Lo explica del siguiente modo:

> El círculo es el siguiente: la hermenéutica procede de la precomprensión de aquello mismo que intenta comprender al interpretar. Sin embargo, gracias a este círculo de la hermenéutica, puedo comunicarme, aún hoy, con lo Sagrado explicitando la precomprensión que anima la interpretación. Así, la

---

45 ECI, p. 269. Cursivas originales.

46 *Ibíd.* Caracteres griegos originales.

47 Efectivamente, ésta es una relectura del famoso axioma epistemológico de San Anselmo de Aosta, más conocido como de Canterbury, por haber sido obispo allí. La expresión aparece en el *Proslogion* y reza así: "No intento, Señor, llegar a tu altura, porque de ningún modo puedo comparar con ella mi entendimiento, pero deseo entender de alguna manera tu verdad que cree y ama mi corazón. Y no busco entender para creer, sino que creo para entender. Y también creo esto: que si no creyera, no entendería". *Proslogion. Sobre la Verdad,* Barcelona: Folio, 2000, p. 55. Para un análisis del *Proslogion* desde la perspectiva teológica véase Karl Barth: *Anselm: Fides Quarens Intellectum.* Versión en portugués: *Fé em busca de compreensão,* San Pablo: Novo Século, 2000.

> hermenéutica, adquisición de la "modernidad", es una de las maneras por las cuales esta "modernidad" se supera a sí misma en tanto olvido de lo sagrado.[48]

El esquema sería el siguiente:

> Precomprensión → interpretación
> Hermenéutica (herramienta "moderna") → acceso a lo sagrado

En la tercera etapa, Ricoeur señala la importancia que la *gnosis* ha tenido en el tratamiento del tema del mal. Tanto es así que: "Entre la gnosis y el problema del mal hay una alianza inquietante y especialmente desorientadora".[49] La gnosis coloca al mal fuera de la realidad, como una especie de "realidad cuasifísica" que viene al hombre "desde afuera". Nace así una "mitología dogmática", que Ricoeur rechaza. En cambio, postula la posibilidad de una interpretación creativa que respete el símbolo pero que, a la vez, sea reflexión. Esta posibilidad la ve en la visión ética del mal. Explica: "La reflexión sobre la simbólica del mal triunfa en la que, a partir de aquí, denominaremos la visión ética del mal".[50] Esta visión ética del mal la estudia Ricoeur en los aportes de Agustín y Kant. Para Agustín, en la primera etapa de su reflexión sobre el mal, éste no tenía entidad en sí mismo, era una "nada", el "no-ser". Ricoeur entiende que Agustín carecía de un marco conceptual que le permitiera ver el tema con mayor profundidad. Ricoeur no cree que los conceptos de *defectus* y *declinatio* den cuenta clara del poder del mal. Entonces, entiende que ha sido Kant quien viene a llenar esa laguna o ampliar la significación del mal a través de su "Ensayo sobre el mal radical". En su conclusión sobre el particular, se pueden observar tanto el aporte de Kant como el precio que hubo que pagar para esa claridad argumentativa:

> Considero que Kant orienta, por primera vez, el mal en el sentido de la mala fe, de la impostura. Éste es el máximo punto

48 ECI, p. 271.
49 ECI, p. 272.
50 ECI, p. 273. Cursivas originales.

> de claridad alcanzado por la visión ética del mal; la libertad es el poder de desviación, de trastocamiento del orden. El mal no es una cosa, sino una subversión de una relación. Pero ¿quién no reconoce que en el mismo momento en que decimos esto, estamos de algún modo triunfando en el vacío? *El precio de la claridad es la pérdida de la profundidad.*[51]

En el mismo ensayo que analizamos, "Hermenéutica de los símbolos y reflexión filosófica I", Ricoeur plantea lo que define como "El oscurecimiento de la reflexión y el retorno a lo trágico". Vuelve al "diálogo" entre Agustín y Kant. El primero pasa del mal actual al pecado original. El segundo se remonta de la mala máxima del libre albedrío al fundamento de todas las malas máximas. Ricoeur rechaza la disociación que se hace habitualmente entre el "mal actual" como incumbencia del filósofo y el "pecado original" como tema del teólogo, ya que en tanto "*revelador* —y no revelado—, el símbolo adánico pertenece a una antropología filosófica al igual que todos los demás símbolos".[52] Es necesario que profundicemos en el análisis que Ricoeur hace del "pecado original", porque el antiguo concepto posee aspectos positivos y negativos. Por un lado, es un "falso-saber" y debe ser asimilado a los conceptos de la gnosis como caída o agresión del reino de las tinieblas. Aquí observa una paradoja: "Antignóstico en su intención, el pecado original es un concepto cuasignóstico en su forma".[53] ¿En qué consiste entonces la tarea de la reflexión? Responde: "Consiste en destruirlo como falso-saber, a fin de recoger la intención a título de símbolo racional insustituible del mal que ya está allí".[54] Es decir: es un "falso-saber" que, sin embargo, contiene una intención útil como símbolo racional para intentar entender el misterio del mal que es preexistente al ser humano. Concluye su referencia al concepto de "pecado original", afirmando que el "mal es una suerte de involuntario

---

51 ECI, p. 276. Énfasis mío.

52 ECI, p. 277.

53 *Ibíd.*

54 *Ibíd.*, p. 278. Para un análisis crítico del pecado original en San Agustín y otros padres de la iglesia, véase Elaine Pagels, *Adán, Eva y la Serpiente,* Barcelona: Crítica, 1990.

en el seno mismo de lo voluntario, ya no frente a él, sino en él, y eso es el siervo-albedrío".[55] En cuanto al aporte de Kant, Ricoeur sostiene que el pensador de Köenisberg, aunque admite que la propensión al mal es inteligible, no hay forma de descubrir su raíz, de modo que descarta todo "naturalismo", en el sentido de carácter innato hacia el mal. En síntesis, el pensamiento sobre el mal avanza entre dos abismos: de la alegoría y de la gnosis. "El pensamiento reflexivo bordea el primer abismo, el pensamiento especulativo bordea el segundo".[56] Es, sin embargo, una tarea importante e insustituible que nos coloca en el "a pesar de" y el "mucho más" de la reflexión paulina. En efecto, Ricoeur nos recuerda la invitación de San Pablo a pensar en las figuras de Adán y el segundo Adán: Cristo. La transgresión de uno (Adán) derivó en la condenación de todos, la justicia de uno (Cristo) produjo justificación de vida (Ro 5.18). No es un simple paralelismo ni una simple oposición. Más bien es un movimiento, un progreso, un aumento: "Cuando el pecado abundó, sobreabundó la gracia" (Ro 5.20). Ése 'mucho más' y esta 'sobreabundancia' señalan una importante tarea para el pensamiento".[57] Ricoeur entiende que a partir de esta visión paulina se puede superar el intento del falso saber que nos daba la antigua teodicea. A partir del "a pesar de" y el "mucho más" de la gracia, se supera lo que ofrecía la antigua teodicea y "se convierte en la inteligencia de la esperanza; la necesidad que buscamos es el símbolo racional más elevado que pueda engendrar esta inteligencia de la esperanza".[58]

---

55 La expresión "siervo-albedrío" remite a las discusiones del *servo arbitrio* sostenidas por Lutero en contra de Erasmo. Véase: Martín Lutero, *De Servo Arbitrio,* Editio princeps Wittenberg, 1525. Versión en castellano: *La voluntad determinada, Obras de Martín Lutero,* vol. 4, Buenos Aires: Paidós, 1976.

56 *ECI*, p. 282.

57 *Ibíd.* Para una exégesis creativa del pasaje de Romanos 5.12ss., véase el famoso comentario de Karl Barth a la epístola a los Romanos, donde el teólogo suizo analiza el pasaje bajo el título "The New World" afirmando: "Si un hombre está *en Adán,* es una criatura vieja, caída y prisionera: si él está *en Cristo,* es una criatura nueva, reconciliada y redimida (2Co v. 17)". *The Epistle to the Romans,* Londres: Oxford University Press, 1968, p. 165. Hay traducciones al castellano (Madrid, BAC, 1998) y al portugués: San Pablo: Novo Século, 1999).

58 *ECI*, p. 285.

Hermenéutica de la acción

La hermenéutica de Ricoeur no se reduce a una relación entre "lector" y "texto", como se ha expuesto precedentemente. Aunque esa relación es importante, hay otro aspecto de la hermenéutica, otro "campo" al cual se vincula: la acción. Encontramos algunos lineamientos de la hermenéutica de la acción en el ensayo "El modelo del texto: la acción significativa considerada como un texto". Lo que el título quiere decir es que la acción humana significativa puede ser considerada como un "texto" que debe ser interpretado. Hay varios aspectos del intrincado camino que sigue Ricoeur al hablar de la "hermenéutica de la acción". Creemos que Marie-France Begué ha logrado sintetizar adecuadamente lo que Ricoeur quiere decir con su vinculación entre hermenéutica y acción:

> Este *decir* del *hacer* puede ser captado en varios niveles de discurso; sea el de los *conceptos* puestos en juego en las descripciones de la acción, sea en el de las *proposiciones* donde la acción llega a enunciarse a sí misma, o bien en el nivel de los *argumentos* en los que se articulan las diferentes estrategias de la acción. Estos tres niveles esclarecen el propio discurso de la acción en sus diferentes aspectos.[59]

Tenemos entonces varias acepciones del "hacer": Es un decir sobre el "hacer", es un concepto que describe la acción, es una proposición donde la acción se enuncia y son los argumentos que articulan la acción. El marco teórico al que Ricoeur apela es la "teoría de los actos del habla", que remite a los aportes de Austin y Searle. Dice Ricoeur:

> El acto de hablar, según estos autores, está constituido por una jerarquía de actos subordinados, que se distribuyen en tres niveles: 1) el nivel del acto locucionario o proposicional, el acto *de* decir; 2) el nivel del acto o fuerza ilocucionaria, aquello que hacemos *al* hablar, y 3) el nivel del acto perlocucionario, que hacemos *por el hecho de* decir.[60]

---

59 *Paul Ricoeur: La poética del sí-mismo*, p. 127. Cursivas originales.

60 DTA, p. 171.

Más adelante se refiere más ampliamente a los actos "performativos" de discurso, tal como son descritos por Austin en su texto clave: *Cómo hacer cosas con palabras*. "Pueden considerarse como paradigmas, no sólo de los propios actos del habla, sino para las acciones que cumplen los actos de habla correspondientes".[61] El adjetivo "performativo" referido al acto del discurso, viene del inglés *performance*, y el sentido es que el mismo enunciado logra la acción efectiva. Una vez más recurrimos a la claridad expositiva de Marie France Begué:

> El análisis de los "actos del discurso" se refiere a la estructura proposicional en la que están insertos tales conceptos. Se basa en una distinción entre los enunciados verificados y los enunciados performativos. Los primeros se aplican para verificar algo mediante la afirmación o la negación, mientras que los segundos son aquellos en los cuales *decir es hacer*, como sucede, por ejemplo, con el acto de prometer: el mismo enunciado vuelve la acción efectiva.[62]

Los discursos son prácticas que inciden en lo social. Ellos inciden en lo social y, a la vez, crean lo social. Para ampliar el horizonte, es oportuno citar a Helena Calsamiglia y Amparo Tusón, quienes aclaran esta acción discursiva en la sociedad. Dicen:

> Hablar de discurso es, ante todo, hablar de una práctica social, de una forma de acción entre las personas que se articula a partir del *uso lingüístico contextualizado*, ya sea oral o escrito. El discurso es parte de la vida social y a la vez un instrumento que crea la vida social.[63]

Estas autoras hacen una revisión de las diferentes disciplinas implicadas en el análisis del discurso. Se trata de la antropología lingüística, la etnografía de la comunicación, la sociología, la etnometodología,

---

61 DTA, p. 177. Ricoeur remite específicamente a la obra de John L. Austin, *How to Do Things with Words,* Oxford, 1962. Traducción al castellano: *Cómo hacer cosas con palabras,* Barcelona: Paidós, 1990.

62 Marie-France Begué, *Op. Cit*., p. 129.

63 Helena Calsamiglia Blancafort y Amparo Tusón Valls, *Las cosas del decir. Manual de análisis del discurso,* Barcelona: Ariel, p. 15.

el análisis de la conversación, la sociolingüística interaccional, el pensamiento filosófico, la teoría del principio de cooperación, la teoría de la relevancia, la lingüística, la teoría de la enunciación, la pragmática y la teoría de los actos del habla. Precisamente porque Ricoeur apela a esta teoría, es conveniente observar lo que dicen Calsamiglia y Tusón:

> Wittgenstein mantiene que hablar una lengua consiste en participar activamente de una serie de formas de vida que existen gracias al lenguaje. Más o menos por la misma época Austin (1962) formulará su teoría de los actos de habla —posteriormente desarrollada por Searle (véanse, a modo de ejemplo, sus trabajos de 1964, 1969 y 1975)—. Los planteamientos de Austin son uno de los fundamentos principales de lo que hoy se conoce como pragmática. Desde esta teoría se considera que hablar es *hacer* y que cada enunciado emitido posee un significado *literal* o proposicional, una dimensión *intencional* y una dimensión que *repercute* en la audiencia.[64]

Ricoeur está de acuerdo con la perspectiva de la relación acción/sociedad y desarrolla sus consecuencias. "Esta autonomía de la acción humana constituye la dimensión *social* de la acción".[65] La acción humana también puede ser objeto de la hermenéutica toda vez que ella deja una "huella" o "marca" en la historia. Trátese de acciones simples o acciones complejas, siempre se inscriben de alguna manera y hasta pueden dejar una impresión que determina una época. ¿Cuándo ocurre eso? "Una acción deja una *huella*, pone su *marca*, cuando contribuye a la aparición de pautas que se convierten en los *documentos* de la acción humana".[66] La acción significativa va más allá de la pertinencia a su situación original y desarrolla significados que pueden ser actualizados en situaciones distintas. Finalmente, otra característica de la acción humana es que se torna una obra abierta.

---

64 *Ibíd.*, p. 22. Subrayado y cursivas originales.

65 DTA, p. 178.

66 *Ibíd.*, p. 179.

> Dicho de otra manera, al igual que un texto, la acción humana es una obra abierta, cuyo significado está *en suspenso.* Por el hecho de *abrir* nuevas referencias y recibir de ellas una nueva pertinencia los actos humanos están también a la espera de nuevas interpretaciones que decidan su significación.[67]

Podríamos decir que, así como un texto escrito que se abre para ser leído y, por ende, interpretado, la acción humana se torna también un libro que se abre a las diversas interpretaciones, que ya no dependerán del contexto en que se originó. En síntesis, la hermenéutica de la acción significa la vinculación del discurso con la acción, al punto de que "decir es hacer". La palabra actúa en la historia y genera historia. Con las palabras "se hacen cosas", ya que ellas se inscriben y se instalan en la historia. La hermenéutica no sólo interpreta "textos escritos", sino también trata de dilucidar el sentido de las acciones humanas. Este rico pensamiento de Ricoeur en torno a la hermenéutica de la acción abre enormes posibilidades para reflexionar sobre la acción en relación no sólo con la ética, sino también con la praxis educativa, temas de los próximos capítulos.

Hermenéutica crítica: entre Gadamer y Habermas

Las relaciones entre ciencia e ideología

En el ensayo "Ciencia e ideología", dedicado, dice expresamente Ricoeur, "A la memoria del Doctor Angélico" (Santo Tomás de Aquino), analiza con amplitud las diversas nociones de "ideología". Comienza con una cita tomada de la introducción a la *Ética a Nicómaco*, en la que Aristóteles postula la importancia de determinar la naturaleza del tema que tratamos, por lo que "no se ha de buscar el mismo rigor en todas las discusiones indiferentemente, como tampoco se lo exige en las producciones del arte".[68] Y concluye Aristóteles: "En una materia

67 *Ibíd.*, pp. 181–182.

68 Aristóteles, *Ética a Nicómaco,* cit. por Paul Ricoeur en "Ciencia e ideología", en DTA

que excluye toda especialización, el buen juez es el que ha recibido una cultura general".[69] El propósito de Ricoeur es mostrar que "el fenómeno de la ideología es susceptible de recibir una apreciación relativamente positiva si se mantiene la tesis específicamente aristotélica de la pluralidad de niveles de cientificidad".[70] Como puede observarse, ya en los prolegómenos Ricoeur parte del axioma aristotélico de diversos niveles de cientificidad que dependen de la naturaleza del tema que abordará una ciencia determinada. A partir de este supuesto, el autor admite que fue Marx quien popularizó la idea peyorativa de ideología, a pesar de que, según la historia, habría sido Napoleón el que usó la palabra en esa perspectiva negativa. Siempre desde esa noción, que puede tornarse descalificadora, Ricoeur afirma que la denuncia de ideología siempre se hace desde un pretendido "lugar no ideológico".[71] Y todavía hay otro paso más osado que Ricoeur describe del modo siguiente: "No sólo se dice que existe un lugar no ideológico, sino, además, que ese lugar es el de una *ciencia*, comparable a la de Euclides para la geometría y a la de Galileo y de Newton para la física y la cosmología".[72]

Luego, Ricoeur pasa a indagar los criterios del fenómeno ideológico. Se refiere a los rasgos de la ideología, que son, según su análisis: la necesidad de un grupo de darse una imagen de sí mismo,

---

p. 279. Tanto el ensayo "Ciencia e ideología" como "Hermenéutica y crítica de las ideologías" fueron publicados por primera vez en castellano bajo el título general *Hermenéutica y acción*, Buenos Aires: Editorial Docencia, 1985. Más recientemente, han sido incluidos en una obra más amplia, *Del texto a la acción*, Buenos Aires: Fondo de Cultura Económica, 2000, versión de la cual citamos ahora.

69 *Ibíd.*

70 *Ibíd.*

71 El mismo fenómeno se observa en el uso de "secta" y "sectario". La secta siempre es la agrupación a la que no pertenezco. En algún sentido, el adversario u opositor al que llamo "sectario". El "sectario" siempre es el otro que difiere de mis creencias o posturas, en este caso, doctrinales o dogmáticas. En el sentido sociológico del término, usado por sociólogos como Weber y Troeltsch, "secta" no tenía en sí misma una noción peyorativa, sino que implicaba una forma de vivir la religión, diferenciada de la "iglesia establecida." Véase del segundo, *The Social teachings of the Christian Churches,* dos volúmenes, publicados en New York por Macmillan Company, reimpresión en Louisville por John Knox Press en 1992.

72 *Op. Cit.*, p. 281.

de representarse; el dinamismo o "teoría de la motivación social" que tiene la ideología; su carácter simplificador y esquemático, que tiende a convertirse en "ismo", como el espiritualismo o, su opuesto, el materialismo; el carácter de "código interpretativo" que "actúa a nuestras espaldas", y, finalmente, la inercia. Ricoeur distingue, entonces, dos conceptos de ideología: el de ideología/integración y el de ideología/disimulo. Citando luego la perspectiva de Marx, Ricoeur dice que la crítica de Marx a la ideología estaba dirigida especialmente a la forma en que aparece en la "religión". En ese sentido, es heredero —como sabemos— del filósofo de la izquierda hegeliana Ludwig Feuerbach. El aporte de Marx, según Ricoeur, radica en la idea de que el funcionamiento ideológico surge de la posición dominante de una clase social. La ideología se torna, entonces, en una imagen invertida de la vida, que, como tal, se aplica a la religión;[73] pero también, dice Ricoeur, apelando al aporte de la Escuela de Frankfurt, "lo mismo les puede suceder, y sin duda les sucede, a la ciencia y a la tecnología desde el momento en que ocultan detrás de su pretensión de cientificidad su función de justificación del sistema militar e industrial del capitalismo avanzado".[74] La pregunta clave que formula luego Ricoeur es la siguiente: "¿Existe un lugar no ideológico desde donde sea posible hablar científicamente de la ideología?" Entonces, desarrolla otro apartado titulado "Ciencias sociales e ideologías". Afirma que todas las disputas contra la ideología surgen del repudio implícito o explícito al argumento de Aristóteles citado de su *Ética*. Aquello que él denominaba "política" ahora se menciona como *Moral Sciences*, *Geisteswissenschaften*, ciencias del espíritu, ciencias sociales, ciencias sociales críticas, etc. Ricoeur critica el concepto positivista de "ciencia" aplicado, por ejemplo, a la teoría social global, porque, dice, "la debilidad epistemológica de la teoría social global es proporcional a la fuerza con que denuncia la ideología".[75] Lo que denomina "trampa

73 Para Ricoeur, según se puede desprender de este texto y de muchos otros en que analiza el fenómeno religioso, lo ideológico aparece cuando la religión se distorsiona. No es que la religión *per se* sea negativa o ideológica.

74 *Op. Cit.*, p. 288.

75 *Ibíd.*, p. 290.

epistemológica", Ricoeur lo refiere a la explicación de hechos sociales a partir de estructuras y no de subjetividades. Entonces, "se debilita la vigilancia en el orden de la verificación y de la falsación".[76]

Luego, el autor nos propone otro modo de hablar de "ciencia", apelando a una acepción crítica de esta. En este contexto realiza una crítica decidida al marxismo, que "funciona como vanguardia de clase obrera y con respecto al poder del grupo dirigente en el interior del partido".[77] Se da, entonces, una gran paradoja, la cual consiste en que el marxismo después de Marx es el ejemplo más extraordinario del propio concepto de ideología "en tanto expresión segunda de la relación a lo real y como ocultamiento de esa relación".[78] La crítica al marxismo se extiende a la cuestión de la analogía que ese sistema tiene con la religión. En efecto, mientras en *El capital* se habla del fetichismo de la mercancía, la forma fantasmagórica que comporta la relación de valor de los productos del trabajo "sigue siendo un enigma que, lejos de explicar la ilusión religiosa, se apoya en ella, al menos bajo forma analógica".[79]

Podemos ampliar esta referencia de Marx a partir de nuestra propia lectura de *El capital*. En la sección titulada "El carácter fetichista de la mercancía y su secreto", Marx hace una interpretación creativa y profunda de ese carácter. Es, según mi ver, tan importante que he

---

76 *Ibíd.*, p. 291.

77 *Ibíd.*, p. 294.

78 *Ibíd.* En otro escrito, Ricoeur recuerda cómo introdujo Marx el concepto de ideología en sus textos: "Es interesante comprobar que el término se introdujo en los escritos de Marx mediante una metáfora tomada de la experiencia física o fisiológica, la experiencia de la imagen invertida que se da en una cámara oscura o en la retina. De esta metáfora de la imagen invertida y de la experiencia física que está detrás de la metáfora obtenemos el paradigma o modelo de la deformación como inversión. Esta imagen, el paradigma de una imagen invertida de la realidad, es muy importante para situar nuestro primer concepto de ideología. La primera función de la ideología es producir una imagen invertida". *Ideología y utopía*, pp. 47–48.

79 DTA, p. 295. Esta interpretación del marxismo como una forma de religión ha sido analizada por autores como Víctor Massuh, quien dice: "Si Lenin transformó al marxismo en una ortodoxia es porque se dirigía a un pueblo formado en la tradición de la ortodoxia religiosa. [...] El marxismo de Lenin aparece vaciado, entonces, en el molde de una ortodoxia preexistente, asume las formas doctrinarias propias de la religión". *La libertad y la violencia,* Buenos Aires: Sudamericana, 4.ª edición, 1984, p. 129.

colocado su concepto como epígrafe: "A primera vista, una *mercancía* parece ser una cosa trivial, de comprensión inmediata. Su análisis demuestra que es un objeto endemoniado, rico en sutilezas metafísicas y reticencias teológicas".[80] Como buen "maestro de la sospecha"[81] Marx nos invita a rechazar la idea de que la mercancía es algo trivial, fácil de comprender en forma inmediata, es decir, un conocimiento no mediado por la razón sino espontáneo. Por el contrario, si analizáramos la mercancía, nos convenceríamos de que se trata de un "objeto endemoniado", plenamente revestido de sutilezas metafísicas y teológicas que no aparecen a la mirada superficial. En ese contexto, Marx explica que mediante su trabajo el ser humano altera las formas de las materias de la naturaleza para que sean útiles. Por ejemplo, cuando un carpintero hace una mesa, transforma la materia (madera) en un objeto; pero la mesa sigue siendo madera, una cosa ordinaria y sensible, es decir, captable por nuestros sentidos.[82] ¿Qué hace que el objeto sea transmutado después en mercancía y, por ende, en un fetiche? ¿Cómo cambia? Dice Marx: "Lo que aquí adopta, para los hombres, la forma fantasmagórica de una relación entre cosas, es sólo la relación social determinada existente entre aquellos".[83] Y entonces, como un campo fértil para formar analogías con su análisis del fetiche, Marx recurre al mundo religioso, en el cual "los productos de la mente humana parecen figuras autónomas, dotadas de vida propia, en relación unas con otras y con los hombres".[84] El fetichismo es, entonces, esa cosa que se adhiere a los productos, en tanto productos del trabajo humano,

---

80 *Ibíd.*, p. 87.

81 La conocida expresión o categorización es de Paul Ricoeur, quien denomina "los tres maestros de la sospecha" a Freud, Nietzsche y, por supuesto, Marx. Todos ellos, desde diversos análisis que corresponden a sus "ciencias" o saberes, intentan desenmascarar lo que está oculto, en el caso que nos ocupa, en la mercancía que transmuta en fetiche.

82 Nos parece que aquí hay cierta influencia aristotélica en el planteamiento de *materia* y *forma*. La hipótesis podría corroborarse con el hecho de que el propio Marx, un poco antes, hace una referencia específica a Aristóteles y dice: "Aristóteles enuncia con claridad que la *forma dineraria* de la mercancía no es más que la *figura ulteriormente desarrollada de la forma simple del valor*, esto es, de la expresión que adopta el valor de una mercancía en otra mercancía cualquiera". *Ibíd.*, pp. 72–73. Cursivas originales.

83 *Ibíd.*, p. 89.

84 *Ibíd.*

apenas se producen *como mercancías*. Y de allí, fácilmente se deriva al dinero como "esa forma acabada del mundo de las mercancías".[85] Pero esa forma es "la que vela de hecho, en vez de revelar, el carácter social de los trabajos privados, y por tanto las relaciones sociales entre los trabajadores individuales".[86] Luego, apelando al lenguaje teológico cristiano, Marx apunta: "Si digo que la chaqueta, los botines, etc., se vinculan con el lienzo como con la encarnación general de trabajo humano abstracto, salta a la vista la insensatez de tal modo de expresarse".[87] En otras palabras, dice que el trabajo humano abstracto e invisible, se "encarna" en esos objetos como chaqueta y botines. Todo ello produce un nuevo misticismo: el de las mercancías, en el cual hay abundancia de magia y fantasmagoría. Es interesante consignar la interpretación que de este fetichismo hace Franz Hinkelammert:

> El fetichismo de la mercadería revela un mundo caprichoso. Aparece toda la imagen del juego entre mercancías. Ellas luchas entre sí, hacen alianzas, bailan, se pelean, una gana, otra pierde. Todas las relaciones que se pueden formar entre hombres, se dan también entre mercancías.[88]

Para sintetizar este uso de categorías teológicas aplicadas a la economía, podríamos decir: así como la teología cristiana afirma la encarnación del *Logos* en la persona concreta de Jesús de Nazaret, el trabajo humano, abstracto e invisible, se encarna en objetos que, en el modo de relaciones económicas capitalistas, son transmutados en mercancías que actúan a manera de fetiches. Para decirlo en el lenguaje irónico pero rotundo de Umberto Eco, "la Coca Cola se hizo carne", en clara alusión a la expresión juanina: και ο λογος εγενετο.[89]

---

85 *Ibíd.*, p. 92.

86 *Ibíd.*, p. 93.

87 *Ibíd.*

88 Franz Hinkelammert, *Las armas ideológicas de la muerte*, Salamanca: Sígueme, 1978, p. 20. Hinkelammert es un economista y teólogo que, desde la óptica religioso-teológica, y usando categorías marxistas, hace una severa crítica al capitalismo. La cita que consignamos corresponde el capítulo titulado precisamente "La visibilidad de lo invisible y la invisibilidad de lo visible: el análisis del fetichismo en Marx".

89 Expresión del texto griego del Evangelio de Juan 1.14: "El *logos* fue hecho carne".

Finalmente, podemos recordar varias metamorfosis a la que hace referencia Marx en su análisis. Una primera se refiere a la mercancía o venta. Una segunda es cuando la mercadería se convierte en compra. Pero el dinero, explica Marx, nunca desaparece. Tomando por caso un libro (se refiere a la Biblia), primero tenemos el papel, luego la Biblia (el objeto producido) y después el dinero que sustituye a ese objeto. La mercadería dineraria queda en manos de un tercero. Marx rechaza el dogma que dice que la circulación de mercancías implica un equilibrio entre compras y ventas, ya que toda venta es compra y viceversa. El dinero, a su vez, se transmuta en capital, en el sentido de ser "dinero en proceso" que proviene de la circulación, retorna a ella, se conserva y multiplica en ella y regresa acrecentado, reanudándose constantemente el mismo ciclo. Es "dinero que engendra dinero" (*money which begets money*).

En la parte final del ensayo "Ciencia e ideología", Ricoeur se refiere a la dialéctica de la ciencia y la ideología. Comenta ampliamente la obra de Karl Mannheim *Ideología y utopía,* reconociendo el aporte de este autor a la comprensión de ambas realidades y sus vinculaciones. Destaca su esfuerzo por vencer al historicismo y conducirlo a un historicismo parcial, lo cual ve como una solución viable. Pero amplía ese horizonte formulando cuatro propuestas:

- **Primera:** Todo saber objetivante acerca de nuestra posición en la sociedad, en una clase social, tradición cultural o historia está precedido por una relación de *pertenencia.*
- **Segunda:** A pesar de que el saber objetivante sea segundo respecto de la relación de pertenencia, puede constituirse en una *relativa autonomía.* Aquí, Ricoeur cita a Heidegger en su referencia al círculo característico de la comprensión en el sentido de la precomprensión y la explicitación. Esta última deberá tomar los datos no de simples ocurrencias u opiniones populares, sino que debe "asegurarse su tema científico mediante la elaboración de estas anticipaciones a partir de las cosas mismas".[90] Se trata

90 Martin Heidegger, *Ser y tiempo,* p. 176 de la edición castellana citada por Ricoeur, DTA, p. 303.

de la hermenéutica en la cual hay que hacer una división entre precomprensión y prejuicio. Dentro de esta propuesta, Ricoeur se refiere al distanciamiento que debe haber respecto del autor de un texto para comprender un decir.

- **Tercera:** La crítica de las ideologías no rompe nunca sus lazos con la pertenencia que la sustenta.
- **Cuarta:** Es la propuesta deontológica que Ricoeur define como "renunciar a la arrogancia de la crítica y conducir con paciencia el trabajo siempre inacabado del distanciamiento y de la recuperación de nuestra sustancia histórica".[91]

Hermenéutica y crítica de las ideologías

En otro ensayo titulado "Hermenéutica y crítica de las ideologías", Ricoeur continúa su discusión sobre el tema abordado en el apartado anterior. Pero ahora se refiere a los distintos aportes que los pensadores han hecho a la cuestión hermenéutica, comenzando su análisis con Gadamer. En realidad, este nuevo ensayo analiza los aportes, las divergencias y las coincidencias entre dos vías posibles para la alternativa de una crítica a las ideologías. Los dos protagonistas son Hans Georg Gadamer, por la vía de la hermenéutica, y Jürgen Habermas, por la de la crítica. Las preguntas que guían su pesquisa son: ¿en qué condiciones una filosofía hermenéutica puede dar cuenta en sí misma de la demanda legítima de una crítica de las ideologías? y ¿puede una crítica de las ideologías estar desprovista de presupuestos hermenéuticos?

Ricoeur comienza por analizar la alternativa que nos ofrece Hans Georg Gadamer, filósofo alemán nacido en 1900 y fallecido en 2002, figura decisiva en la hermenéutica del siglo XX y con quien realizó estudios el filósofo italiano Gianni Vattimo.[92] La hermenéutica es tan

---

91 *Ibíd.*, p. 305.

92 Gianni Vattimo es un posmoderno que acuñó la expresión "pensamiento débil", que, según entiende, es lo que caracteriza a la posmodernidad al caducar los "metarrelatos" a manera de cosmovisiones omnicomprensivas. Para un análisis de su propuesta véase mi ensayo "La *kénosis* de Dios en el pensamiento de Gianni Vattimo. Hermenéutica después de la cristiandad", *Cuadernos de teología,* vol. XXIII, Instituto Universitario

importante para Gadamer y afecta la vida total del ser humano, hasta afirmar que todo lo que aprendemos se realiza en juegos lingüísticos. Gadamer distingue entre hermenéutica clásica, que se remonta a las clases de interpretación bíblica que ofreció Friedrich Schleiermacher en Alemania, y la hermenéutica propiamente filosófica, que se desarrolla después y llega a instalarse como un campo importante del interés filosófico.[93] Volviendo a la interpretación que Ricoeur hace de la propuesta de Gadamer, dice el pensador francés que la hermenéutica tiene un alcance que precede y supera toda ciencia, alcance del cual da testimonio el hecho del carácter lingüístico del comportamiento relativo al mundo. En lo que se refiere a nuestro tema central: la epistemología de las ciencias sociales, Ricoeur dice respecto a Gadamer:

> Al tomar preferentemente como eje de reflexión la conciencia histórica y la cuestión de las condiciones de posibilidad de las ciencias del espíritu, Gadamer orientaba inevitablemente la filosofía hermenéutica hacia la rehabilitación del prejuicio y la apología de la tradición y de la autoridad, y ubicaba esta filosofía hermenéutica en una posición conflictiva con toda crítica de las ideologías.[94]

De alguna manera se establece una oposición entre el Romanticismo y su nostalgia del pasado y, por otro lado, la *Aufklärung* (el iluminismo) que lucha contra todos los prejuicios. Aquí radica el nudo de la cuestión que pretende dilucidar Ricoeur: "saber si el conflicto moderno entre la crítica de las ideologías según la Escuela de Frankfurt y la hermenéutica según Gadamer marca algún progreso en relación con este debate".[95] Se trata de saber, también, si la hermenéutica propuesta

---

ISEDET, Buenos Aires, 2004, pp. 329–342, y Revista *Kairós*, N.° 35, Seminario Teológico Centroamericano, julio-diciembre, 2004, pp. 121–139.

93 Para más datos sobre las diferencias de ambas corrientes véase Hans-Georg Gadamer, *Verdad y método*, vol. II, Salamanca: Sígueme, capítulo 8, pp. 95–118. Las dos obras fundamentales de Gadamer son precisamente los dos volúmenes de *Verdad y método*, publicados en castellano por Ediciones Sígueme.

94 Ricoeur, "Hermenéutica y crítica de las ideologías" en DTA, p. 311.

95 *Ibíd.*

por Gadamer superó realmente el punto de partida romántico de la hermenéutica.[96] En concreto, Ricoeur ve tres influencias marcadas en el pensamiento de Gadamer: el Romanticismo, Dilthey y Heidegger. Es cierto que Gadamer critica a Dilthey, el filósofo que crea la categoría de *Geisteswissenschaften* (ciencias del espíritu), pero esa toma de distancia de Dilthey por parte de Gadamer no convence a Ricoeur. En efecto, se pregunta si la fidelidad a Dilthey no es más profunda que la crítica dirigida a él, toda vez que explica que es la cuestión de la historia y la historicidad y no la del texto y la exégesis la que continúa proporcionando la experiencia *princeps* de la hermenéutica. Por otra parte, Gadamer se muestra heredero de Heidegger en tanto remite no sólo al parágrafo 31 de *Ser y tiempo* referido a la "Analítica fundamental del Dasein", sino también al parágrafo 63, que desplaza la problemática de la interpretación hacia la temporalidad como tal. No se trata simplemente del *Da-sein* como "ser-ahí", sino de su poder-ser integral, es decir, su potencialidad de ser, su posibilidad. Volveremos sobre Heidegger cuando analicemos la sección que Ricoeur dedica a la teoría crítica de Habermas. Por el momento, y como síntesis, es oportuno citar la explicación que ofrece Ricoeur sobre la triple influencia sobre Gadamer, usando para ello una metáfora rotunda:

> Sobre este triple fondo —romántico, diltheyano, heideggeriano— hay que reubicar la *contribución propia de Gadamer a la problemática.* Con respecto a esto, su texto es como un palimpsesto, en el cual siempre se puede distinguir, como en espesor y en transparencia, un estrato romántico, un estrato diltheyano y un estrato heideggeriano.[97]

Ilustrando y ampliando el horizonte de Gadamer sobre el distanciamiento en la hermenéutica, Ricoeur dice que se trata, en primer lugar, de un distanciamiento metodológico. En segundo

---

96 Recuérdese que, precisamente el fundador de la hermenéutica moderna, Schleiermacher, se inscribe dentro del Romanticismo alemán proponiendo como centro de la religión "el sentimiento de absoluta dependencia" del Todo, del Mundo, de Dios.

97 Ricoeur, DTA, p. 316. El palimpsesto era una especie de papiro ya usado y que luego de ser sometido a cierta técnica de borrado, se volvía usar para escribir el texto bíblico.

término, no hay un sobrevuelo que permita dominar con la mirada el conjunto; es preciso optar entre finitud y saber absoluto. En tercer lugar, si no hay sobrevuelo, tampoco existe situación que nos limite absolutamente. Surge entonces la figura creada por Gadamer para su hermenéutica: la fusión de horizontes, un concepto dialéctico que rechaza el objetivismo y el saber absoluto, el horizonte del texto y el horizonte del intérprete. "Sólo en esta tensión entre lo otro y lo propio, entre el texto del pasado y el punto de vista del lector, el prejuicio deviene operante, constitutivo de historicidad".[98]

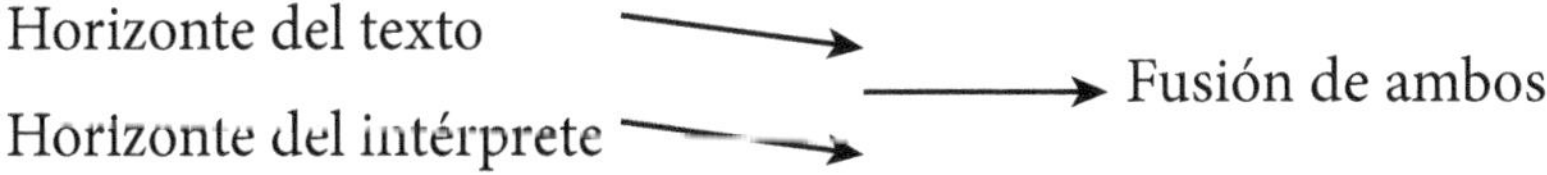

Como consecuencias epistemológicas de este concepto ontológico de eficiencia histórica, Ricoeur dice que se refieren al estatuto de la investigación en la ciencias del espíritu. Aquí radica el principal problema para establecer las bases de su carácter científico, ya que "la investigación científica no escapa a la conciencia histórica de quienes viven y hacen la historia. El saber histórico no puede liberarse de la condición histórica".[99] La historia como investigación mantiene un vínculo con la tradición recibida y reconocida. Citando los dos términos diferentes en alemán, dice Ricoeur: "La historia de los historiadores (*Historie*) no puede entonces más que llevar a un grado más alto la conciencia a la vida misma en la historia (*Geschichte*)".[100] En otros términos: la historia que se escribe está signada por la historia como acontecimiento en el tiempo y el espacio.

De estas reflexiones sobre el pensamiento de Gadamer como "historia de las tradiciones", Ricoeur pasa entonces a analizar a

---

98 DTA., p. 321. En la interpretación de Pablo Corona: "Gadamer nos dice aquí que la comunicación a distancia entre dos conciencias situadas de manera diversa es posible gracias a la fusión de sus horizontes: comprender lo ajeno, aun lo lejano, es producir un encuentro entre mi horizonte y el de aquello lejano [...]", *Paul Ricoeur: lenguaje, texto y realidad*, p. 103.

99 DTA, p. 322.

100 *Ibíd.*

Habermas como una crítica de las ideologías. Establece, a modo de cuadro sintético, las diferencias en ambas concepciones:

- Mientras Gadamer toma del Romanticismo su concepto de *prejuicio*, Habermas desarrolla un concepto de *interés*, tomado del marxismo.
- Mientras Gadamer se apoya en las *ciencias del espíritu*, Habermas recurre a las *ciencias sociales críticas*.
- Mientras Gadamer introduce el *malentendido*[101] como obstáculo a la comprensión, Habermas desarrolla una teoría de las *ideologías*.
- Mientras Gadamer funda la tarea hermenéutica en la ontología del *diálogo que nosotros somos*, Habermas apunta al *ideal regulador* como una comunicación sin límites ni coacciones.

Luego, Ricoeur analiza pormenorizadamente el concepto de *interés*. La tarea de la filosofía crítica consiste en desenmascarar los intereses que subyacen en la búsqueda del conocimiento. Hay pluralidad de esferas de interés. En primer lugar, está el interés técnico o instrumental que regula las ciencias empíricas analíticas, en las cuales la capacidad de los enunciados reside en su aprovechamiento técnico. En segundo lugar se encuentra el interés práctico, entendido como la esfera de la comunicación interhumana. Aquí Habermas opone *acción comunicativa* a *acción instrumental*. Las principales obras en las que Habermas desarrolla estas ideas son: *Teoría de la acción comunicativa*, 1 y 2 (Madrid: Taurus, 1987); *Conciencia moral y acción comunicativa* (Madrid: Ediciones Península, 1985) y *Teoría de la acción comunicativa: complementos y estudios previos* (Madrid: Cátedra, 1989). De alguna manera Habermas retoma —al igual que Apel— los lineamientos kantianos de la ética, pero centra su discusión en la cuestión de la comunicación. De ese modo, la ética del discurso se reformula dialógicamente. A diferencia de Kant, quien con su imperativo categórico establecía que el sujeto debía actuar según un principio universal válido para todos, Habermas somete

---

101 Aquí puede apreciarse cierta influencia de Schleiermacher, para quien la hermenéutica era evitar el malentendido (*Missverständnis, misunderstanding*, en el equivalente inglés).

la máxima a la consideración de los participantes del discurso para buscar su universalidad. Entonces, son válidas sólo aquellas normas cuyas consecuencias puedan ser aceptadas responsablemente y sin coacciones por todos los que participan en el discurso.[102]

Pero hay una tercera clase o esfera de interés, que es el *interés por la emancipación.* Habermas relaciona ese interés con las ciencias sociales críticas, que son críticas por constitución y se distinguen tanto de las ciencias empíricas como de las histórico-hermenéuticas. La tesis central o, mejor, la búsqueda final de Habermas es por una metahermenéutica. A él no le satisface la propuesta de Gadamer, quien ha "ontologizado" la hermenéutica, insistiendo sobre el entendimiento. Habermas propone la búsqueda de anticipación, una escatología de la no violencia, cercana al pensamiento de Ernst Bloch,[103] que sustituya a la inoperante hermenéutica ontológica de Gadamer. A partir de estos postulados analizados por Ricoeur, se permite proponer una hermenéutica crítica.

Precisamente, en la última sección de su ensayo, Ricoeur no sólo critica las propuestas anteriores, sino que formula la propia. Retoma las preguntas formuladas al comienzo: ¿En qué condiciones una filosofía

102 Algunos análisis críticos de esta propuesta de Habermas son Enrique D. Dussel, *Ética da libertação,* Petrópolis: Vozes, 2000, pp. 189–218, y Javier Herrero, "Ética do discurso", en Mafredo A. De Oliveira (organizador), *Correntes fundamentais da Ética contemporánea,* Petrópolis: Vozes, 2000, pp. 163–192. Por su parte Júlio Paulo Tavares Zabatiero indica un dato muy interesante: "Recientemente, provocado por teólogos y teólogas, Jürgen Habermas ha desarrollado significativos diálogos con respecto a la religión y la teología en el mundo contemporáneo, que pueden contribuir mucho a la reflexión sobre el lugar de la educación teológica en la sociedad y en la academia contemporáneas", "Em busca de um projeto teológico-pedagógico para a educação teológica", en Manfred W. Kohl y Antonio Carlos Barro (Organizadores), *Educação teológica transformadora,* Londrina: Descoberta editora, 2004, p. 153.

103 Filósofo marxista alemán que propone "el principio esperanza" como central en la reflexión filosófica. Para una interpretación de su pensamiento véase Pierre Furter, *Dialéctica de la esperanza. Una interpretación del pensamiento utópico de Ernst Bloch,* Buenos Aires: La Aurora, 1976. El teólogo reformado Jürgen Moltmann construye toda su teología a partir de un diálogo con el principio de esperanza formulado por Bloch. Su obra principal al respecto: *Teología de la esperanza,* Salamanca: Sígueme, 1968. Para una evaluación de su escatología véase Alberto F. Roldán, *Escatología. Una visión integral desde América Latina,* Buenos Aires: Kairós, 2002.

hermenéutica puede dar cuenta en sí misma del requerimiento de una crítica de las ideologías? ¿En qué condiciones es posible esa crítica? Y, sobre todo, ¿puede estar, esa crítica, en último análisis, desprovista de presupuestos hermenéuticos? Citando a Heidegger, reconoce el esfuerzo del gran pensador alemán por la deconstrucción de la metafísica que servía de fundamento del Ser. Dicho en otras palabras: "la única crítica interna que se puede concebir como parte integrante de la empresa de desocultamiento es la deconstrucción de la metafísica".[104] Entonces, Ricoeur pasa a proponer lo que denomina "una suerte de complemento crítico" a la hermenéutica de las tradiciones:

- El distanciamiento aparece como un componente positivo del ser para el texto, pertenece a la interpretación como su condición de posibilidad. Aquí aparece con toda claridad lo que es una constante de los escritos de Ricoeur sobre "la autonomía del texto". Es decir, lo que decimos en hermenéutica en perspectiva semiótica: "No tenemos un autor. Tenemos un texto que es autónomo *per se*".
- La hermenéutica debe superar "la ruinosa dicotomía, heredada de Dilthey, entre *explicar* y *comprender*. Como se sabe, esta dicotomía procede de la convicción de que toda actitud explicativa es tomada de la metodología de las *ciencias naturales* e indebidamente extendida a las *ciencias del espíritu*".[105]
- Hay que alcanzar el momento hermenéutico en el cual, transgrediendo la clausura del texto, se dirige hacia "la cosa del texto" o "el mundo del texto". En otros términos y en figura espacio-temporal, se trata de ir desde el "detrás del texto" (lo que significó) al "delante del texto" (apertura a una dimensión de la realidad).

104 Para una referencia algo más amplia de esta empresa, la interpretación que de ella hace Gianni Vattimo y las consecuencias de tal disolución, véase mi ensayo ya citado: "La *kénosis* de Dios en el pensamiento de Gianni Vattimo. Hermenéutica después de la cristiandad".

105 "Hermenéutica y crítica de las ideologías", p. 338.

- Finalmente, la hermenéutica crítica significa exponer-se al texto, recibir las proposiciones que despliega. "La metamorfosis del mundo según el juego es también la metamorfosis lúdica del *ego*".[106]

Luego de esas propuestas, Ricoeur finaliza con una osada crítica a la propuesta de Habermas. En la crítica de las ideologías subyace la teoría de los intereses, de la fenomenóloga trascendental y el positivismo. El análisis de Habermas depende de una antropología filosófica. Le formula una pregunta decisiva: "¿Sobre qué se apoyaría el despertar de la acción comunicativa sino sobre la recuperación creadora de las herencias culturales?" Y todavía más enérgicamente, Ricoeur admite que así como Gadamer es heredero del Romanticismo, Habermas lo es de la *Auflärung*, de modo que se trata siempre de tradiciones. En el caso de Habermas o aplicado a su propuesta, dice Ricoeur:

> La crítica también es una tradición. Diría incluso que hunde sus raíces en la tradición más impresionante, la de los actos liberadores, la del Éxodo y la de la Resurrección. Quizá ya no habría más interés por la emancipación, ni anticipación de la liberación si se borrara del género humano la memoria del Éxodo, la memoria de la Resurrección [...][107]

Y agrega que nada es más engañoso que la antinomia entre "ontología del pensamiento previo" y la "escatología de la liberación", porque "la escatología no es nada sin el recitado de los actos de liberación del pasado".[108] Esta misma interpretación crítica de Ricoeur la comparte José María Mardones cuando, siguiendo un trabajo de H. Peukert[109] que muestra las aporías[110] en las que desemboca la pretensión universalista

106 *Ibíd.*, p. 341.

107 *Ibíd.*, p. 346.

108 *Ibíd.*, p. 347.

109 Se trata de *Wissenschftstheorie, Fundamentale Theologie,* pp. 300ss. citado en José María Mardones, *El discurso religioso de la modernidad. Habermas y la religión,* Barcelona: Anthropos, 1998, p. 216.

110 Las aporías pueden ser enunciadas del siguiente modo: ¿Cómo se puede mantener la acción comunicativa como indispensable y evadir el hecho de la muerte que destruye

de la acción comunicativa, dice que esa propuesta de Habermas tiene una salida de carácter teológico: "La teoría comunicativa conduce así a los umbrales de la teología y de la posibilidad del discurso sobre Dios".[111] Mardones amplía:

> La respuesta dentro de la tradición judeocristiana a estas aporías recibe el nombre de reino de Dios manifestado en la actitud solidaria de Jesús de Nazaret y elevada a afirmación y promesa para todos en la esperanza de la Resurrección. Es decir, la respuesta teológica adopta la forma de una teoría universal solidaria de la acción comunicativa. La cuestión de Dios se sitúa así como la respuesta invocada, al hilo de las cuestiones anteriores y de la insuficiencia de la respuesta puramente filosófica.[112]

Es oportuno también, antes de pasar al siguiente punto, destacar lo que señala María Cristina Reigadas en cuanto al interés más reciente de Habermas por la religión. La investigadora argentina indica:

---

esa acción? ¿Cómo puede haber universalidad de si se niega un futuro para las víctimas del pasado? ¿Cómo se puede hablar de verdadera libertad si se destruye en el proceso mismo de la comunicación?

[111] *Ibíd.*, p. 217.

[112] *Ibíd.* Estas críticas a la propuesta de Habermas también podrían ser de algún modo aplicables al pragmatismo de Richard Rorty, quien rechaza toda metafísica, fundacionismo y trascendencia, pero postula que se debe "reducir el sufrimiento humano e incrementar la igualdad", una meta, afirma, "por la que vale la pena morir, pero no exige el sostén de fuerzas sobrenaturales". "Relativismo: el encontrar y el hacer", en Elías José Palti, *"Giro lingüístico" e historia intelectual,* Quilmes: Universidad Nacional de Quilmes, 1998, p. 311. Una pregunta sería: ¿Por qué esa meta no necesita un sostén en lo sobrenatural? ¿En virtud de qué esa meta se sostiene por sí misma? Nos parece llamativo, también, que Rorty apele a hacer el bien al prójimo de modo que "tratáramos de hacer a los otros lo que nos gustaría que éstos nos hicieran" (*Ibíd.*, p. 312), afirmación que es una transcripción de la Regla de Oro enunciada en el Evangelio (Mateo 7.12). Rorty ha tomado un principio propio de la Biblia y lo ha trasladado a una visión puramente pragmática. En otras palabras, no ha podido evitar hacer referencia a principios universales, con lo que, por un camino impensado, se ubica en la perspectiva de la tradición judeocristiana que tan magistralmente ha expuesto Emmanuel Lévinas en su proyecto filosófico de la alteridad. Véanse especialmente sus obras *Totalidad e infinito* y *De otro modo que ser o más allá de la esencia*, que han sido publicadas en versión en español por Ediciones Sígueme de Salamanca.

Aunque la religión no ha sido el centro del interés filosófico de Habermas, como sí lo fue la modernidad, podemos seguir la continuidad de su interés por el tema. Desde su tesis doctoral sobre Schelling, hasta su obra sobre la influencia judaica en el pensamiento alemán y en el materialismo histórico, desde sus diálogos con los teólogos en los años 1970 hasta su obra presente en las cuales intenta dar una visión global de la relación entre filosofía, religión, política y teoría social. De cualquier modo, es en los años 1990 cuando comienza a jugar un papel importante en su pensamiento, similar a lo que antes sucedió con su teoría social, la política y el derecho. Al punto que es posible hablar acerca del "giro religioso", dado por motivaciones sociológicas, políticas, morales y filosóficas.[113]

Por una hermenéutica crítica

Luego de este análisis del pensamiento de Ricoeur respecto de las relaciones entre epistemología, ideología y hermenéutica, podemos extraer algunas conclusiones provisorias, las cuales, a su vez, pueden tornarse en puntos de partida para ulteriores reflexiones.

En primer lugar, es evidente que la búsqueda de una fundamentación epistemológica de las ciencias sociales sigue erizada de problemas por la naturaleza misma de esas ciencias. Tal como lo

113 María Cristina Reigadas, "Modernity and Religion in present Habermas's through" (*sic*), Buenos Aires: Instituto de Investigaciones en Ciencias Sociales de la Universidad de Buenos Aires, s/f., p. 1. La autora analiza especialmente las siguientes obras de Habermas: Habermas, J., "Israel o Atenas: a quién le pertenece la razón anamnética? Johann Baptist Metz y la unidad en la pluralidad multicultural", en Habermas, J. (1999), *Fragmentos filosófico-teológicos. De la impresión sensible a la expresión simbólica*, Madrid, Trotta, Habermas, J.; "Creer y saber", en Habermas, J. (2004), *El futuro de la naturaleza humana*, Buenos Aires, Paidós; Habermas, J, (2004), "Bases morales del estado liberal". Discusión con J. Ratzinger, Mimeo; Habermas, J., "An awareness of what is missing. A discussion with J. Habermas", en Michael Reder and Joseph Schmidt (editores), 2007; Habermas, J., "El resurgimiento de la religión, ¿un reto para la autocomprensión de la modernidad?", XIV Congreso Internacional de Filosofía, Mazatlán, México, 9 de noviembre, 2007. A esos textos se puede agregar Jürgen Habermas, *Entre naturalismo y religión,* Barcelona: Paidós, 2006.

planteara Aristóteles, y a pesar de todos los esfuerzos intelectuales por demostrar lo contrario, resulta casi evidente que existen ciertos niveles de cientificidad que se corresponden o relacionan con los temas centrales de cada ciencia. Asimismo, es claro que no es lo mismo asentar las bases epistemológicas de las ciencias naturales y de las ciencias duras que de aquellas que fueron designadas por Dilthey como "ciencias del espíritu".

En segundo lugar, Ricoeur se ha propuesto demostrar lo insostenible de quienes pretenden pensar y hablar de las ciencias humanas desde un lugar no ideológico a la manera de la geometría de Euclides y la física y la cosmología de Newton y Galileo, respectivamente. Su objetivo ha sido logrado en gran medida, ya que ha criticado con profundidad tanto la pretensión del marxismo como la propuesta de la escuela de Frankfurt, particularmente la de Habermas.

En tercer lugar, resulta decisivo admitir con Ricoeur que todo saber objetivante acerca de nuestra posición en la sociedad, en clases sociales, culturales o históricas, está siempre precedido por una relación de pertenencia. También se debe convenir en que, a pesar de que el saber objetivante es segundo en comparación con la relación de pertenencia, puede constituirse en una relativa autonomía. En este punto, ha sido fundamental el recurso al pensamiento de Heidegger, quien plantea el círculo característico de la comprensión en el sentido de la "precomprensión", que está siempre en la búsqueda de la explicitación. Dentro de este tema, es importante también destacar que las ideologías no rompen nunca sus lazos con la pertenencia que las sustenta y que se debe renunciar a la arrogancia de la crítica.

En cuarto término, debemos destacar el enorme esfuerzo interpretativo que Ricoeur encara para establecer las diferencias, aportes y limitaciones de dos escuelas: la hermenéutica de Gadamer y la teoría crítica de Habermas. La primera hunde sus raíces en el Romanticismo alemán, pero también recurre a los aportes de Dilthey y de Heidegger, destacando el tema de la tradición a partir de la cual se elabora la hermenéutica. Sus textos se convierten en una especie de palimpsesto en el cual se puede detectar esa triple tradición en una forma, podríamos decir, de metalenguaje, en el sentido de "discurso sobre el discurso". Quizás el aporte principal de Gadamer radica en dos asuntos: destacar que somos lenguaje (aunque en esto se ve la influencia de Heidegger), ya que nuestra vida se desarrolla en juegos lingüísticos, y, en segundo lugar, la famosa "fusión de horizontes", es decir, del texto y del intérprete. Pero la crítica de Ricoeur es más profunda aún y osada en su referencia a Habermas. En efecto, mientras Gadamer pondera la tradición y el tema de la autoridad y el poder, Habermas elabora una teoría crítica que pretende estar inmune de influencias de la tradición, apuntando a una comunicación ilimitada y sin coacciones, distinguiendo entre "acción instrumental" y "acción comunicativa". Pero precisamente allí Ricoeur percibe cierta limitación y cierto idealismo que él pone al descubierto. Pregunta si la crítica encarada por Habermas puede estar totalmente libre de presupuestos hermenéuticos. Y es esa "crítica a la crítica" lo que le permite, luego, enunciar una propuesta nueva que pasamos a sintetizar.

En quinto lugar, Ricoeur, a partir de la semiótica, propone la autonomía del texto con respecto a su autor. Señala el error metodológico de quienes han tomado el proceder de las ciencias naturales para aplicarlo a las ciencias del espíritu. Para alcanzar una hermenéutica crítica, hay que exponer-se al texto, recibiendo las proposiciones que él mismo despliega ante nosotros. Ricoeur destaca la importancia de ir desde el "detrás" (o pasado) del texto al "delante" (presente) del texto, es decir, lo que el texto nos dice a nuestra realidad. Para Ricoeur, así como Gadamer es heredero del Romanticismo, Habermas lo es de la *Aüflarung*, y por ello no es inmune a las influencias de esa herencia cultural. En resumen, a pesar del esfuerzo del filósofo de Frankfurt por encontrar un camino más científico, se trata, también de una tradición. La crítica misma es una tradición. Y esto nos conduce a nuestro último punto. Finalmente, Ricoeur pone en evidencia toda su capacidad analítica en el hecho de que, al pensar la propuesta de Habermas, sobre todo en su apelación a la liberación, se hace heredero, de modo acaso impensable, de una tradición universal que viene de los actos liberadores de Dios registrados en la Sagrada Escritura: el éxodo y la resurrección de Jesucristo. Y esa herencia es tan importante en la cultura que ni el propio Habermas podría postular la liberación si no hubiese en la memoria del género humano, en el inconsciente colectivo cultural, un recuerdo del Éxodo y la liberación.

Esos eventos germinales de la fe de Israel y de la iglesia cristiana, han influido no sólo en la vida de los creyentes, sino también en el ámbito del pensamiento filosófico mundial, incluyendo, en este caso, la teoría crítica. No deja de sorprendernos que Ricoeur, después de un extenso sobrevuelo de los temas en cuestión, tenga la capacidad de "aterrizar" la reflexión en el terreno de lo teológico, del *plus* que supera toda comprensión absoluta, pero que está siempre presente de manera ineluctable. Establecer la epistemología de las ciencias humanas sigue siendo un desafío. Ricoeur ha hecho un enorme esfuerzo por vincular ciencia con ideología y ciencia con hermenéutica. Ha demostrado que no es posible una "ciencia pura" que no esté de alguna manera teñida por elementos ideológicos y por tradiciones diferentes. Ricoeur ha revelado que la tradición cultural, e incluso religiosa, están presentes aun en las escuelas más rigurosas de pensamiento filosófico, como la teoría crítica. La extensa y osada reflexión de Ricoeur sobre estos temas se constituye en una invitación a encarar una hermenéutica crítica. Por otra parte, ha demostrado que existen vinculaciones entre las ciencias sociales, la hermenéutica y la ideología en la búsqueda por su fundamentación epistemológica, búsqueda en la cual no siempre pueden eludirse las influencias de la tradición, la cultura, la filosofía y aun la religión.

Hermenéutica y educación

Cabe preguntarnos qué relación se puede establecer entre la hermenéutica planteada por Ricoeur y la educación. Si la vida humana está caracterizada por el lenguaje, si el lenguaje es lo que nos constituye como personas al punto de que se puede afirmar que "somos lenguaje", es evidente que la hermenéutica en tanto ciencia y arte de interpretar el lenguaje debe estar vinculada inextricablemente al hecho educativo. Como bien señala María de Jesús López Cervantes sobre el aporte de Ricoeur al tema:

> Bárcenas y Melich refiriéndose a la obra de Ricoeur reconocen que desde el punto de vista de la reflexión educativa: "… una de sus principales contribuciones consiste en afirmar que nuestra

> capacidad humana para la autocomprensión ha de pasar necesariamente por el acceso a la cultura y, en general, a un conjunto muy amplio de mediaciones simbólicas (signos, símbolos y textos)" (Bárcenas y Melich, 2000: 92). El planteamiento de Ricoeur con relación a la autocomprensión sostiene que: "No nos comprendemos directamente, sino más bien interpretando signos fuera de nosotros, en la cultura y en la historia, pasando por el lenguaje y, sobre todo, por su potencial más rico: los símbolos y los mitos. El hombre no puede pretender el autoconocimiento y la autocomprensión mediante un acceso directo a su conciencia, ya que está recorrido de significaciones distintas de la suya propia" (Bárcenas y Melich, 2000: 1000). En la tradición hermenéutica los seres humanos pensamos y actuamos a través de la cultura, el mundo en que nos movemos es un mundo de sentidos y significados, el símbolo es la imagen del sentido, desde que nacemos lo importante es el sentido, el significado y no los objetos, las culturas cambian constantemente, por lo tanto los sentidos y los significados también.[114]

Por su parte, Mauricio Beuchot, desde su propuesta de "hermenéutica analógica", sostiene que ya habido intentos por vincular la hermenéutica a la educación. Toma en consideración precisamente la perspectiva de Ricoeur para decir:

> Ricoeur ha llamado la atención a la acción significativa como texto, es decir, se trata de un texto más abierto aún, pues a veces nos resulta extraño, como las conductas de otras culturas, etc. De hecho, en el aula se toman como texto las conductas del maestro y los alumnos, la interacción didáctica es toda ella un texto conformado por acciones o conductas significativas. Pero también pueden considerarse como textos las obras de arte, y

[114] María de Jesús López Cervantes, "El trabajo educativo con la imagen literaria desde un enfoque hermenéutico", México: x Congreso Nacional de Investigación Educativa, s/f., p. 4. La autora se refiere a la obra de Bárcena, Fernando y Joan Carles Melich (2000). *La educación como acontecimiento ético. Natalidad, narración y hospitalidad*. Barcelona: Paidós.

> otras cosas; incluso sabemos que en diversas épocas se ha tomado el mundo como un texto.[115]

Las dos últimas citas tienen como objetivo mostrar que ya hay cierto recorrido teórico en la búsqueda de conexiones entre hermenéutica, educación y pedagogía. El texto nos expone a la propia cultura y a otras, y en el acto educativo del aula, se toman en consideración tanto las conductas de los alumnos como las del propio maestro. Se produce entonces una interacción didáctica que, conforma, en cierto modo, un nuevo texto. Se trata del "círculo hermenéutico" que permite que el texto hable de nuevo de un modo más significativo. Inclusive Beuchot insta a tomar en cuenta como textos las obras de arte y "otras cosas" que, podríamos pensar, incluyen la ficción, las novelas y las películas.

Hermenéutica del sí mismo: puente a la ética

Ricoeur habla específicamente de la "hermenéutica del sí mismo". Dice en *Caminos del reconocimiento:* "No cabe duda de que debemos a la filosofía cartesiana del *cogito* y a la teoría de la reflexión de John Locke el impulso decisivo hacia lo que propongo llamar la hermenéutica del sí".[116]

La hermenéutica del sí mismo también aparece insinuada en el hecho de que, para Ricoeur, comprender un texto es, también, comprender-se a sí mismo. Volvemos otra vez al tema de comprensión y de la apropiación. Cuando un sujeto interpreta un texto determinado, en ese acto de intelección no sólo comprende al texto, sino que, de alguna manera, también se comprende a sí mismo, se autocomprende. Dice Ricoeur: "La interpretación de un texto se acaba en la interpretación de sí de un sujeto que desde entonces se comprende mejor, se comprende de otra manera o, incluso, comienza a comprenderse".[117] Ricoeur

[115] Mauricio Beuchot Puente, *Hermenéutica analógica y educación,* México: Universidad Iberoamericana Torreón, 2007, p. 8

[116] *Caminos del reconocimiento,* México: Fondo de Cultura Económica, 2006, p. 121.

[117] *DTA*, p. 141.

entiende que hermenéutica y filosofía reflexiva son correlativas, que la autocomprensión pasa por el rodeo de la comprensión de los signos de la cultura, por caso, un texto; que esa comprensión del texto no es un fin en sí mismo, sino un acto para un fin mayor: la búsqueda de sentido a la propia vida, ya que "la explicación no es nada si no se incorpora como intermediaria en el proceso de la autocomprensión misma. En síntesis, en la reflexión hermenéutica —o en la hermenéutica reflexiva— la constitución del *sí mismo* y la del *sentido* son contemporáneos".[118] En resumen: entre el texto y el lector se ha establecido un diálogo, una relación y un vínculo. En el esfuerzo del lector por interpretar a ese texto cuyo autor ya no existe, el texto mismo abre un mundo nuevo que antes tampoco estaba cuando fue escrito. Y, de ese modo, para el lector se abren no sólo nuevas interpretaciones no previstas por el autor, sino que también en la apropiación del texto hay una comprensión y una autocomprensión del lector. En palabras de Pablo Corona: "De esta manera, texto y lector se encuentran como potencialidades abiertas, de modo que el yo mismo del lector podrá ser finalmente constituido por el mundo que el texto libera".[119]

Ahora bien, ¿por qué decimos que la hermenéutica del sí mismo es un puente para la ética? Si consideramos que el sí mismo se refiere a la persona humana y si ella, en el acto de comprender se autocomprende, nos daremos cuenta de que en esas acciones y dinámicas está presente, implícita o explícitamente, la realidad ética. En la medida en que el sí mismo se va construyendo a través de innumerables actos de lectura que son ejercicios hermenéuticos, irá adquiriendo —o perdiendo— valores éticos. En la medida en que alcance una comprensión del texto que lo conduzca también a una autocomprensión de su persona, irá incorporando valores éticos de amor, justicia, verdad, solidaridad, etc. Por eso decimos que de todo el amplio abanico de posibilidades y direcciones que señala Ricoeur en su hermenéutica, este último aspecto sirve como nexo para acceder a otro campo: la ética.

---

118 *Ibíd.*

119 Pablo Corona, *Paul Ricoeur: lenguaje, texto y realidad*, p. 148.

Capítulo 2

Giro hermenéutico, teología y debate con las ciencias en Hans-Georg Gadamer

El giro hermenéutico [...] se extiende a la totalidad de la ciencia moderna, dominada por el ideal metodológico.
[El] desprenderse por parte de Heidegger del planteamiento trascendental al estilo de Husserl se conoce generalmente como la "vuelta" [Kehre]. Soy de la convicción de que esta vuelta es un retorno y no una conversión: retorno a las cuestiones originarias y medio religiosas que habían llevado a Heidegger a adentrarse cada vez más en el pensamiento.
— Hans-Georg Gadamer

Introducción

El filósofo alemán Hans-Georg Gadamer (1900–2002) ha sido reconocido como un pensador que ha hecho significativos aportes para situar la hermenéutica como tema central del quehacer filosófico. Su obra principal, *Verdad y método*,[1] resultó un hito en la historia de la hermenéutica filosófica. Después de la publicación de esa obra, Gadamer respondió a sus críticos con *Verdad y método II*.[2] Posteriormente, se publicaron otros ensayos de la última etapa de su producción, bajo el título general de *El giro hermenéutico*, que cubre un espacio que va desde 1975 a 1994. La obra se divide en dos secciones: la primera,

1 *Verdad y método. Fundamentos de una hermenéutica filosófica*, trad. Ana Agud Aparicio y Rafael de Agapito, Salamanca: Sígueme, 1977 (original: *Warheit und Methode*,1960).
2 *Verdad y método II*, trad. Manuel Olasagasti, Salamanca: Sígueme, 2002 (original *Warheit und Methode II*, 1986).

referida específicamente al "giro hermenéutico", que contiene ensayos que abordan el tema hermenéutico en relación con la subjetividad, la fenomenología, el deconstructivismo y las ciencias sociales; la segunda parte está consagrada a "la hermenéutica y la filosofía práctica". En el este capítulo tomo como texto central de mi análisis esta última obra, el cual lo desarrollo en tres apartados. En el primero, expongo en qué consiste el giro hermenéutico heideggeriano como punto de partida de la filosofía de Gadamer. En el segundo veo de qué modo Gadamer relaciona la hermenéutica con la teología cristiana, que fue el primer impulso que tuvo Heidegger para elaborar su ontología expresada en *Ser y tiempo.* En el tercer apartado me ocupo del debate que Gadamer desarrolla desde la hermenéutica con las ciencias naturales y humanas. Finalizo con un análisis de las implicaciones de la exposición gadameriana.

El giro hermenéutico: punto de partida de Gadamer

Gadamer admite que el giro hermenéutico, es decir, la corriente que se inicia de alguna manera con Heidegger y que hace del lenguaje y, por ende, de la hermenéutica el centro neurálgico de la filosofía, es el punto de partida de todo su quehacer filosófico. Es sabido que después de su obra clave, *Ser y tiempo*, Heidegger abandonó la comprensión reflexiva trascendental que había expuesto allí. Para Gadamer, esto significó el alejamiento más decidido encarado por Heidegger de la subjetividad y la estructura del cuidado en el *Dasein,* eliminando la comprensión y la hermenéutica de su proyecto. Gadamer indica la importancia de este momento al decir: "Es aquí donde arrancan mis propios trabajos, que, orientados por el tema del lenguaje y por la primacía de la conversación, aparecen perfilados en cuanto a la problemática de la que se ocupan en la tercera parte de *Verdad y método*".[3] Gadamer le da a la "lenguajidad" un lugar central en su reflexión filosófica. Mientras el joven profesor Heidegger de 1920 se atrevía a decir a sus alumnos:

3 Hans-Georg Gadamer, *El giro hermenéutico* (original: *Hermeneutik im Rückblick,* 1995), Madrid: Editora Nacional, 2003, p. 24. En adelante: GH.

mundea, después en su madurez bien habría podido decir: *palabrea*. Gadamer explica que ello fue posible porque sólo a través del lenguaje amanece el mundo, se hace claro y distinto en su diferenciación.

> La virtualidad de la palabra constituye al mismo tiempo el "Da" del Sein, el "ahí" del ser. "Lenguajidad" [*Sprachlichkeit*] es el elemento en el que vivimos, por lo cual el lenguaje no es tanto el objeto —cualquiera que sea su constitución natural o científica— como la realización de nuestro ahí, del "ahí" que somos.[4]

Gadamer vuelve a señalar que desde ese "Heidegger tardío" partió su propia aportación a la filosofía. ¿Qué es este "giro hermenéutico"? A modo de definición Gadamer dice que constituye el carácter unidimensional de la ciencia del lenguaje, "llámese ésta lingüística, ciencia lingüística comparada o filosofía del lenguaje, el que aquélla tome como objeto 'el lenguaje' en sí, es decir, el sistema de símbolos y de reglas de la 'lengua' (*langue*) y no su verdadero ser y suceder, 'el habla' (*parole*)".[5] En otras palabras, el giro hermenéutico se inicia cuando la filosofía toma al lenguaje como objeto y, aquello que siempre fue el "instrumento" del filosofar, se constituye en su tema, en "la cosa" de la tarea filosófica. Hablar de lenguaje es remitirse, también, a la hermenéutica, la cual es, entonces, esencia del filosofar. "La fenomenología, la hermenéutica y la metafísica no son tres puntos de vista filosóficos, sino el filosofar mismo".[6]

Se podría decir que toda la hermenéutica filosófica de Gadamer es un diálogo que realiza a partir de Heidegger.[7] Por eso, en estos ensayos tardíos son numerosas las referencias al *Dasein* como término clave de

---

4 GH, p. 33. Cursivas originales.

5 GH. Cursivas originales.

6 GH, p. 37. El giro hermenéutico, dice Gadamer, surge casi al mismo tiempo que el *linguistic turn* del ámbito anglosajón, que parte del concepto de "signo", criterio que de alguna manera sigue Derrida. *Ibíd*, p. 73.

7 Esto lo pone de relieve José María Aguirre cuando, al analizar la hermenéutica de Gadamer, señala que parte del pensamiento heideggeriano, que inaugura un concepto original de autocomprensión y comprensión que adquieren una dimensión ontológica. José María Aguirre Oraa, "Gadamer, la alternativa ontológica hermenéutica", Revista *Brocar*, N.° 21, 1998, p. 431.

la filosofía heideggeriana. El *Dasein,* en tanto "ser-ahí", implica finitud e historicidad. Dice Gadamer: "Nuestro *Dasein* no es más que una simple carencia que sucumbe ante el verdadero ser, el ser eterno, el en sí mismo atemporal"[8]. En otro contexto, subraya que "el *Dasein* es también 'ser-con' [*Mitsein*] como un estado del *Dasein* igual de originario. El *Dasein* es tan originariamente ser-con como es *Dasein*".[9] Pero esto no significa, en opinión de Gadamer, que Heidegger diera importancia en sus primeros planteos al tema de la intersubjetividad. Más bien, sustituyó la subjetividad por el concepto de "cuidado" [*Sorge*].[10]

---

8 GH, p. 31. Cursivas originales. En el capítulo II de *Ser y tiempo,* Heidegger se refiere al *Dasein* como estructura fundamental del "Ser-ahí", indicando: "El Dasein existe. El Dasein es, además, el ente que soy cada vez yo mismo. Al Dasein existente le pertenece el ser-cada-vez-mío como condición de posibilidad de la propiedad e impropiedad". *Ser y tiempo,* § 12, trad. Jorge Eduardo Rivera, Madrid: Editora Nacional, 2002, p. 73. (En adelante: ST). El Dasein es, también, "ser en el mundo". Heidegger explica que esta designación debe interpretarse "en el sentido del absorberse en el mundo —sentido que tendremos que interpretar todavía más a fondo— es un existencial fundado en el estar-en", sentido que habrá que interpretar aún mejor, es un existenciario fundado en el 'ser en'". *Ibíd.*, p. 75. La empresa de Heidegger, hasta donde podemos entender, no consistió en desarrollar una "filosofía existencialista" al modo genérico con que se la conoce y que hunde sus raíces en Kierkegaard. Si bien, como explica Karl Löwith, tanto Jaspers como Heidegger se apropiaron de la idea de existencia de Kierkegaard, ambos pensadores tomaron caminos propios, el segundo —que es quien aquí nos interesa— desarrolla una "analítica del *Dasein*", acentuando que el ser humano, como tal, es existencia. *Heidegger, pensador de un tiempo indigente,* Buenos Aires: FCE, 2006, pp. 15 y 18. Sobre la influencia de Kierkegaard en su pensamiento, admite Heidegger: "S. Kierkegaard vio con máxima penetración el fenómeno *existentito* del instante, lo que no significa que lograse también su correspondiente interpretación existencial. Kierkegaard se queda en el concepto vulgar del tiempo y determina el instante recurriendo al ahora y a la eternidad." ST, § 68, p. 406, nota 3. Por su parte Carlos Astrada critica la tendencia de quienes designan la filosofía de Heidegger como una forma de "existencialismo" y propone, para evitar confuciones, el uso de "existentivismo". Cita entonces una declaración del propio Heidegger extraída de un boletín de la sociedad francesa de filosofía en la que dice: "Debo repetir que aunque en *Sein und Zeit* se trate de 'existencia' y de 'Kierkegaard', mis tendencias filosóficas no pueden ser clasificadas como *Existenzphilosophie.* Pero este error de interpretación será, por el momento, difícil de descartar... La cuestión que me preocupa no es la de la existencia del hombre; es la del ser en su conjunto y en cuanto tal". Carlos Astrada, *Martin Heidegger. De la analítica ontológica a la dimensión dialéctica,* Buenos Aires: Quadrata editorial, 2003, p. 15.

9 GH, p. 20. Cursivas originales.

10 Este término ocupa un lugar importante en el pensamiento de heideggeriano y explica estructuras esenciales del "ser ahí". Heidegger dice: "El «estar-en-el-mundo» tiene

Heidegger habla de "cuidado" y de "solicitud", esta última en términos de "solicitud liberadora". La verdadera solicitud no consistía tanto en ocuparse del otro, sino en dejarlo libe para que sea él mismo. Gadamer comenta que a partir de 1943 intentó mostrar una visión diferente a la de Heidegger, quien acentuaba esa dimensión de "otredad" para llegar a comprenderse a sí mismo. Dice: "Yo opinaba que al final era únicamente el esfuerzo del otro en contra de uno mismo lo que ofrecía en realidad la posibilidad de comprensión. Darle al otro validez frente a uno mismo […]".[11] Esta referencia a la alteridad, a la consideración del otro como posibilidad de comprensión tendrá, como veremos más adelante, una importancia central en la reivindicación que Gadamer hace de las ciencias humanas.

Hermenéutica y teología

Es altamente significativo constatar las numerosas referencias que en estos ensayos hace Gadamer a los temas teológicos. Menciona, por supuesto, la crítica de Heidegger a la "ontoteología" aristotélica y su influencia en todo Occidente, pero también al impulso inicial de la teología en el nuevo camino filosófico emprendido por el propio Heidegger. Es oportuno, entonces, observar con mayor detenimiento esas referencias y lo que implican para el quehacer hermenéutico.

Gadamer señala que los maestros de teología que Heidegger tuvo en su etapa de estudiante, tales como Braig y Finke, lo introdujeron en la creencia y el pensamiento cristiano, que fueron la matriz de su posterior filosofía. El hecho es bien conocido y admitido por el propio Heidegger.[12] Pero para él la metafísica que deduce el sentido del

---

la impronta del ser del "cuidado". Recibe su nombre *(homo)* no en consideración de su ser, sino por relación a aquello de que está hecho *(humus)*. En qué consista el ser 'originario' de lo así configurado, lo decide Saturno, el 'tiempo'". ST, §42, p. 245. Más adelante, apelando a Burdach, Heidegger consigna que "cura" permite vislumbrar otras estructuras del Dasein, y significa tanto "afán ansioso" como también "cuidado" y "dedicación". *Ibíd.*, p. 246.

11 GH, p. 21.

12 Karl Löwith dice que Heidegger confesó que sin su procedencia teológica nunca hubiera llegado al camino del pensamiento y que esa procedencia permanecería

"ser" a partir de un ente supremo ("Dios") no es ontología, sino una ontoteología. Gadamer explica la crítica de Heidegger a la metafísica occidental en los siguientes términos:

> Ésta se realizó finalmente como "ontoteología" en la que la pregunta por el ser está indisolublemente ligada a la pregunta por el ente supremo. Se trata evidentemente de esa metafísica cuya forma se apropió la teología cristiana y que sería a partir de entonces la dominante.[13]

No sólo la comprensión del ser de la metafísica aristotélica le resultaba deficiente a Heidegger, sino también la solución tomista. Tanto una como otra le resultaban inaceptables. Gadamer vuelve a mencionar el estímulo religioso inicial de la empresa de Heidegger, que derivó, después, en la crítica del tiempo en el concepto griego del ser. Cita la serie de conferencias que Heidegger dictó en Friburgo sobre "Fenomenología de la religión", en las cuales no dijo nada de esto último. Los estudiantes de teología que habían asistido a esas clases se quejaron. Entonces Heidegger procedió a hacer una exégesis de 1 Tesalonicenses. Más allá de que el enfoque general de esas clases fue el análisis de la religión desde la fenomenenología, en la exégesis de la carta paulina, Heidegger pone el acento en la παρουσια ("venida" o "presencia") de Cristo. A partir de ello, relaciona el carácter inseguro de la vida cristiana: "No hay seguridad alguna para la vida cristiana; la continua inseguridad es también lo que caracteriza las significatividades básicas de la vida fáctica. Lo inseguro no es casual, sino necesario".[14] A modo de conclusión, Heidegger dice que la respuesta de San Pablo a la pregunta de cuándo se producirá la παρουσια "es, por tanto, exigir que permanezcan vigilantes y sobrios".[15] Ello, porque los tesalonicenses eran proclives al entusiasmo (pensaban que la venida de

también por venir. *Op. Cit.*, p. 157.

13 GH, p. 81. Para observar el camino que recorre Heidegger en su tarea de destrucción de la historia de la ontología que, según su comprensión crítica, deviene en una "ontoteología", véase ST, § 6.

14 Martín Heidegger, *Introducción a la fenomenología de la religión,* México: FCE, 2006, p. 129.

15 *Ibíd.*, p. 130.

Cristo sería "inminente"). En términos de Heidegger: "Se preocupan sólo del 'cuándo'; en el 'qué', en la determinación objetual, no tienen ningún interés personal real. Están presos de lo mundano".[16] En su interpretación de estos textos, Gadamer dice que Heidegger estaba anticipando de ese modo la crítica que luego encararía al pensamiento "calculador". Su análisis del *Dasein* se enfoca en la futuridad.

El propio Gadamer admite la influencia de la teología en su reflexión. Todo comenzó con la lectura de Kierkegaard, a quien había acercado el pastor suabo Schrempf en su traducción del pensador danés. Y dice:

> Teólogos como Karl Barth, Rudolf Bultmann, pero también la crítica judía de un Franz Rosenzweig, Martin Buber, así como de los escritores católicos Theodor Haecker y Ferdinand Ebner al idealismo, determinaban el ambiente en que se movían entonces nuestras reflexiones.[17]

Otro aspecto de la presencia de la teología en el quehacer hermenéutico está dado en el uso del concepto de *Selbstverständnis*. Esta palabra, que significa "comprensión de sí mismo", "forma de verse o entenderse" fue surgiendo poco a poco en la teología de los años 1920 y con la

16 *Ibíd.*

17 GH, pp. 68–69. En otro contexto, Gadamer menciona la crisis de fundamentos que acaeció con el derrumbe del optimismo del siglo XIX, que derivó, entonces, en el comentario de Karl Barth a la epístola a los Romanos y en la formación de la teología dialéctica, llamada también "teología de la crisis". *Ibíd.*, p. 140. La recepción de ese comentario que marcó un nuevo comienzo en la teología, fue de tal magnitud que el propio Heidegger la definió como signo de una auténtica vida espiritual. Véase Löwith, *Op. Cit.*, p. 360. Para Gadamer, la presencia de lo teológico en el joven Heidegger es un hecho tan real que carece de dudas. En lo que el propio Gadamer tituló: "El escrito de juventud 'teológico' de Heidegger", muestra "que lo que preocupaba al joven Heidegger era justificar por medio del pensamiento su creencia cristiana. Éste es un hecho indiscutible. Por entonces, Heidegger había descubierto a Schleiermacher y había leído, como Husserl mismo, durante algún tiempo con muchísimo interés a Rudolf Otto". GH, p. 231. Recordemos que Rudolf Otto fue un teólogo y antropólogo alemán que en 1917 publicó su decisivo ensayo: "Das Heilige (Lo santo)" donde expone que la idea de "lo santo" pertenece exclusivamente al campo de la experiencia religiosa y está vinculada a los conceptos del *mysterium tremendus* y del *mysterium fascinus*. Al igual que Walter Benjamin, Otto terminó sus días suicidándose.

aportación filosófica de Heidegger. Acerca del carácter esencialmente cristiano de esa palabra que, obviamente, denota una actitud, dice Gadamer:

> Si me pregunta lo que significa "Selbstverständinis", comprensión de sí mismo, inmediatamente surgen detrás estratos antiguos del uso religioso que se hacía de ella, los cuales aparecen de nuevo en Schlegel, pero que se remontan sin duda al pietismo. El "no me comprendo a mí mismo" es una experiencia originaria de los cristianos.[18]

No obstante la importancia de esta palabra, Gadamer admite que se puede prestar a confusiones, ya que tiene un matiz más bien pietista e insinúa que el ser humano no es, al fin y al cabo, capaz de comprenderse a sí mismo. Y agrega: "A consecuencia de este fracaso en la comprensión de sí mismo y en la certeza de sí mismo el camino debe llevar a la fe".[19] La comprensión de sí mismo es sólo un paso hacia la comprensión plena de la realidad. Para alcanzarla, es fundamental la comprensión del otro, el lugar del otro, el escuchar al otro. Dice Gadamer en un pasaje pleno de poesía:

> "La vida es nebulosa. Una y otra vez se rodea a sí misma de tinieblas." Por lo tanto, se hace necesario el pensamiento. Cabe recordar aquí el *Fedro* de Platón. En relación con la crítica a la escritura se afirma ahí de la palabra viva que necesita ayuda para que pueda ser comprendida correctamente. Esta ayuda es la que proviene del otro.[20]

La hermenéutica en el debate con las ciencias naturales y las ciencias humanas

La discusión sobre las ciencias humanas o "ciencias del espíritu" (*Geisteswissenschaften*), como las denominara Dilthey, que ocupó

---

18 *GH*, p. 68.

19 *GH*, p. 85.

20 *GH*, pp. 161–162.

una parte importante en la obra inicial de Gadamer *Verdad y método*, vuelve a tener lugar en la consideración del filósofo alemán en estos ensayos posteriores. En el artículo "Sobre la transformación de las ciencias humanas", que data de 1985, Gadamer admite las dificultades que surgen a la hora de traducir la expresión alemana. Para los de tradición británica se trata de "Moral Sciences"; para los franceses, "lettres"; para los estadounidenses, "human sciences", y para los países del Este, "ciencias del ser humano". Volviendo al término alemán *Geisteswissenschaften,* Gadamer reconoce que señala claramente el legado del romanticismo de las ciencias humanas, así como la influencia de Hegel y Schleiermacher, que se hace presente todavía en el siglo XX. Gadamer señala que la expresión "ciencias de la cultura" (*Kulturwissenschaften*), vigente en el suroeste de Alemania, juega con la contraposición naturaleza/cultura, pero tampoco llegó a afirmarse frente a esa herencia romántica que se centraba en el *Geist*, por lo cual no podía sustraerse de la influencia hegeliana. Gadamer menciona la crisis en que cayó la cultura después de la Primera Guerra Mundial. Esa crisis afectó los fundamentos de la teología cristiana, a la cual respondió Karl Barth con su ya mencionado comentario a la Carta a los Romanos. Se comenzó a exaltar la existencia, lo "que surtió efecto en las ciencias humanas de la década de 1920 a la hora de transformar los impulsos que llegaban de Kierkegaard".[21] El año 1933 marca otro hito en el desarrollo histórico de las ciencias en Europa, especialmente en Alemania, en donde la crisis producida por el nacional-socialismo implicó el abandono de su territorio por parte de muchos científicos y humanistas. "Disciplinas enteras quedaron por los suelos, sobre todo en el campo de las ciencias sociales".[22] El régimen condujo al aislamiento de las ciencias. Hubo varios factores que introdujeron en la época de posguerra cambios sustanciales en las ciencias humanas o sociales. Gadamer señala, entre otros factores, el legado de Max Weber, el renacimiento políticamente instrumentalizado del marxismo y el psicoanálisis. Llegaron así los impulsos nuevos que transformaron la faz de las ciencias humanas de tal modo que "a los ojos de muchos

---

21 GH, p. 141.

22 GH, p. 142.

teóricos modernos, esa contraposición entre ciencias naturales y ciencias humanas, motivo de discusión durante un siglo, ya no tiene vigencia".[23] Como ilustraciones, Gadamer dice que los avances en la física y la astrofísica en las últimas décadas llevaron a introducir una dimensión temporal en las investigaciones sobre la naturaleza, recurriendo a términos como "historia de la tierra", "historia de la vida", "historia del espacio". Gadamer expresa entonces su esperanza de que se logre un nuevo equilibrio en la relación de fuerzas de las diversas investigaciones que deriven en "nuevos conocimientos sobre el ser humano, conocimientos que hagan honor al término 'ciencias humanas'".[24]

En 1988, Gadamer publica otro ensayo en el que retoma el tema de las ciencias sociales. Es el artículo "Historia del universo e historicidad del ser humano", en el cual el hermeneuta alemán discute una vez más la relación entre ciencias naturales y ciencias humanas. Al ser medidas estas últimas con la metodología de las ciencias naturales, no pudieron ponerse al mismo nivel. El problema, entonces, derivó en que "las ciencias humanas pasaron a denominarse prácticamente ciencias imprecisas".[25] Esta situación sería propicia, argumenta Gadamer, para un nuevo encuentro entre los científicos que cultivan las ciencias naturales y los que representan las ciencias humanas. Pero la razón no radica en que estas últimas hayan alcanzado un rigor y precisión que no tenían antes, sino en que las ciencias naturales también se han transformado. Los representantes de éstas "han admitido ahora en sí mismas la dimensión temporal".[26] De ese modo, Gadamer entiende que la oposición entre ciencias naturales y las ciencias humanas carece de actualidad e intuye que nos acercamos a lo que denomina "una nueva ciencia única", que sería la ciencia de la historia del universo. Esa nueva ciencia abarcaría en su proceso de desarrollo, realidades como la naturaleza, lo espiritual, lo humano y el destino de la humanidad. Como un ejemplo de que las ciencias naturales no siempre son tan

---

[23] *GH*, p. 143.
[24] *GH*, p. 144.
[25] *GH*, p. 173.
[26] *GH*, p. 173.

"científicas" como pretenden, Gadamer cita la teoría del Big Bang como comienzo del universo. Al preguntar ¿qué habría antes de ese acontecimiento único? no hay respuestas o, implícitamente se reconoce que ya no estaríamos en un acontecimiento único. "Estas especulaciones se encuentran, en todo caso, lejos de lo que la ciencia entiende por científico".[27] Gadamer discurre sobre la importancia que tuvo la filosofía entendida como conocimiento teórico de por sí que abarcaba toda la realidad, al punto de que el propio Newton denominara su obra *Philosophiae naturalis principia mathemática.* Pero todo cambió a partir del siglo XVIII y luego llegó Kant para fundamentar su teoría del conocimiento. Así como en la Edad Media la filosofía era la *ancilla theologiae* (sierva de la teología), ahora ella se convertía en *ancilla scientiarum* (sierva de las ciencias). Gadamer sintetiza el aporte de Emmanuel Kant:

> El verdadero logro de Kant, que no cobró hasta nuestro siglo plena conciencia filosófica del mismo, fue determinar que la pretensión de universalidad de la ciencia tiene un límite y que la libertad no puede ser jamás un hecho de la experiencia en el sentido de las ciencias empíricas.[28]

Más allá de que las ciencias naturales surjan de la aplicación de la experiencia mediante una metodología adecuada, su justificación no descansaba ni en la física ni la metafísica, sino en la libertad humana, que no es, argumenta Gadamer, un hecho natural. A partir de esa libertad humana las ciencias humanas ponen su acento en otro concepto, que es el de los "valores". Retomando la expresión que usó en el inicio del ensayo, Gadamer se pregunta si al fin y al cabo las ciencias humanas no son otra cosa que "ciencias imprecisas". Responde que el objeto que estudian estas ciencias no son los "fenómenos" a partir de los cuales, según Kant, se puede desarrollar una "ciencia teórica" mediante una "razón pura". Ante ese hecho, las ciencias humanas tuvieron que recurrir a otro concepto, que explica Gadamer en los siguientes términos:

---

[27] *GH*, p. 175.

[28] *GH*, p. 189.

> … se intentó definir su "objeto" de forma diferente introduciendo el concepto de valores. Éstos son hechos dados por los cuales hay que regirse, que poseen, pues, una cualidad normativa y que no resultan desde luego aprehensibles por medio del concepto metodológico de la investigación "objetiva".[29]

Gadamer constata un hecho universalmente reconocido: la búsqueda del saber por parte del ser humano. Las preguntas que se formulan van mucho más allá de lo que las mismas ciencias modernas puedan responder. Ello es una evidencia de la libertad y la osadía humanas que incentivan para querer saber más y más. La capacidad de hacer preguntas y de búsqueda de conocimiento es parte constitutiva de los humanos y sirven de fundamentos para la creación de ideas religiosas, órdenes jurídicos y formas económicas. Este planteamiento permite a Gadamer afirmar los límites de las ciencias modernas:

> Todo esto pertenece a la configuración de la realidad que la naturaleza dejó en manos del hombre y en la que el ser humano se encuentra por todas partes con límites. También las ciencias empíricas modernas tienen sus límites. Llegan únicamente hasta el punto que lo permiten sus métodos científicos, asentados sobre la experiencia.[30]

La dimensión humana se resiste a ser sometida a una mera "casuística de leyes". Las ciencias humanas pertenecen a órdenes que son modificados permanentemente con nuestra participación en sus ámbitos. Pero es precisamente por ello que, a pesar de que no nos ofrezcan garantías teóricas "científicas" al estilo de las ciencias naturales, implican unas dimensiones que tal vez no posean estas últimas. Se trata de desarrollar una empatía, un ponerse en el lugar del otro, un escuchar lo que piensan los demás. La ciencia y la técnica no deben hacernos olvidar de este legado que nos viene de las ciencias humanas. "Entre todas las ciencias, son las llamadas ciencias humanas las que más ayudan a fomentar este espíritu, pues son ellas las que nos

---

29 *Ibíd.*

30 GH, p. 190.

confrontan permanentemente con toda la rica escala de lo humano. Y de lo demasiado humano".[31]

Finalmente, en el ensayo "Ciudadano de dos mundos", que data de 1985, Gadamer también discute el carácter epistemológico de las ciencias humanas. ¿En qué sentido somos "ciudadanos de dos mundos"? Pues en el sentido de que estamos situados tanto en lo físico como en el "lugar trascendental" de la libertad. Este hecho sirve de marco para la práctica de la amistad y el amor al prójimo, los cuales, aunque no puedan servir de fundamento para el Estado moderno y tecnificado, hecho que Gadamer admite, constituyen dimensiones siempre necesarias.

> En todo caso, el progreso de la ciencia y su aplicación racional a la vida social no creará una situación tan radicalmente distinta que no sea necesaria ya la "amistad", es decir, una solidaridad sustentadora que por sí misma haga posible una ordenación del convivir humano.[32]

Ese convivir humano implica, de suyo, participar de una comunidad comunicativa que exige encuentros entre culturas, religiones y costumbres diversas. De ese modo, entra en consideración una vez más la necesidad de la hermenéutica, que no se reduce a una mera interpretación de textos, sino que implica un mundo para ser interpretado. "Así, la ciencia del ser humano deviene para todos nosotros, y en toda su variedad, tarea moral y filosófica".[33]

Implicaciones del debate

Habiendo expuesto a grandes rasgos la reflexión del Gadamer tardío en torno al debate entre hermenéutica y teología, por un lado, y hermenéutica y ciencias naturales y sociales, por otro, corresponde hacer una evaluación de aquélla.

---

31 *GH*, p. 195.

32 *GH*, p. 214.

33 *GH*, p. 215.

La teología sirvió como punto de partida de la filosofía "existenciaria" de Heidegger. Él mismo admite que no podría haber encarado su nuevo camino filosófico partiendo de nuevo de la pregunta por el "ser" sin los estímulos que le proveyó la teología cristiana. Ese hecho no es anulado por la crítica fundamental que Heidegger formula a la metafísica occidental, que, al plantear el ser a partir de un "ente" llamado "dios", se convierte, entonces, en una "ontoteología". Más allá de poder establecer si Heidegger, quien comenzó como teólogo, renunció luego a su fe cristiana, como interpreta Karl Lowith,[34] o si, por el contrario, cuando Heidegger habla del *Dasein,* se refiere a Dios, como intenta demostrar Néstor Corona,[35] resulta importante tomar en cuenta el punto de inicio de la ontología de Heidegger, quien hunde sus raíces en la teología. Además, deberíamos preguntarnos si esa presencia de lo teológico en esta filosofía, con la cual dialoga Gadamer, puede ser definitivamente olvidada o, por el contrario, deja una "huella" en esa ontología. Gadamer rescata el valor de la teología en el giro hermenéutico, destacando el valor de la *frónesis,*[36] del respeto y la escucha del otro, de la alteridad, del amor a la solidaridad y la amistad, dimensiones que tienen un origen teológico. Gadamer afirma osadamente que "tanto Heidegger como Derrida, son plenamente conscientes de que la filosofía jamás podrá liberarse del todo de

---

34 Löwith lo define como un "ex teólogo cristiano", *Op. Cit.,* p. 261. Löwith también dice que Heidegger piensa el ser desde el tiempo de "indigencia" que, siguiendo a Hölderlin, implica una doble carencia: la huida de los dioses que ya no están y el Dios venidero que todavía no ha llegado. *Ibíd.*, p. 287.

35 Néstor O. Corona, *Lectura de Heidegger. La cuestión de Dios,* Buenos Aires: Editorial Biblos, 2002. Corona entiende que el ser y su pensamiento se encuentran cerca del Dios divino, que la experiencia de la cercanía del ser parece ser el paso necesario para la manifestación de lo sagrado, la dimensión de la divinidad, en la que aparece el Dios. *Ibíd.*, p. 85.

36 Gadamer menciona la *frónesis* cuando discute las relaciones entre filosofía y ciencias. Citando a Aristóteles, señala que el concepto de *praxis* no se crea frente a la *teoría* sino frente al "espíritu artístico" del producir. Es Aristóteles quien elabora la diferencia entre *techne*, el saber que guía un poder-hacer, y *frónesis*, el saber que guía la praxis. *GH*, p. 211. Ricoeur, al analizar la *Ética nicomaquea*, donde el Estagirita explica el sentido de *frónesis,* opta por traducir el término griego por "sabiduría práctica", que, a su vez, los latinos vertieron como *prudentia.* Paul Ricoeur, *Sí mismo como otro,* Madrid: FCE, 1996, p. 179.

su origen histórico en la metafísica de Occidente".[37] Si eso es cierto, entonces, parafraseando al hermeneuta alemán, podríamos decir que tampoco les resultará fácil liberarse totalmente del origen teológico. Heidegger, quien, como dice Gadamer, penetró en el mundo histórico, en la creencia y el pensamiento cristiano al cual fue introducido por sus maestros de teología, acaso nunca pudo, más allá de su intento, sustraerse de ese bagaje.

En lo que se refiere al debate que desde la hermenéutica elabora Gadamer en relación con las ciencias, distingue el carácter diferenciador entre ciencias naturales y ciencias humanas o "del espíritu", como las denominó Dilthey. El problema de estas últimas comenzó cuando se quiso usar la metodología de las ciencias naturales para cuestiones de índole humana y social. Gadamer pone de relieve las limitaciones que a las ciencias naturales les imponen sus propios métodos. De todos modos, no encontramos en la exposición gadameriana ejemplos concretos de esas limitaciones metodológicas que tienen las ciencias naturales. Gadamer expone que la situación de las ciencias humanas no ha cambiado a raíz de que hayan encontrado una mejor sustentación epistemológica, sino al revés, porque las ciencias naturales apelan ahora a cuestiones como "historia del mundo", "historia del universo" y expresiones que están lejos de representar un lenguaje estrictamente científico.

Conclusiones:

El giro hermenéutico inaugurado por Heidegger y profundizado por Gadamer se extiende a la totalidad de lo real, porque, como aclara: "El ser humano no 'tiene' únicamente lengua, logos, razón, sino que se encuentra en zona abierta [...] Esto es lo que significa ex-istir, estar-ahí. La triada arte-religión-filosofía reclama aquí sus antiguos derechos".[38] En toda su exposición puede también detectarse otra tríada: hermenéutica-teología-ciencias, en la que Gadamer relaciona la hermenéutica filosófica con su matriz original en Heidegger, la teología

[37] *GH*, p. 93.

[38] *GH*, p. 36.

cristiana, para discutir desde allí la relación que esa hermenéutica tiene con las ciencias, sean las naturales o las sociales. Rescata el valor de estas últimas, en las cuales, de alguna manera, encuentra rastros de la teología en términos de amistad, sensibilidad, amor al prójimo y solidaridad, virtudes que, de algún modo, surgen de una perspectiva judeocristiana.

El pensamiento de Gadamer sigue este recorrido: parte del giro hermenéutico iniciado por Heidegger, entendido no como un mero procedimiento de interpretación de un texto, sino de un movimiento de la existencia toda, y desde allí, se esfuerza por encontrar una mirada que se amplíe, relacionándolo tanto con las ciencias naturales como con las ciencias humanas, rescatando el valor y la vigencia de la teología, matriz inicial de la filosofía heideggeriana. En lugar de oponer esos campos, la hermenéutica de Gadamer es un intento para correlacionarlos en la búsqueda por la autocomprensión del ser humano, la comprensión de su prójimo y del mundo.

Capítulo 3

La *kénosis* de Dios según Gianni Vattimo

Hermenéutica después de la cristiandad

¿Cómo hablar de Dios sin religión, esto es, sin las premisas temporalmente condicionadas de la metafísica...? ¿Cómo hablar "mundanamente" de Dios?
— Dietrich Bonhoeffer

La kénosis de Dios, que es el núcleo de la historia de la salvación... ya no deberá ser pensada como un fenómeno de abandono de la religión sino como actualización, aunque paradójica, de su íntima vocación.
— Gianni Vattimo

Introducción

El filósofo italiano Gianni Vattimo es uno de los voceros de la llamada "posmodernidad". Habiendo estudiado hermenéutica filosófica con Hans-Georg Gadamer en Alemania, sus obras abordan en forma constante los temas de la posmodernidad, la influencia del cristianismo y las relaciones entre cultura occidental y religión. Ubicándose dentro del catolicismo romano, pero en actitud crítica, reivindica el papel que la religión, y en particular el cristianismo, ha jugado en el desarrollo de la cultura moderna occidental. Pero, partiendo de lo que llama "la disolución de la metafísica", plantea que la *kénosis* de Dios en Jesucristo —a partir del pasaje paulino de Filipenses 2.5–11—, lejos de ser negativa para hablar de Dios es, en su opinión, la única forma de hablar de Dios —significativamente— en el mundo posmoderno que, como lo planteara Lyotard, ha decretado la caducidad de los "metarrelatos" y los sistemas de un "pensamiento fuerte". Opta, entonces, por lo que denomina "pensamiento débil".

En el presente capítulo[1] analizo el camino que sigue Vattimo para reivindicar el lugar del cristianismo en la posmodernidad, a partir de su interpretación del fin de la metafísica, que él reconoce en los filósofos Nietzsche y Heidegger. Pasaré luego a exponer lo que él entiende por *kénosis* de Dios en Jesucristo y la importancia decisiva que le da como eje hermenéutico para hablar de Dios en esta era del fin de los metarrelatos. Luego, indagaré sobre su ensayo —a mi ver el más importante de toda la obra— "Historia de la salvación, historia de la interpretación", para entender cómo vincula el filósofo italiano los entes "salvación" e "interpretación" en la conformación no sólo del cristianismo sino también de la cultura occidental. Eso nos conectará luego con las raíces cristianas de Occidente, donde Vattimo —con gran osadía— afirma que Occidente hoy es, como tierra del ocaso y del debilitamiento, la verdad del cristianismo. Finalmente comentaré su incisivo ensayo sobre Joaquín da Fiore y "la era del Espíritu", que Vattimo identifica, precisamente, con el reino de la libertad y de la caridad, tal como el pensador calabrés ya lo intuyó en el siglo XII. En la parte final de este capítulo, elaboraré un intento de evaluación de la obra de Vattimo, destacando sus valores y señalando aspectos deficitarios o cuestionables. Porque, más allá de coincidir o no con su manera de pensar el cristianismo, se trata de una visión que no podemos, desde la teología cristiana, dejar de lado o menospreciar. Como cristianos comprometidos con el evangelio, nos interesa saber desde qué lugar, con qué elementos y mediante qué herramientas hermenéuticas, Vattimo replantea el sentido de la *kénosis* de Dios y las consecuencias que tal pensamiento puede tener para la interpretación de la fe cristiana en la posmodernidad y, sobre todo, en qué consiste su propuesta hermenéutica. Para este trabajo, me baso casi exclusivamente en la obra de Vattimo publicada en castellano: *Después de la cristiandad*,[2] aunque,

---

1 Retomo aquí aspectos de la posmodernidad que he analizado en el artículo "La Iglesia frente al desafío de la posmodernidad y el pluralismo", *Cuadernos de teología*, vol. XX, Buenos Aires: Instituto Universitario Isedet, 2001, pp. 191–210. Versión en portugués: "Os desafios da cultura pós-moderna á Igreja hoje", en *Revista Teológica Londrinense*, STAGS-UNIFIL, Londrina, 2001, pp. 23–39.

2 Gianni Vattimo, *Después de la cristiandad. Por un cristianismo no religioso*, trad. Carmen Revilla, Paidós: Buenos Aires, 2004. Título original: *Dopo la cristianità*. Otras

en diferentes tramos de la exposición, haré referencia a otras obras del filósofo italiano y a otras fuentes bibliográficas que he considerado importante relacionar.

El fin de la metafísica

Vattimo plantea la posmodernidad como el fin de la metafísica, remitiéndose a Nietzsche y Heidegger. En el primer ensayo de la obra citada, Vattimo hace referencia a Nietzsche, quien, en sus *Fragmentos póstumos*, ya anticipaba que "en el fondo es sólo el Dios moral el que está superado".[3] La muerte de Dios que Nietzsche proclama en un segmento de la *Gaya ciencia*, no suponía la abolición sin más de todo tipo de religión. Por el contrario, implicaba la posibilidad de la creación de nuevos dioses. Según Vattimo, Nietzsche no está proponiendo una metafísica atea que excluya a Dios de forma total y definitiva de todo análisis de la realidad. Esto es, confiesa, un aspecto paradójico del pensamiento nietzscheano, que Vattimo describe en los siguientes términos:

> ... su anuncio de la muerte de Dios, que es lo mismo que el final de los metarrelatos, no excluye en absoluto que renazcan múltiples dioses: quizá no se reflexiona suficientemente sobre el hecho de que Nietzsche escribe explícitamente que 'es el Dios moral el que es negado'; esto es, el Dios fundamento, el Dios acto puro de Aristóteles, el Dios, relojero supremo y arquitecto, del racionalismo ilustrado.[4]

Pasando luego a Heidegger, Vattimo entiende su postura y propuesta como la más radical del pensamiento existencial[5] expuesta en su

---

obras de Vattimo en castellano: *Creer que se cree*, Buenos Aires: Paidós, 1996; *El fin de la modernidad. Nihilismo y hermenéutica en la cultura posmoderna*, Barcelona: Planeta-Agostini, 1994. Paidós también publicó otros títulos, tales como: *Más allá del sujeto, Nietzsche, Heidegger y la hermenéutica, Ética de la interpretación, Más allá de la interpretación* y *Diálogo con Nietzsche*.

3 Cit. en *Después de la Cristiandad*, p. 21.

4 *Ibíd.*, p. 111.

5 Esto, pese a la renuencia de Heidegger por ser denominado "existencialista".

obra *Ser y tiempo.* Comenta Vattimo: "Mientras existió la creencia en un orden ideal del mundo, en un reino de esencias más allá de la realidad empírica, que permitía el conocimiento y también la crítica de los límites de esa realidad, la metafísica pudo durar".[6] Más adelante, ampliando su interpretación del pensamiento de Heidegger, Vattimo explica la superación de la metafísica —o, más modestamente dicho, su intento— así:

> El esfuerzo de pensar el ser [...] no ya como estructura objetiva que la mente debería reflejar, adecuándose a ella en sus elecciones prácticas, le condujo a practicar su filosofía como un remontarse rememorante en la historia del ser [...] el único modo no metafísico, no objetivante, de pensar el ser le parece a Heidegger que es el de concebirlo no como una estructura objetivante dada ante los ojos de la mente, sino como acontecimiento, como suceso. [...] el ser estable, eterno, etc., no se da, el ser es sólo lo que cada vez sucede en su acontecer.[7]

En términos más claros, la metafísica es, para Heidegger, "el pensamiento que identifica el ser con la objetividad y el fundamento".[8] En palabras del propio Heidegger: "El ser está implícito en el 'qué es' y el 'cómo es', y el 'cómo es' en la realidad en el sentido más estricto; en el 'ser ante los ojos'; en el 'constatar que...'; en el ser válido; en el 'ser ahí'; en el 'hay'".[9] A modo de síntesis antitética, se trata de la sustitución de la "ontología del ser" por una "ontología del acontecer". Aceptando entonces esta "disolución" de la metafísica, Vattimo entiende que esta debilitación del ser debe ser tomado, no como algo negativo, sino

---

6 *Op. Cit.*, p. 24. En otra obra consagrada al pensamiento de Heidegger, comenta Vattimo: "La metafísica llega a su acabamiento con Nietzsche en la medida en que este mismo se presenta como el primer nihilista verdadero; y la esencia más profunda de la metafísica es precisamente el nihilismo: 'La esencia del nihilismo es la historia en la cual del ser ya no queda más nada', y esa historia es justamente la historia de la metafísica como 'olvido cada vez más petrificado del ser'". *Introducción a Heidegger,* Barcelona: Gedisa, 1986, p. 81.

7 *Ibíd.*, pp. 32-33.

8 *Ibíd.*, p. 114.

9 Martín Heidegger, *El ser y el tiempo,* 2.ª edición revisada, José Gaós, México: FCE, 1951, p. 16.

como la única forma de la posibilidad de hablar de Dios a partir de tomar en serio y en todas sus dimensiones, la encarnación de Dios, su *kénosis.*

La *kénosis* como el modo de hablar de Dios en la posmodernidad

En su tesis central, que Vattimo repite varias veces en diferentes términos, la *kénosis* de Dios en Jesucristo, de la que Pablo habla en Filipenses 2.7, es el núcleo de la historia de la salvación. Tan importante es la *kénosis* que es el fundamento para los valores cristianos, tales como fraternidad, caridad y rechazo de la violencia. Ya en su obra anterior, *Creer que se cree,* Vattimo se había referido a la *kénosis* de modo contundente: […] la única gran paradoja y escándalo de la revelación cristiana es, justamente, la encarnación de Dios, la *kénosis,* es decir, el haber puesto fuera de juego todos aquellos caracteres transcendentes, incomprensibles, misteriosos y, creo, también extravagantes […]".[10] Ahora, en la obra que comentamos, amplía su análisis teológico:

> Cristo, al encarnarse, ha legitimado también muchas cifras naturales de lo divino. Pero éstas siguen valiendo para nosotros justamente porque son los modos en los que Dios desciende del cielo de la trascendencia, donde la mentalidad primitiva le situaba, y realiza ese paso en virtud del cual, como dice el Evangelio, los hombres ya no son llamados siervos, y tampoco hijos [...], sino amigos.[11]

Este debilitamiento del ser, que se patentiza en la *kénosis* de Dios, es una forma de secularización del mismo Dios. Para Vattimo, no hay

---

10 Gianni Vattimo, *Creer que se cree,* Buenos Aires: Paidós, 1996, p. 62. La idea del título de esta obra, la explica el propio autor. Comenta que, dialogando telefónicamente con un colega en Milán, el profesor Gustavo Bontadini, especialista en la filosofía aristotélica-tomista, este le preguntó a Vattimo si, en el fondo, todavía creía en Dios. A lo cual respondió: "Creo que creo". Así surgió el título de su libro que, en la obra que estamos analizando, señala que sólo en castellano pudo reproducir la idea del original italiano: *Credere di credere.*

11 *Op. Cit.*, p. 53.

que considerar la secularización como algo esencialmente negativo y contrario al mensaje cristiano. Hay un sentido constructivo y positivo de la secularización, ya que lejos de ser opuesto al Evangelio es, más bien, "un acontecimiento salvífico y hermenéutico, la encarnación de Jesús (la *kénosis*, el rebajarse de Dios) es, en sí misma, ante todo, un hecho arquetípico de secularización".[12] Al encarnarse, Dios se "mundaniza", se "secula-riza",[13] es decir, entra en la esfera del espacio-tiempo, y también —y justamente por eso— se autolimita a esos factores espacio-temporales.

Encontrándonos en la posmodernidad, que se caracteriza —y en esto Vattimo usa la expresión de Lyotard— por "el fin de los metarrelatos", esto significa el dejar atrás los discursos y sistemas omnicomprehensivos, totalizantes, abarcadores, tales como el cristianismo mismo —según las coordenadas de Vattimo— y el sistema hegeliano, entre muchos otros. Entonces, es el momento en que surge "el pensamiento débil" —expresión privilegiada de Vattimo— considerado como "el nuevo modo de hablar de Dios", de un Dios rebajado, humilde, despojado de las glorias que obnubilan a la criatura. Ha acabado, dice, "la hegemonía de los sistemas históricos (positivismo, idealismo, marxismo, etc.) en los que, aunque con frecuencia remotamente, se inspiraban los milenarismos revolucionarios". Vattimo se arriesga a afirmar —aunque con un dejo de duda— diciendo: "Me parece que las teologías de lo totalmente otro no toman suficientemente en serio la fe en el dogma de la encarnación, incluso cuando se profesan cristianas".[14] ¿Qué significa este planteamiento para la hermenéutica y qué vinculación tiene para la historia de la salvación?

Salvación e interpretación

En lo que, desde nuestra perspectiva es el ensayo más importante de la obra, titulado "Historia de la salvación, historia de la interpretación", Vattimo analiza las vinculaciones que encuentra entre esas dos

---

12 *Ibíd., p. 85.*

13 Del latín *sécula* = siglo, edad, mundo.

14 *Op. Cit.*, p. 57.

realidades. Comienza analizando el título desde lo gramatical, o, mejor, desde la puntuación. Podría haber colocado dos puntos entre los dos enunciados, o un "o sea" o una especie de —pensamos— aposición como en el griego, un "es decir". No se trata, explica, de reconocer los dos términos del enunciado como dos temas o realidades definidos independientemente y establecer relaciones. Se trata, más bien, de pasar de un término al otro conforme a una relación que no se deja identificar simplemente. Reconoce que la historia de la salvación —concepto eminentemente teológico y cristiano— no es lo mismo que la historia de la interpretación.

> Intento más bien hacer que se oiga (sí, lo diría así) el eco de un "paso", el rumor del deslizamiento de un término al otro, deslizamiento que, en muchos sentidos, me parece algo que todos desde el principio, ya sabemos qué es y cuya precomprensión constituye incluso nuestra pertenencia común al mundo (época, historia, cultura) de las religiones del libro.[15]

Define su acercamiento o estilo como "no científico", sino más bien como "una meditación que se esfuerza en captar una relación que parece imponerse como innegable y que, sin embargo, es huidiza".[16] Luego de explicitar estos aspectos gramaticales y metodológicos, Vattimo afirma que la interpretación de los textos sagrados ha sido, desde siempre, algo característico de la tradición judeocristiana y ha tenido que ver, directamente, con la salvación. La hermenéutica moderna, desde Schleiermacher, se ha relacionado con la predicación y la explicación pastoral de los textos de la Escritura. "Para salvarse es necesario entender la palabra de Dios en la Escritura y aplicarla correctamente a nuestra condición y situación (*subtilitas applicandi*)".[17] Apelando luego a los dichos de Jesús en el Sermón del Monte, en los cuales introduce cada afirmación con el "pero yo os digo", dice, acertadamente: "El acontecimiento de la salvación (la venida de Jesús) es en sí mismo,

15 *Ibíd.*, p. 76.
16 *Ibíd.*
17 *Ibíd.*, p. 77.

íntimamente, un hecho hermenéutico".[18] Y, acto seguido, dice algo de gran profundidad a modo de *insight:*

> ... es verdad que Jesús es la interpretación viva del sentido de la ley y de los profetas (he aquí otro significado del *logos* que se hace carne: se encarna el *logos*, el sentido, del Antiguo Testamento...), pero de algún modo es también su cumplimiento y, por tanto, parece presentarse más bien como su desciframiento definitivo —como si después no hubiese ya espacio ni necesidad de interpretar—.[19]

Pero, a pesar de "lo cumplido" en Jesucristo con la encarnación, pasión, muerte y resurrección —lo que en teología se denomina "el hecho de Cristo"— no termina el proceso hermenéutico porque continúa un cumplimiento ulterior, escatológico. Y es aquí donde surge preponderantemente el Espíritu Santo como *Paráclito*, Espíritu de verdad enviado a los fieles en Pentecostés. Justamente es el Espíritu, la persona de la Trinidad, quien debe asistir a los creyentes en la empresa hermenéutica, persona que, en creativa expresión de Vattimo, es la "más exquisitamente 'hermenéutica' de la Trinidad".[20] Intentando describir esas relaciones trinitarias, dice: "El Hijo es el *logos* del Padre, y el Espíritu es su relación, su amor-comprensión hipostasiado; es también aquel por obra del cual el Hijo se hace hombre en el seno de María".[21] ¿Cómo se relacionan o se vinculan la historia de la salvación con la historia de la interpretación? Vattimo explica: "La historia de la salvación procede como historia de la interpretación, en el sentido fuerte según el cual el mismo Jesús ha sido interpretación viva, encarnada, de la Escritura".[22]

---

18 *Ibíd.*

19 *Ibíd.*, pp. 77-78.

20 *Ibíd.*, p. 78. A propósito de la Trinidad y la encarnación, es importante tener en cuenta el enfoque trinitario de la encarnación que ha desarrollado Jürgen Moltmann. Dice el teólogo reformado: "El Dios trino participa plenamente en la encarnación del Hijo. Mediante este misterio Dios cumple la promesa implícita en la creación del hombre 'a imagen y semejanza' suya. Al humanarse el Hijo, Dios se abaja y acepta la condición humana, precaria e insegura, y se hace de ella una parte de su vida eterna". *Trinidad y reino de Dios,* Salamanca: Sígueme, 1983, p. 137.

21 *Ibíd.*

22 *Ibíd.*, p. 79.

En su perspectiva de la hermenéutica, Vattimo se inscribe dentro de la semiótica en el sentido de "interpretación del texto como producción de sentido". Como se dice habitual y categóricamente en círculos de hermenéutica bíblica: "No tenemos un autor. Tenemos un texto". Y ese texto de que disponemos es autónomo y produce sentido. Para que la interpretación sea, como define, "productiva", debe ir mucho más allá de captar el sentido originario que tuvo el texto. Añade algo esencial al texto mismo que, aunque parezca osado, es "entender el texto mejor que el autor, como dice un conocido lema de la hermenéutica del siglo XVIII".[23] Citando una vez más el pensamiento heideggeriano, Vattimo dice que el filósofo alemán consideró el final de la metafísica con la llegada de la ciencia-técnica moderna. Pero es aún en ese ámbito, donde Vattimo también ve la influencia del cristianismo. Porque "la ciencia de la naturaleza es asunto de la historia de la interpretación y de la historia de la salvación: [puesto que] no hay verdad fuera de un horizonte abierto por un anuncio, por una palabra transmitida".[24]

Es este contexto de su reflexión, Vattimo afirma la encarnación como un hecho arquetípico de la secularización, como ya mencionamos en el segundo apartado. Pero el elemento más importante que introduce en su tratamiento del tema entre historia de la salvación e historia de la interpretación es el que se relaciona con la comunidad como factor esencial. Al preguntarse ¿qué produce la interpretación productiva?, Vattimo responde: "Produce sentidos nuevos de la experiencia, nuevos modos de darse el mundo".[25] Aquí introduce el elemento comunitario como el criterio para validar una interpretación. Dice claramente: "No toda secularizacón es buena y positiva, ni toda interpretación es válida; es necesario que le parezca válida a una comunidad de intérpretes".[26] Apelando a lo que denomina "un lenguaje más explícitamente espiritual", dice que "el único límite de la secularización es el amor, la posibilidad de comunicar con una comunidad de intérpretes".[27]

---

23 *Ibíd.*

24 *Ibíd.*, p. 85.

25 *Ibíd.*, p. 86.

26 *Ibíd.*

27 *Ibíd.*

Reconociendo que la Reforma Protestante fue el momento más relevante en la historia de la hermenéutica moderna, encara luego una crítica aguda a la Iglesia católica por su "pretensión de volver a un texto definitivo, cerrando el proceso de interpretación no en nombre de la continuidad de un discurso y de la atención a la voz de la comunidad, sino en nombre de una imposición de una verdad fundamental que se supone presente desde alguna parte [...]".[28] Al final del ensayo, el autor indica que ese postulado del amor como el criterio fundamental para validar la interpretación, sólo puede ser postulado con la condición de aceptar la disolución de la metafísica de la presencia y, por lo tanto, no puede ser invocado fuera del horizonte de esa disolución. Una condición que, como veremos en la evaluación final, no parece ser tan indiscutible.

Las raíces cristianas de Occidente

Un tema en el cual recurrentemente insiste Vattimo es el de la influencia del cristianismo en la conformación de Occidente y, en particular, de Europa. Más directamente el tema es tratado en su ensayo "Europa o la cristiandad", en el cual el autor formula su tesis central en los siguientes términos:

> Lo que pretendo sostener es que Occidente es esencialmente cristiano en la medida en que el sentido de su historia se muestra como el "ocaso" del ser, el debilitamiento de la dureza de lo "real" a través de todos los procedimientos de disolución de la objetividad que la modernidad ha traído consigo.[29]

El debilitamiento del ser y de lo real, Vattimo lo percibe en los sistemas de pensamiento filosófico y teológico tales como el racionalismo ilustrado y la dogmática cristiana, dividida a su vez en católica y protestante. Todo eso muestra —en la interpretación de Vattimo— que todos los componentes aparecen mezclados en un conjunto no orgánico ni riguroso porque le faltan elementos de diferenciación

---

28 *Ibíd.*, p. 87.

29 *Ibíd.*, p. 98.

rígida. Hoy, Occidente debe ser considerado como tierra del ocaso o, lo que es lo mismo, de la secularización. En esto último, Vattimo percibe lo que en su tiempo advirtiera Weber sobre la ética protestante en la construcción del capitalismo. Para Vattimo, la sociedad de la comunicación y de la interpretación es la continuación, en cierto sentido, del camino abierto por Weber: "la prosecución lógica de un mundo que tiene en su base la Escritura y que se desarrolla, ante todo, como exégesis".[30] Luego de citar la afirmación de Novalis, "la verdadera anarquía es el elemento procreador de la religión",[31] Vattimo plantea en forma directa y contundente: "En términos más claros y probablemente escandalosos, pretendo decir que la totalidad de Occidente es hoy, como tierra del ocaso y del debilitamiento, la verdad del cristianismo".[32] En el ensayo titulado "Cristianismo y conflictos culturales en Europa", Vattimo admite que ese continente se caracteriza por ser —en general— una sociedad laica y secularizada. Pero el quid de la cuestión radica en que esas características se construyen "sobre la base de una herencia cristiana bastante explícita, y esto resulta evidente cuando uno se mide con personas o grupos arraigados en tradiciones diferentes, que advierten en nuestro laicismo la marca profunda de un específico origen religioso".[33] Vattimo le da entonces al cristianismo "una misión que no debiera ya ser ni imperialista ni evolucionista, sino que debe adquirir los rasgos de una profunda solidaridad con el destino de la modernización",[34] porque: "Cargar con el destino de la modernidad, con el destino de Occidente, significa, ante todo, reconocer el significado profundamente cristiano de la secularización".[35]

---

30 *Ibíd.*, p. 101.

31 *Cit.* en *Ibíd.*, p. 102.

32 *Ibíd.*

33 *Ibíd.*, p. 122. Inclusive el no hablar de los filósofos actuales acerca de Dios, no es, para Vattimo, por razones filosóficamente relevantes. Dice: "En su mayoría, los filósofos no hablan de Dios, o incluso se consideran explícitamente ateos o irreligiosos, por mero hábito, casi por una suerte de inercia. El hecho es que, con el ocaso de los metarrelatos [...] han disminuido también todas las razones fuertes para el ateísmo filosófico". *Ibíd.*, pp. 110–111.

34 *Ibíd.*, p. 124.

35 *Ibíd.*

En la era del Espíritu

En su ensayo "Las enseñanzas de Joaquín da Fiore", Vattimo analiza el pensamiento del teólogo italiano (1145–1202), fundador de un monasterio en esa aldea de Calabria. Lo interesante de su pensamiento radica en que reactualizó el tema del milenarismo dividiendo la historia en tres eras o etapas: la del Padre, del Hijo y del Espíritu Santo. Su importancia se extendió más allá de lo teológico, hasta el punto de que el filósofo Ernst Bloch lo considera el más influyente pensador utópico de la Edad Media,[36] pues precisamente Joaquín inaugura un cambio sustancial en la exégesis medieval de la Biblia, que se caracterizaba de modo casi unívoco por la "cuadriga", es decir, los cuatro sentidos de la Escritura: literal, moral, alegórico, anagógico. Sin negar esos cuatro aspectos, Joaquín los ubica en un esquema más comprensivo y fundamental que podría llamarse "histórico", en el sentido de que la "inteligencia espiritual de la Escritura es, ante todo, capacidad para captar los acontecimientos narrados por la Biblia como 'figuras' de otros acontecimientos históricos [...]".[37] El sentido de la propuesta de Joaquín que más interesa a Vattimo es la idea de una historia de la salvación todavía en curso y, sobre todo, "el convencimiento de que estamos en la edad del Espíritu, en la que la Biblia, precisamente, no debe ya ser interpretada en términos literales".[38] Dividiendo la historia en tres eras, Joaquín se refiere al primer estadio como el del Padre, en que predomina la ley. El segundo, de Jesucristo, donde predomina la gracia y, finalmente el tercero —que Joaquín otea en el horizonte— el del Espíritu, y que se caracteriza por la libertad. Joaquín cita el famoso texto de Pablo: "Donde está el Espíritu del Señor, allí hay libertad."

---

36 Véanse más datos en mi obra: *Escatología. Una visión integral desde América Latina*, Buenos Aires: Asit-Kairós, 2002, pp. 92–94. (En portugués, *Do terror á esperança*, Editora Descoberta, Londrina, 2001, pp. 81–82). Hay quienes han percibido en la novela de Hermann Hesse, *El juego de los abalarios*, cierta influencia de Joaquín da Fiore. Hesse se refiere allí al juego iniciático de los valores de la cultura en una utópica comunidad pedagógica del futuro. Una de las versiones en castellano es de *Plaza & Janes*, Barcelona, 1960.

37 *Op. Cit.*, p. 41.

38 *Ibíd.*., p. 42.

(2Co 3.17). De allí, Vattimo deriva la idea de una superación de la lectura literal de la Biblia y dice: "Una vez que cae la autoridad de la letra de la Escritura y se establece el reino de la libertad y de la caridad, la interpretación de los textos sagrados ya no es patrimonio exclusivo de la autoridad sacerdotal".[39] No estamos en condiciones de justipreciar si esta lectura vattimiana del pensamiento de Joaquín da Fiore es válida. Lo que sí podemos admitir es que se trata de una interpretación creativa —a modo de extrapolación— de la era del Espíritu como la etapa en la que nos encontramos en la historia y donde ya no somos llamados "siervos" y ni siquiera "hijos", sino amigos y en la cual la interpretación bíblica —extendida a los dogmas— ya no puede ser, según Vattimo, tan rígida como en las eras supuestamente superadas.

A modo de evaluación

- El eje teológico a partir del cual Vattimo estructura todo su pensamiento en *Después de la cristiandad,* es la *kénosis* de Dios en Jesucristo. Tanto Dios, como el discurso sobre Dios y la interpretación del mensaje cristiano tienen que pasar por ese prisma. Un Dios rebajado o secularizado, da lugar a un pensamiento/discurso débil sobre ese Dios y a una interpretación "débil" o "espiritual" del mensaje cristiano. Ahora bien, la encarnación de Dios en Jesucristo, aunque es cierto que no siempre los cristianos la toman en toda su dimensión y alcances, no anula la "divinidad de Dios" —si se nos permite la contradicción de términos— o, para decirlo en otras palabras, la inmanencia no anula la trascendencia. Dios sigue siendo "el totalmente Otro", a menos que su presencia sea totalmente reducida a la inmanencia. Desde la fe y el compromiso con Cristo, nos parece que todavía es válida aquella expresión de Kierkegaard: "Acuérdate que Dios está en los cielos, y tú sobre la tierra". Porque, como dice Pannenberg: "Para poder ser pensado como verdaderamente infinito, lo infinito no sólo ha de poder oponerse a lo finito, sino que, simultáneamente, ha de superar esta

39 *Ibíd.*., p. 46.

oposición. En su relación respecto de lo finito, ha de poder ser pensado a la vez como inmanente y como trascendente".[40]

- Es encomiable el interés de Vattimo por recuperar el mensaje de la Biblia en la posmodernidad. Sobre todo en estos tiempos en que —por distintas razones, entre las que ocupan un lugar preponderante los nuevos modelos pastorales— la invitación de Vattimo a la lectura de la Biblia en comunidad y al ejercicio hermenéutico comunitario de la Palabra, es un verdadero desafío para tomar en serio, sobre todo por parte de los protestantes y evangélicos que, portando como uno de sus estandartes enarbolados en la Reforma la *Sola Scriptura*, admiten un flagrante desplazamiento de la Biblia en los discursos teológicos eclesiales, y ella es sustituida por los "ungidos" y "apóstoles", quienes, en una nueva versión de clericalismo que se yergue como único referente, desconocen la función comunitaria de la iglesia como sujeto hermenéutico irremplazable. Es tan importante el papel de la iglesia en tanto comunidad hermenéutica que la propuesta vattimiana, ya enunciada en el prólogo, merece ser citada *in extenso:* "La Iglesia, ciertamente, es importante como vehículo de la revelación, pero sobre todo como comunidad de creyentes que, en la caridad, escuchan e interpretan libremente, ayudándose y, por tanto, corrigiéndose de forma recíproca, el sentido del mensaje cristiano".[41] Difícilmente encontraríamos una propuesta tan teológicamente clara y desafiante como esta. Junto con ella y, como decíamos antes, a pesar de no poder evaluar profundamente la lectura que Vattimo hace de Joaquín da Fiore, es válido el énfasis del filósofo sobre el papel del Espíritu como aquella persona "exquisitamente hermenéutica" de la Trinidad.

---

40 Wolfhart Pannenberg, *Metafísica e idea de Dios,* Madrid: Caparrós, 1999, p. 35. Vattimo parece no tomar en cuenta que, en el mismo himno cristológico de Filipenses 2, no solamente se habla de la *kénosis* del Hijo de Dios, sino también de la recuperación de su gloria eterna, cuando se proclama que el Padre le dio un nombre que es sobre todo nombre, el de *kyrios*. En una lectura estructuralista, los dobles opuestos surgen nítidamente: *kénosis/doxa, doulos/kyrios.*

41 *Op. Cit.*, p. 17.

Acaso azarosamente, coincide con el hecho de que "aquella persona olvidada de la Trinidad" es, desde el siglo XX, la persona más estudiada y "vivenciada" en los movimientos de santidad, pentecostales y carismáticos de la era presente, como si —aun a riesgo de exageraciones— aquella visión profética de Joaquín estuviera cumpliéndose en nuestros días.

- Otro aspecto positivo es la osadía que refleja Vattimo cuando, a despecho de lo que filósofos ateos o agnósticos digan, no es posible evitar la influencia del cristianismo en la génesis de Occidente. Aun la secularización misma, como dice el filósofo italiano, puede considerarse también, en su esencia, un resultado del pensamiento judeocristiano. Por ello, la religión, lejos de ser un signo de patología, es una expresión de la naturaleza misma del ser humano. En todo caso, cambian las formas, pero no las necesidades ontológicas por lo religioso. Por otra parte, aunque su esfuerzo por reivindicar el cristianismo en la cultura occidental es altamente encomiable, aparece un tanto desfasado su énfasis en la secularización como tónica de nuestra cultura. Con las conmociones mundiales a partir de la caída del muro de Berlín y la crisis del socialismo real, asistimos, también, a un reavivamiento de la religión, aspecto que en algunos tramos de su reflexión es admitido por Vattimo. Pero da la sensación de que el hecho no es reconocido a profundidad por el autor en todas sus dimensiones y alcances. Queda como argumento sólido y osado de su parte, percibir la presencia de los valores cristianos en la cultura occidental, especialmente europea, desde la cual escribe, así como su postulado de que incluso la secularización puede ser considerada una hija del cristianismo de la cual ni siquiera los filósofos agnósticos o decididamente ateos pueden sustraerse. Esto nos hace recordar aquella célebre afirmación de un pensador inglés: "El mundo está lleno de ideas cristianas que se han vuelto locas".
- El lugar desde donde Vattimo se reubica como cristiano posmoderno es el nihilismo que toma del binomio nietzscheano-heideggeriano. Explícitamente, "el punto de vista nietzscheano-heiddegeriano en el que me sitúo, es la pérdida de la creencia

en una verdad objetiva".[42] Cabe preguntar si ese nihilismo es compatible con el cristianismo que, como fe judeocristiana, parte del postulado axiomático de que "Dios existe y es galardonador de los que le buscan" (Hch 11.6). Si la nada es postulada como lo central, entonces tal opción ubica a sus adherentes en un lugar —o quizás, un no-lugar— que dista de ser el sitio clave desde donde se funda la fe: el Dios eterno como "fundamento del Ser", en creativa expresión de Paul Tillich.

- Finalmente —acaso el asunto más crucial— debe señalarse que todo el creativo y desafiante andamiaje construido por Vattimo se mantiene si damos por hecho cierto e incontrovertible que la partida de defunción expedida por Heidegger a la metafísica es definitiva,[43] y que, por ello, existe la necesidad de elaborar un cristianismo no religioso.[44] Teresa Oñate señala el problema que encara la hipótesis elaborada por Vattimo a partir de Heidegger. Dice:

> El destino de la metafísica o historia del ser ha ido mostrando (en un sentido radical o forzado) que, de acuerdo con Vattimo,

---

42 *Op. Cit.*, p. 134.

43 Las dudas surgen, por ejemplo, en el último ensayo de Vattimo: "*Hos mé.* Heidegger y el cristianismo". Luego de mostrar el genuino interés de Heidegger por el cristianismo, a partir de sus propias exégesis de pasajes paulinos como 1Ts. 1.5-7 y 1Co. 7.29ss., y admitir que "no sólo Pablo nos ayuda a aclarar a Heidegger, sino que Heidegger nos propone consideraciones que, si las tomamos en serio, nos conducen también a interpretar la tradición cristiana", *Ibíd.*, p. 165, Vattimo insinúa la posibilidad de "unir de manera más positiva y productiva el esfuerzo de la filosofía por sobrepasar el objetivismo metafísico y la búsqueda de una visión del cristianismo que [...] sea capaz por fin de pensar su propio sentido ecuménico especialmente como escucha de la nueva época —posmoderna— del ser". *Ibíd.*, p. 168.

44 A propósito, el subtítulo de la versión en castellano de la obra de Vattimo es: *Por un cristianismo no religioso.* Debe recordarse que ya en 1944 Dietrich Bonhoeffer insinuaba —con gran agudeza— esa necesidad. En carta dirigida a su amigo Eberhard Bethge, fechada en Tegel el 30 de abril de 1944, dice: "¿Cómo puede convertirse Cristo en Señor, incluso de los no religiosos? ¿Existen cristianos arreligiosos?" y "¿Cómo hablar de Dios sin religión, esto es, sin las premisas condicionadas de la metafísica, de la interioridad, etc. etc.? ¿Cómo hablar (pero acaso ya ni siquiera se puede 'hablar' de ello como hasta ahora) 'mundanamente', de 'Dios? ¿Cómo somos cristianos 'arreligiosos-mundanos'?" *Resistencia y sumisión,* Salamanca: Sígueme, 1983, pp. 197 y 198.

> Heidegger no habría aceptado que el ser es tiempo: pasar, declinar, maduración y envejecimiento, caducidad... Así devuelve el pensamiento débil al ser 'todos aquellos caracteres que la metafísica en busca de aseguramiento [...] había excluido de él. Es, por tanto, en la arriesgada conjunción de historicismo y nihilismo donde la ontología de Vattimo encuentra el sol saliente escarpado, al borde del malentendido [...].[45]

Nos parece, pese a todo el esfuerzo de Vattimo por cambiar de eje, que todavía sigue siendo válido cuestionar si ha sido real y definitiva la liquidación de la metafísica. Por ejemplo, en una comparación que Pannenberg hace entre Heidegger y Whitehead, dice el teólogo luterano: "En contraposición con Heidegger, quien consideró que con Nietzsche quedaba liquidada la metafísica pero no la ontología, Whitehead ha entendido que la metafísica es irrenunciable en tanto [...] tarea de dar cuenta, mediante el pensamiento, del todo de la realidad [...]".[46]

Es precisamente esta tarea de dar cuenta de la realidad como un todo, lo que sigue constituyendo una labor hermenéutica y cristiana también en nuestro mundo posmoderno, el cual, en su esencia, se caracteriza precisamente por su contrario: la fragmentación. El ser humano —bien que adopte una postura pluralista y relativista— no puede resistir el nihilismo por mucho tiempo. Necesariamente retorna, una y otra vez, a la necesidad de un postulado unívoco que dé sentido a la vida y al mundo.

Como evaluación final de la obra de Vattimo puede decirse que constituye un válido intento por rescatar el hablar de Dios en la posmodernidad a partir de la *kénosis* de Dios en Jesucristo. Su obra aporta elementos clave para una hermenéutica *kenótica* sobre Dios, aunque, al hacerlo, termine por colocar a Dios en una inmanencia absoluta que anula su trascendencia. Pese a ello, su propuesta hermenéutica,

---

45 Teresa Oñate, Introducción a *La sociedad transparente,* Barcelona: Paidós, 1996, pp. 43-44.

46 *Ibíd.*, p. 63. Aún el propio Vattimo, en su interpretación del pensamiento de Heidegger insinuaba: "Hay que preguntarse si es posible, y cómo se define, un pensamiento que vaya más allá de la metafísica, es decir, si es posible una auténtica superación de la metafísica misma." *Introducción a Heidegger,* Barcelona: Gedisa, 1986, p. 92.

especialmente vinculada a la acción del Espíritu y a la lectura —y por ende a la interpretación— de las Escrituras en comunidad, se convierte en un verdadero desafío para las iglesias evangélicas de América Latina, las cuales, en algunos casos, han permitido el desplazamiento de la Biblia para ser sustituida por "revelaciones" y "visiones" que, a veces, distan mucho de representar una sólida fundamentación escritural. En otros ámbitos eclesiales protestantes, la Biblia es sólo el ornamento de una breve reflexión sociológica que deriva fácilmente en un discurso antropocéntrico que no ya no apela a la transformación de las personas por el poder del evangelio. Tanto en una forma como en otra, la Biblia ha dejado de ocupar el lugar central que siempre ha tenido a través de la historia del cristianismo. Ya en un plano extraeclesial, la obra de Vattimo revela una osadía poco común por parte de un filósofo posmoderno que, como en su caso, intenta mostrar las marcas indelebles que el cristianismo ha dejado en la cultura occidental, y de la cual, hasta la misma secularización, puede ser una de sus formas.

Parte III

Teologías

Teología: Juego de palabras, juego con palabras.
Palabras, nada más que palabras.
Y con ellas se construyen mundos.

— Rubem Alves —

Capítulo 1

La fe como evento existencial-escatológico en el pensamiento de Rudolf Bultmann

De la filosofía de Martín Heidegger al planteo teológico

La "πίστις" como respuesta a la palabra anunciada, la "ἀκοὴ πίστεως" (escucha de la fe), pertenece al acontecimiento salvífico, al acontecimiento escatológico. Es, como posibilidad, el nuevo camino de salvación [...]

— Rudolf Bultmann

La teología busca una interpretación más originaria del ser del hombre en relación a Dios, esbozada a partir del sentido de la fe misma y atenida a ella.

— Martin Heidegger

Bultmann "pone de manifiesto" de algún modo en teología la atención filosófica de Heidegger a la experiencia facticial y su carácter histórico, pero ello, aún más y mejor que el modelo a partir del cual Heidegger se pregunta por la vida facticial, y esto es, se ha señalado, la experiencia cristiana [...]

— Philippe Capelle-Dumont

Introducción

La fe es el acontecimiento central de la experiencia religiosa, en general, y cristiana, en particular. Es, también, aquel ámbito subjetivo de la persona que tal vez sea inexpugnable al cuestionamiento científico y filosófico. Por eso, es importante indagar sobre su carácter y contenido. En el presente capítulo nos proponemos analizar el carácter existencial-escatológico de la fe en el pensamiento del teólogo luterano Rudolf

Bultmann. Antes de indicar la metodología que utilizaremos para ese análisis, es oportuno hacer una deconstrucción de cierto preconcepto, en el sentido negativo del término, en cuanto a la teología de Bultmann, porque siempre se ha vinculado su nombre casi exclusivamente con su propuesta de "desmitologización" o "desmitización" del Nuevo Testamento.[1] Pero, como bien señala Joseph Florkowski, "el proyecto de Bultmann no es la desmitologización dictada por la mentalidad científica moderna. No es tampoco la constitución de una hermenéutica de la Escritura o de la existencia injertada pura y simplemente en Heidegger. Bultmann quiere decir lo que es creer. Y ello, dentro mismo de la fe".[2] Un repaso somero de las obras y artículos escritos por Rudolf Bultmann muestra claramente que su tema central no es la desmitologización del kerigma, sino que, en todo caso, ese proceso debe estar al servicio de la fe.

Procederemos del siguiente modo: en la primera parte, exponemos la influencia que la filosofía de Heidegger ejerció en el teólogo luterano; en la segunda, analizamos el tema de la fe como exigencia y decisión; en la tercera parte estudiamos el modo en que Bultmann define a la fe como acto escatológico, para finalizar con una evaluación crítica de su pensamiento sobre el tema. En la cuarta sección se procura establecer hasta qué punto el carácter existencial que Bultmann le da a la fe es heredero de la filosofía existenciaria[3] de Martin Heidegger, y

---

1 El tema de la "desmitologización" o "desmitización" del Nuevo Testamento alude al proyecto de Bultmann de expurgar al kerigma neotestamentario de la "mitología" entendida en los términos de un lenguaje precientífico en el que está inserto ese kerigma. Algunos textos donde expone el proyecto son: *Nuevo Testamento y mitología,* trad. Antonio Bonnano, Buenos Aires: Almagesto, 1998, el artículo "Jesucristo y la mitología", en John Bowden y James Richmond, *Antología de teólogos contemporáneos,* trad. José Luis Lana, Barcelona; editorial Kairós, 1967, pp. 45–54, y *Kerygma und Mythos.* Uno de los mejores estudios filosóficos al planteo de Bultmann es el capítulo de Paul Ricoeur, "Prefacio a Bultmann", *El conflicto de las interpretaciones,* Buenos Aires, FCE.

2 Joseph Florkowski, *La teología de la fe en Bultmann*, trad. D. Eloy Requena, Madrid: Stvdivm, 1973, p. 7.

3 Decimos "existenciaria" y no "existencialista" porque el propio Heidegger se ocupa de aclarar que su enfoque no es meramente el existencialista, heredero de Kierkegaard. Para el existencialismo, el tema central es el ser humano mientras que lo que plantea Heidegger es la búsqueda o indagación por el "ser". El propio Heidegger lo aclara

en qué aspectos el trabajo del exégeta luterano significa una toma de distancia de esa filosofía. Finalizamos con una conclusión que resume la investigación realizada.

El influjo de la filosofía "existenciaria" de Heidegger en el pensamiento de Bultmann

No hay dudas de que la filosofía existenciaria de Heidegger ha servido de inspiración para que Bultmann desarrolle su teología y su comprensión de la fe. Philippe Capelle-Dumont ofrece datos importantes sobre el encuentro entre Heidegger y Bultmann. Ocurrió en 1923 cuando Heidegger se instaló como profesor extraordinario en la Universidad de Marburgo. Allí se respiraba un ambiente protestante, y su aprecio por el exégeta luterano era tan manifiesto que, en carta enviada a Karl Jaspers el 13 de junio de 1924, dice: "Afuera

---

en una nota que introduce en *Ser y tiempo:* "En el siglo XIX S. Kierkegaard abordó expresamente el problema de la existencia en cuanto problema existentivo y lo pensó con profundidad. Sin embargo, la problemática existencial le es de tal modo ajena, que, desde un punto de vista ontológico, Kierkegaard es enteramente tributario de Hegel y de la filosofía antigua vista a través de él. De ahí que filosóficamente haya más que aprender de sus escritos 'edificantes' que de los teoréticos, con la excepción del tratado sobre el concepto de la angustia". *Ser y tiempo,* parágrafo ξ 45, nota 6. También Alejandro Vallés comenta el error en que cae la crítica del existencialismo cuando dice que ella "ha vuelto corriente un equívoco acerca del autor de El Ser y el Tiempo: el de considerarlo un mero investigador del problema de la existencia humana [...] Heidegger insiste en precisar que su preocupación fundamental no es otra que la de fundar válidamente la ontología, la ciencia del ser". Nota preliminar a Martín Heidegger, *¿Qué es metafísica?* Trad. Xavier Zubiri, Buenos Aires: Ediciones Alpe, 1955, pp. 9–10. Cursivas originales. También Carlos Astrada define la filosofía de Heidegger en el sentido óntico. Dice: "Sin duda, el punto de partida del filosofar heideggeriano es existentivo, porque tal cual se lo reconoce en la Introducción de *Sein und Zeit,* 'la cuestión de la existencia (ec-sistencia) es una 'oportunidad' óntica del *Dasein,* vale decir que sobre la base de esta oportunidad, sólo dada al hombre, éste se lanza a la aventura metafísica del ser". Carlos Astrada, *Heidegger. De la analítica ontológica a la dimensión dialéctica,* Buenos Aires: Quadrata editorial, 2003, p. 15. Cursivas originales. Para Dina Picotti, el planteo de Heidegger por la historia del ser y la hermenéutica, "equivale a la superación de la metafísica o del pensar por el fundamento, en cuanto desemboca en un punto de partida y ámbito no explicable por fundamento alguno sino sólo aclarable por su propio darse o sustraerse". Dina Picotti, *Heidegger. Una interpretación,* Buenos Aires: Cuadrata, 2010, p. 22.

es magnífico; en la universidad no ocurre nada, ningún estímulo. El único ser humano es el teólogo Bultmann, con quien me encuentro cada semana".[4]

John Macquarrie, en su estudio comparativo entre Heidegger y Bultmann, explica que este último reclama una especial relación del teólogo con la filosofía existencialista. Esa adopción del existencialismo, en palabras del propio Bultmann, "es completa y simplemente que la tarea filosófica que se esfuerza por desarrollar en conceptos apropiados la comprensión de la existencia que está dada con la existencia humana".[5]

En su obra *Nuevo Testamento y mitología* Bultmann da cuenta, a modo de comparación, que así como Jaspers no ha tenido problemas en incorporar o transponer la interpretación de Kierkegaard del ser cristiano a su filosofía, también es legítimo apelar al análisis que Heidegger hace del *Dasein*. Dice:

> ... el análisis del *Dasein* (es decir, del ser del hombre) parecería no ser más que una versión secularizada y filosófica de la visión de la vida humana en el Nuevo Testamento. Para él, la principal característica del ser del hombre en la historia es la angustia. El hombre existe en una tensión permanente entre el pasado y el futuro. En cada momento se ve enfrentado a una alternativa. Se debe sumergir en el mundo natural concreto, perdiendo así inevitablemente su individualidad, o debe abandonar toda seguridad y entregarse sin reservas al futuro, y así lograr solo

---

4 Carta referida por Hermann Mörchen, incluida en B. Jaspert (comp.), *Rudolf Bultmann Werk un Wirkung*, cit. por Philippe Capelle-Dumont, *Filosofía y teología en el pensamiento de Martin Heidegger*, trad. Pablo Corona, Buenos Aires: FCE, 2012, p. 230. Por su parte Jean Greisch, que ha realizado una profunda interpretación de la conferencia de Heidegger "Fenomenología y teología", destaca la importancia que la teología tuvo para Heidegger en su periodo en Marburgo, no sólo porque estuvo marcado por encuentros con teólogos como Paul Tillich y, sobre todo, Bultmann, "sino también con estudiantes interesados por una problemática teológica, como Hans Jonas o Hanna Arendt". *La invención de la diferencia ontológica. Heidegger después de Ser y tiempo*, trad. Julián Fava, Buenos Aires: Las Cuarenta, 2010, p. 19.

5 Rudolf Bultmann, *Kerygma und Mythos*, vol. II, Hamburgo, p. 192, cit. por John Macquarrie, *An Existencialit Theology. A Comparison of Heidegger and Bultmann*, Londres: SCM Press, 1955, p. 10.

> su ser auténtico. ¿No es este exactamente el entendimiento de la vida humana del Nuevo Testamento?[6]

Para quienes piensan que Bultmann está forzando las categorías heideggerianas para hacerlas coincidir con el Nuevo Testamento, el exégeta luterano invierte la carga de la prueba para sostener que "uno debería sorprenderse de que la filosofía esté diciendo lo mismo que el Nuevo Testamento, y que lo diga con suma independencia".[7]

---

6 Rudolf Bultmann, *Nuevo Testamento y mitología,* trad. Antonio Bonnano, Buenos Aires: Almagesto, 1998, pp. 40–41. El término *Dasein,* clave en la filosofía de Heidegger es una manera de referirse al ser humano en el mundo. En palabras de Ricardo Etchegaray: "Heidegger prefiere el término *Dasein* al concepto de 'hombre', porque éste último está asociado a la concepción moderna en la que se lo define como 'ser racional', como 'ser conciente' o como 'subjetividad'. Heidegger parte, entonces, de la *comprensión* como *existenciario* o modo de ser del *Dasein* (del ser humano), en tanto está en el mundo con los entes que están delante (objetos) o que están a la mano (útiles) y con los otros existentes (seres humanos)". *Introducción a los modelos de pensamiento dialéctico, fenomenológico, hermenéutico y existencial,* Buenos Aires-San Justo: Universidad Nacional de La Matanza y Prometeo libros, 2007, p. 120. Por su parte, John Macquarrie distingue tres aspectos de la estructura del *Dasein:* a) El *Dasein* como lo que está delante como posibilidad, proyecto, comprensión; b) el *Dasein* como algo que ya está-en-el-mundo y que pertenece al fenómeno de la facticidad; c) el *Dasein* que está unido al mundo, tanto que es absorbido por él, es el fenómeno de la caída. John Macquarrie, *Martın Heidegger,* Londres: Lutterworth Press, 1968, p. 27. Sobre el "estar-en-el-mundo", dice Heidegger: "Comprensión del ser y *pro-yecto, a saber ¡como arrojado!* El *ser-en-el-mundo* del ser ahí". *Aportes a la filosofía. Acerca del evento,* trad. Dina V. Picotti C, Buenos Aires: Biblos, 2006, p. 241. Cursivas originales. En cuanto a la "facticidad" Heidegger dice: "Es el nombre que le damos al carácter de ser de 'nuestro' *existir* 'propio'. Más exactamente, la expresión significa: ese existir *en cada ocasión* (fenómeno de la 'ocasionalidad') [...]". Martín Heidegger, *Ontología. Hermenéutica de la facticidad,* trad. Jaime Aspiunza, Madrid: Editora Nacional, 2003, p. 15. Cursivas originales. Luego de hacer un repaso crítico de la historia de la hermenéutica desde Aristóteles, pasando por Filón y San Agustín, indicando que es en el siglo XVII cuando la hermenéutica ya no es la interpretación misma sino las condiciones de posibilidad de los medios de la comunicación y la interpretación, propone como definición: "El término *hermenéutica* pretende indicar el modo unitario de abordar, plantear, acceder a ella, cuestionar y explicar la facticidad." *Op. Cit.*, p. 17. Y: "La hermenéutica tiene por objeto temático el existir propio en cada ocasión [...]". *Ibíd.*, p. 35.

7 Bultmann, *Nuevo Testamento y mitología*, p. 41. En el ensayo "The Historicity of Man and Faith", Bultmann reconoce explícitamente su identificación con la filosofía de Heidegger. Al responder a las críticas a su pensamiento, formuladas por Gerhardt Kuhlmann y, con referencia específica al término "futuro" en el cual la teología de

Comenta luego un libro de Wilhelm Kamalah, aparecido en la época en que Bultmann escribe su obra, en el cual se analiza el tema de la fe.[8] Bultmann aclara que el planteo de Kamalah es filosófico y rechaza el carácter escatológico del entendimiento cristiano del ser, entendiendo mal el concepto de "separación del mundo" sin captar su carácter dialéctico. Kamalah habla del "autocompromiso" y de la "emancipación". Con esas ideas, es consciente de que se acerca, tal vez inconscientemente, a la concepción cristiana de la fe. Y se hace eco de una pregunta muy habitual, para aquella época y, añadimos, también para la nuestra, que se resume en plantear cómo se puede llegar a la fe si ésta es un don de Dios y no se obtiene por esfuerzo humano. Desde esa problemática, Bultmann formula una pregunta y ensaya una respuesta: "¿Es la fe, en este sentido, la disposición natural del hombre? Sí y no. Sí, porque la fe no es una cualidad sobrenatural misteriosa, sino la disposición de la humanidad genuina".[9] Bultmann no duda en afirmar que la filosofía moderna, léase el existencialismo, tiene una deuda con el Nuevo Testamento, con Lutero y Kierkegaard en cuanto a la naturaleza humana. Y ello le permite decir que "el mismo hecho de que sea posible producir una versión secularizada del concepto de fe del Nuevo Testamento demuestra que no hay nada misterioso ni sobrenatural en la vida cristiana".[10] Aunque se puede percibir el aprecio que Bultmann expresa hacia el existencialismo, toma distancia de él al decir que "estos filósofos están convencidos de que todo cuanto necesitamos es que nos informen sobre la 'naturaleza' del hombre para poder realizarla".[11] Pero el Nuevo Testamento, aunque no nos ofrece una doctrina de la naturaleza auténtica del hombre, "proclama el acontecimiento de la redención que fue hecho en Cristo. [...] dice que

---

Bultmann comprende que es idéntico a lo que Heidegger descubre como una auténtica posibilidad de ser, Bultmann reafirma que coincide con ese planteo tanto desde el punto de vista formal como ontológico. Rudolf Bultmann, *Existence & Faith. Shorter Writings of Rudolf Bultmann*, trad. Schubert M. Ogden, Nueva York: Living Age Books, 1960, pp. 96–97.

8 Se refiere a *Christentum und Selbsbehauptung*, Francfort, 1940.

9 *Nuevo Testamento y mitología*, p. 43.

10 *Ibíd.*, p. 44.

11 *Ibíd.*, pp. 44–45.

sin ese acto salvador de Dios nuestra situación es desesperada, una afirmación que repudia el existencialismo".[12]

En su comparación entre Heidegger y Bultmann, John Macquarrie afirma la íntima relación entre ambos pensadores. Cita la declaración de Heidegger en cuanto a la teología en estos términos:

> La *teología* busca una interpretación más originaria del ser del hombre en relación a Dios, esbozada a partir del sentido de la fe misma y atenida a ella. Poco a poco empieza a comprender nuevamente la visión de Lutero de que la sistematización dogmática de la teología reposa sobre un "fundamento" que no viene primariamente de un cuestionar interno a la fe, y cuyo aparato conceptual no sólo es insuficiente para responder a la problemática teológica, sino que, además, la encubre y desfigura.[13]

A partir de esa cita de Heidegger, Macquarrie comenta que fue Bultmann quien tomó el desafío planteado por el filósofo alemán y que, antes de proceder a la interpretación de lo que está contenido en la fe cristiana, Bultmann examinó las presuposiciones del pensamiento teológico.

> Y llegó a creer que esas presuposiciones están clarificadas y aseguradas por una filosofía de tipo existencial. Porque el existencialismo es una filosofía del ser. [...] no es una filosofía especulativa sino un análisis de la comprensión de la existencia que está dada con la existencia.[14]

Para Macquarrie, la influencia del existencialismo heideggeriano en la teología de Bultmann no es algo externo semejante a un sistema metafísico. Se trata de una influencia que define como *intrínseca*, ya que es "una búsqueda pre-teológica u ontológica en la idea del ser, la

---

12 *Ibíd.*, p. 45.

13 Martin Heidegger, *Ser y tiempo*, trad. Jorge Eduardo Rivera, Madrid: Editora Nacional, 2002, ξ 3, pp. 20–21. Cursivas originales.

14 John Macquarrie, *An Existencialist Theology. A Comparison of Heidegger and Bultmann*, Londres: SCM Press, 1955, p. 8.

cual la teología da por sentado".[15] Macquarrie también encuentra otro punto de conexión entre la filosofía de Heidegger y el pensamiento de Bultmann. En su teología del Nuevo Testamento, Bultmann ve una variedad de teologías, que tienen terminologías y énfasis diferentes, pero de ellas, da prominencia a la teología paulina que expone la doctrina del ser humano. Del mismo modo, adopta las distinciones de heideggerianas en cuanto a la existencia. Dice Bultmann:

> Esa exposición deriva en dos partes —la vida del hombre sin Cristo y la vida del hombre en la fe cristiana. De un modo similar, Heidegger en la exposición de su filosofía, describe primero lo que él denomina existencia diaria o inauténtica, y luego va hacia el problema de una existencia auténtica.[16]

Por su parte, Luis Maldonado señala que la estructura del pensamiento de Bultmann es "circular-involutiva". Explica:

> … se mueve en la bipolaridad de lo implícito y lo explícito (pre-comprensión y comprensión). Esto no es casualidad sino influencia directa que Bultmann recibe de Heidegger en la época feliz de su coincidencia y convivencia en Marburg, cuando los dos organizaban seminarios conjuntamente, antes aun de la aparición sonada de *El ser y el tiempo* (1927).[17]

---

15 *Ibíd.*, p. 9.

16 *Ibíd.*, p. 26. Si bien la "vida auténtica" es un lenguaje que remite a Heidegger, es oportuno consignar la aclaración de Vattimo cuando, al interpretar a Heidegger, dice: "La cuestión de la autenticidad no es un mero problema 'ético' o 'psicológico' de este ente particular que es el ser-ahí. Las cosas, los objetos, el mundo en su conjunto, ya para *Ser y tiempo*, vienen al ser, se dan como entes, sólo en cuanto es el ser-ahí, que abre el horizonte de su darse. Por lo tanto, no hay ser fuera o antes, o independientemente, del proyecto arrojado que es el ser-ahí es." Gianni Vattimo, *Ética de la interpretación*, trad. Teresa Oñate, Barcelona: Paidós Ibérica, 1991, p. 134. Cursivas originales. Para Agamben, el *Dasein* heideggeriano describe la inquietud y el movimiento de ser-en-el-mundo, del estar-ahí, en el lugar propio. Giorgio Agamben, *Teología y lenguaje. Del poder de Dios al juego de los niños*, trad. Matías Raia, Buenos Aires: Las Cuarenta, 2012, p. 30.

17 Luis Maldonado, *El menester de la predicación*, Salamanca: Sígueme, 1972, p. 40. Cursivas originales. Maldonado cuenta que en un encuentro con Heidegger acontecido en el año 1956, el filósofo alemán le comentó que en su opinión, la empresa que había encarado Bultmann era de similar envergadura a la que llevó a cabo Santo Tomás con

Otro aspecto en el que Maldonado observa la influencia de Heidegger en Bultmann es el referido a la comprensión y autocomprensión del hombre, las cuales derivan en la "vida auténtica". Y agrega: "Su autenticidad consistirá en abrirse plenamente a ellas, aceptarlas decididamente; es decidir así su existencia (decisión existencial). Así pasa de la precomprensión a la plena comprensión de sí. Eso es la fe".[18]

Es oportuno tomar en cuenta la vinculación que pudiera existir entre Heidegger y Bultmann respecto al tema de la fe. ¿En qué aspectos Bultmann ha sido influido por Heidegger para desarrollar su teología de la fe? Por otra parte, ¿se ha referido Heidegger a la fe? En caso positivo, ¿en qué sentido lo ha hecho? El propio Heidegger admitió que el primer impulso para su filosofía procedió de la teología cristiana. Formado inicialmente en la teología católica, giró después a la teología protestante influido por el pensamiento de Lutero. Reflexionando a partir del relato de Juan 3, en el que hay un diálogo entre Jesús y Nicodemo, Heidegger vincula a la fe con el renacimiento. El "creer" es, entonces, la "posibilidad de existir en la modalidad de creyente. Y define: "La fe, por lo tanto, sólo se comprende siempre a sí misma como creyente."[19] Y agrega: "Creer es existir en la inteligencia que cree en la historia revelada, es decir, que se consuma con el Crucificado".[20] En el semestre invernal de 1920–1921, Heidegger ofrece un curso sobre "fenomenología de la religión". Una las exposiciones se refiere

---

el aristotelismo: "Bultmann había querido incorporar las categorías forjadas por el existencialismo para vertebrar, articular, elucidar la teología contemporánea". *Ibíd.*, p. 42.

18 *Ibíd.*, p. 42. El tema de la precomprensión, enunciado por Heidegger en *Ser y tiempo*, es adoptado por Bultmann y Gadamer. El primero adopta el enfoque heideggeriano de la precomprensión cuando señala: "El hecho de que la predicación cristiana cuando se encuentra con el hombre pueda ser comprendida por él, demuestra que posee una precomprensión de ella." Rudolf Bultmann, "El problema de la ´teología natural", en *Creer y comprender*, vol. I, trad. D. Eloy Requena, Madrid: STVDIVM, 1974, p. 256. Sobre la exposición del tema en la hermenéutica de Gadamer, véase Alberto F. Roldán, "La reivindicación del prejuicio como precomprensión en la teoría hermenéutica de Gadamer", *Enfoques*, año XXIV, 1, Libertador Gral. San Martín: Universidad Adventista del Plata, 2012, pp. 19–29.

19 Martín Heidegger, *Wegmarken*, Fránfort del Meno: Klostermann, 1978, p. 53. Cit. por Philippe Capelle-Dumont, *Filosofía y teología en el pensamiento de Martin Heidegger*, trad. Pablo Corona, Buenos Aires: FCE, 2012, p. 36.

20 Cit. en *Ibíd.*, p. 37.

al pensamiento de San Pablo en la carta a los gálatas, que Heidegger interpreta desde una óptica fenomenológica. Comenta a propósito de Gálatas 3.2:

> San Pablo pone todo su argumento principal teológico en la balanza: Abraham mismo se justifica sólo por la fe. ¿Cómo se las ha [*sic*], por tanto, con la ley? 3, 2 ἐξ ἔργω νόμου «por las obras según la ley» está en franca oposición a ἐξ ἀκοῆς πίστεως «por escuchar con fe» (*cfr.* Rom 10.13; 14). El cumplimiento de la ley es imposible, cada uno fracasa en ello, sólo la fe justifica.[21]

Se trata de una interpretación que podríamos denominar "luterana" y, por lo tanto, coincidente con lo que veremos más adelante en cuanto a Bultmann. Pero esa sería solo una fase "teológica" del pensamiento de Heidegger, porque, al fin de cuentas, como lo demuestra Capelle-Dumont, interpreta que Heidegger advierte que no hay que confundir teología con filosofía o pretender elaborar una "filosofía de la fe". En todo caso, puede haber una "ciencia de la fe"[22] bajo cuatro aspectos: a) ciencia que es develada en la fe, es decir, "de lo que es creído"; b) ciencia del comportamiento del creyente y de su creencia; c) ciencia que se inscribe en el gesto de la fe, que es su propio origen; y d) ciencia de la fe en tanto "contribuye, por su parte, a conformar la creencia [*fidelité*]".[23] Heidegger admite cierta sistematicidad en la teología, pero no en el sentido de poder elaborar un sistema de pensamiento similar a lo que puede hacerse con la filosofía, sino que solamente se trata de un "sistema de la fe", y ello se materializa en un modo circular: "La teología sólo es sistemática si es

---

21 Martín Heidegger, *Fenomenología de la religión,* trad. Jorge Uscatescu, México: Ediciones Siruela-FCE, 2006, p. 98.

22 Escribimos la palabra "ciencia" entre comillas, porque el propio Heidegger, en términos estrictos, no aceptaba el carácter científico de la teología. En carta que escribe como respuesta a una misiva enviada por Elizabeth Blochmann como resultado de su conferencia "Fenomenología y teología" dice: "La cuestión de saber si la teología es una ciencia surgió en el curso de la discusión y, en Marburgo, como siempre, delante de mis alumnos. Aunque si personalmente yo estoy convencido de que la teología *no* es una ciencia, no estoy actualmente todavía en condiciones de *mostrarlo efectivamente*". Cit. por Jean Greisch, *Op. Cit.*, p. 29. Cursivas originales.

23 *Op. Cit.*, p. 38.

histórico-práctica. Sólo es histórica si es sistemático-práctica. Sólo es práctica si es sistemático-histórica".[24]

En síntesis, la teología debe estar al servicio de la existencia creyente. "De la fe a la fe, para y por la creencia [*fidelité*]".[25] Pero este reconocimiento de la importancia central de la fe por parte de Heidegger no significa que pueda hacerse de ella el centro de un reflexionar filosófico, porque la teología no es ni filosofía de la religión ni psicología de la religión ni, mucho menos, "teología filosófica", ya que "la teología cristiana está fundada, primera y principalmente, por la fe, y sólo de ella toma los recursos propios de su metodología".[26] En todo caso, la teología necesita de la filosofía como una especie de herramienta correctiva de sus conceptos fundamentales. La filosofía ya no volverá a ser la "sierva" (*ancilla*) de la teología como lo fue en la Edad Media, porque "lejos de volver a convertirse en 'sierva' de la teología, lleva a cabo la remisión crítica de la teología a una conceptualidad adecuada".[27] La teología debe atenerse a su propio tema: la fe. Por el contrario, la filosofía "no depende de ninguna necesidad teológica, debe librarse a su propia *aventura* y a su preguntar 'inactual'".[28] Esta distinción entre filosofía

---

24 *Cit.* en *Ibíd.*, p. 40. Cursivas originales.

25 *Ibíd.*, p. 39.

26 *Ibíd.*, p. 41.

27 *Ibíd.*, p. 44. En la conclusión de su análisis de la conferencia de Heidegger "Fenomenología y teología", Jean Greisch dice que para Heidegger, en ningún caso la teología podría anexarse a la fenomenología ni podría haber un giro teológico de la fenomenología o un giro fenomenológico de la teología porque "el único espacio de reencuentro posible entre la filosofía y la teología es, para Heidegger, el de una ontología fenomenológica" *Op. Cit.*, p. 65. En ese sentido, la filosofía representa el correctivo de los conceptos ontológicos fundamentales de los que también trata la teología. En otro texto de Heidegger que se titula *Hitos,* el filósofo alemán dice de la teología: "Siendo absolutamente diferente a la filosofía, se relaciona con ésta. Se sigue de nuestra tesis que la teología como ciencia positiva es fundamentalmente más próxima a la química y a las matemáticas que a la filosofía. De este modo formulamos, en su forma extrema, la relación de la Teología con la Filosofía". Martín Heidegger, *Wegmarken,* Fránfort del Meno, Lostermann, 1978, p. 49 (trad. española, *Hitos*, de H. Cortés Gabaudán y A. Leyte Coello, Madrid: Alianza, 2000), *cit.* por Philippe Capelle-Dumont, *Op. Cit.*, p. 27.

28 Philippe Capelle-Dumont, *Op. Cit.*, p. 47. Cursivas originales.

y teología era fuertemente mantenida por Heidegger. El hecho se refleja en una carta fechada el 31 de diciembre de 1927. Su contenido es una respuesta de Heidegger a una consulta de Bultmann, quien debía escribir un breve artículo sobre aquél para un diccionario. Luego de expresar su sorpresa, ya que dice que él apenas comienza "a andar a gatas", escribe Heidegger:

> En cuanto al contenido habría que decir solamente que mi trabajo tiende a una radicalización de la ontología antigua y simultáneamente a una ampliación universal de la misma en relación con la región de la historia. Constituye el fundamento de esta problemática la partida del "sujeto", en el bien entendido sentido del *Dasein* humano, de modo que con la radicalización de este enfoque obtienen a la vez su derecho los auténticos motivos del Idealismo Alemán. Agustín, Lutero, Kierkegaard son esenciales filosóficamente para la formación de una comprensión más radical del *Dasein*, lo mismo que Dilthey lo es para la interpretación del "mundo histórico", y Aristóteles y la Escolástica lo son para la formulación rigurosa de ciertos *problemas* ontológicos. Pretendo conseguir todo eso con un método propio y guiado por la idea de una filosofía científica, tal como la fundó Husserl.[29]

Se podría decir que esta es una síntesis programática de lo que pretendía Heidegger: elaborar una filosofía que implicara una radicalización de la ontología antigua, centrada en el *Dasein* y en la cual Agustín, Lutero, Kierkegaard, Dilthey y su maestro Husserl fueran referentes fundamentales.

Otro aspecto de punto de contacto entre Heidegger y Bultmann es el círculo hermenéutico y, como parte de éste, la precomprensión en tanto momento de la operación hermenéutica. En su ensayo "El problema de la hermenéutica", Bultmann expresa la importancia que el pensamiento de Heidegger ha alcanzado en ese campo. Dice:

---

29 Andreas Gromann y Christof Lanmesser (editores), *Rudolf Bultmann/Martin Heidegger, Correspondencia 1925-1975,* trad. Raúl Gabás, Barcelona: Herdere, 2012, p. 37.

> El problema de la hermenéutica ha adquirido una claridad decisiva al presentar Heidegger la comprensión como algo existencial, y a través de su análisis de la interpretación, como desarrollo de la comprensión; pero, sobre todo, gracias a su análisis del problema de la historia y de su interpretación de la historicidad del pensamiento.[30]

Como hemos expuesto en otro artículo,[31] el propio Heidegger afirmó: "La comprensión del ser es, ella misma, una determinación de ser del Dasein".[32] En nota al pie y, para despejar toda duda, Heidegger aclara: "Pero, ser, aquí, no sólo en cuanto ser del hombre (existencia). Esto resultará claro por lo que sigue. El estar-en-el- mundo encierra *en sí* la relación de la existencia con el ser en total: comprensión del ser".[33] Se trata, tal como lo interpreta Hans-Georg Gadamer, de ser conscientes de los prejuicios entendidos como "precomprensiones" con que llegamos a "la cosa misma" de un texto.

---

30 Bultmann, "El problema de la hermenéutica", en *Creer y comprender* II, p. 187. En la parte final de ese ensayo, Bultmann arremete contra Karl Barth, quien en *Die kirchliche Dogmatik* III.2, rechaza la opinión de que un enunciado teológico solo pueda ser válido como elemento de la comprensión cristiana de la existencia humana y que, si bien los enunciados teológicos se refieren a la existencia humana, no lo son originalmente. Originalmente, argumenta Barth, se trata de hechos que determinan el ser y la acción de Dios, que no pueden reducirse a "enunciados sobre la vida interior del hombre". Es la última frase la que parece molestar más a Bultmann, porque, dice, "traiciona la total incomprensión de lo que es interpretación existencial y del sentido de la existencia indicado en ella. Ésta no es en absoluto la 'vida interior del hombre', que se puede tener ante los ojos prescindiendo de lo distinto de ella y de lo que le sale al encuentro (sea entorno, semejantes o Dios)". *Ibíd*., p. 193. Y finaliza su crítica sobre "el don de la fe" tal como lo plantea Barth, preguntando, entre otras cosas: ¿cómo penetran los acontecimientos históricos en el campo visual del creyente? y ¿cómo distinguir semejante fe de una ciega aceptación por medio de un *sacrificium intellectus*? Responde: "Preguntar por un sentido válido de la imagen mítica del mundo es precisamente la intención de mi interpretación existencial del mito, y con ello intento proceder metódicamente". *Ibíd.,* p. 194.

31 Alberto F. Roldán, "La reivindicación del prejuicio como precomprensión en la teoría hermenéutica de Gadamer", *Enfoques,* Año XXIV, 1, Libertador Gral. San Martín; Universidad Adventista del Plata, 2012, pp. 19–29.

32 Martín Heidegger, *Ser y tiempo,* trad. Jorge Eduardo Rivera, Madrid: Editora Nacional, 2001, § 4, p. 23. Cursivas originales.

33 *Ibíd*, nota a. Cursivas originales.

Habiendo expuesto, a grandes rasgos, la influencia que Heidegger ejerció en Bultmann, pasamos ahora a analizar su exposición sobre la fe.

La fe como exigencia y decisión

En el parágrafo ξ 35 de su *Teología del Nuevo Testamento,* Bultmann hace un pormenorizado análisis de la estructura de la πίστις en San Pablo, destacando en primer lugar que la fe es un acto de obediencia, según se desprende del texto de Romanos 1.5. Es acto de obediencia por cuanto "se basa en que el mensaje, que exige el reconocimiento del Crucificado como el κύριος, exige de los hombres el abandono de la manera anterior que tenían de entenderse a sí mismos [...]".[34] Allí mismo, aclara que esa obediencia de la fe es la auténtica obediencia que exigía la ley de Dios, pero que los judíos no habían interpretado bien, ya que buscaban labrar su propia justificación por sí mismos. Hay, además, un segundo malentendido que sostiene que la fe es una especie de "experiencia" o de "virtud". "No es —como un perfecto estado del alma— la salvación misma, sino que, en cuanto obediencia auténtica, es la condición para recibir la salvación".[35] La fe es también "confesión" (ὁμολογία), porque: "La πίστις es 'creer en...'; es decir, que en ella hay siempre una referencia a su objeto, a la acción salvífica de Dios en Cristo".[36]

Luego, Bultmann relaciona la fe con la comprensión. Dice: "La πίστις que surge de la 'escucha' (ἀκοή) (Ro 10.17), contiene, por tanto, de manera necesaria, *un saber.* Por ello puede a veces hablar Pablo como el saber fundamentase la fe".[37] A partir de los textos de 1 Tesalonicenses 5.2, Romanos 6.3, 2 Corintios 5.1 y 8.9, Bultmann puede afirmar: "En el fondo, πίστις o γνῶσις como un nuevo entenderse a sí mismo [...]".[38] Apelando a Filipenses 3.8–10, Bultmann

34 *Teología del Nuevo Testamento,* trad. Víctor A. Martínez de Lapera, Salamanca: Sígueme, 1981, p. 374.

35 *Ibíd.*, p. 375.

36 *Ibíd.*, p. 376.

37 *Ibíd.*, p. 377.

38 *Ibíd.* Cursivas originales.

relaciona el conocimiento del ser humano hacia Dios y de Dios hacia el ser humano. Dice: "Se aclara totalmente el sentido de πίστις en el hecho de que el conocer (γινῶσκειν) humano tiene su fundamento en un γνωσθῆναι ὑπο θευô ('ser conocido por Dios') (Gá 4.9; 1Co 13.12)".[39]

Por último, la fe se relaciona con la esperanza. "En el hecho de que la πίστις es, al mismo tiempo esperanza (ἐλπίς) pone de relieve que el creyente está orientado a un punto fuera de sí mismo".[40] Esto significa "un estar libre y abierto al futuro, ya que el creyente abandona en la obediencia a Dios la preocupación por sí mismo y la preocupación por su futuro".[41] Citando el famoso binomio de Oscar Cullmann, Bultmann vuelve al tema de la decisión, señalando:

> El ser del creyente es el movimiento entre el "ya" y el "todavía no". "Ya": la decisión de la fe ha liquidado el pasado; debe ser consolidada como auténtica decisión, es decir, debe ser realizada siempre de nuevo. Como algo superado, el pasado se halla siempre presente y la fe debe recordar el pasado como algo que amenaza continuamente.[42]

En su perspectiva existencial, el acto de fe no es, para Bultmann, algo puntual sino que, debido a que el cristiano vive entre los tiempos, su decisión, si bien ha liquidado el pasado, para que alcance la plena autenticidad deberá ser siempre realizada de nuevo. De otro modo, la fe puede sentirse amenazada por ese pasado que se supone superado.

Para Bultmann, la decisión de fe no es algo que acaece por virtud humana, ya que "el creyente puede entender su decisión, cuya posibilidad experimenta él como gracia, únicamente como don de la gracia".[43] Por un momento, Bultmann menciona tangencialmente el tema de la predestinación y la elección a partir de los textos de Filipenses 1.29; Romanos 8.29 y 9.6–29 para acentuar la iniciativa

39 *Ibíd.*, pp. 477–378.
40 *Ibíd.*, p. 378.
41 *Ibíd.*
42 *Ibíd.*, pp. 381–382
43 *Ibíd.*, p. 489

divina en el acto de fe. "La fe es activada por Dios en cuanto que, como gracia que antecede, posibilita la decisión del hombre, de manera que ésta únicamente puede entenderse a sí misma como regalo de Dios, sin perder por ello su carácter de decisión".[44]

La fe como existencia escatológica

En el parágrafo ξ 50 de la *Teología del Nuevo Testamento,* titulado precisamente "La fe como existencia escatológica", Bultmann señala las coincidencias básicas entre Juan y San Pablo en lo concerniente a la importancia de la fe. Tanto para el evangelista como para Pablo "la fe es el camino hacia la salvación, el único camino. El 'solamente por la fe' es tan evidente para Juan y por ello no lo subraya expresamente".[45] Mientras Pablo establece una antítesis entre πίστις – ἔργα νομοῦ, tal oposición no aparece en Juan, pero, a su vez, Juan "a diferencia de Pablo, *no discute el camino de salvación, sino la cuestión de la salvación misma* [...]".[46]

Para Bultmann, la fe es no sólo decisión, sino también obediencia. En el ensayo "gracia y libertad", explica Bultmann:

> La fe es obediencia porque en ella es quebrantado el orgullo del hombre. Lo que es propiamente evidente le resulta al hombre lo más difícil por su orgullo. No quiere arrojar la carga bajo la cual gime; se ha convertido para él en parte de su yo; más aún, en su mismo yo. Piensa que se pierde si renuncia a sí mismo; si renuncia a lo que ha hecho de sí mismo. Sin embargo, debe perderse, porque sólo así puede encontrarse realmente. Debe doblegarse, humillarse, despedirse de su orgullo, para llegar a sí mismo.[47]

---

44 *Ibíd.*, pp. 389–390. El término "decisión" también pertenece al repertorio de Heidegger. Sobre el particular, el filósofo une ese concepto al de libertad. Dice: "¿Por qué tienen que producirse *decisiones*? ¿Qué es esto, *decisión*? La necesaria forma de realización de la libertad". Martín Heidegger, *Aportes a la filosofía. Acerca del evento,* p. 94. Cursivas originales.

45 Rudolf Bultmann, *Teología del Nuevo Testamento,* trad. Víctor A. Martínez de Lapera, Salamanca: Sígueme, 1981, p. 493.

46 *Ibíd.*, pp. 393–394. Cursivas originales.

47 Rudolf Bultmann, "Gracia y libertad" en *Creer y comprender,* vol. II, trad. D. Eloy

Bultmann también toma en cuenta los desafíos que las ciencias naturales provocan a la fe. En su ensayo "La crisis de la fe", que data de 1931, comienza por distinguir la crisis moral de la crisis de fe, afirmando que, a pesar de que la fe se relaciona con la moral, también se distingue de ella

> ... porque es siempre una fe determinada, fe en un frente a, en su más allá del hombre. La fe no es religiosidad, ni una disposición de recogimiento, gratitud, veneración y respeto del alma ante el mundo y la vida como un todo, sino que comprende el mundo y la vida desde una realidad que está más allá de ellos, desde un poder que los trasciende, que es su origen y señor; desde Dios.[48]

Las ciencias de la naturaleza someten a la fe a una crisis que implica que el ser humano es colocado ante la cuestión de si puede comprender su ser desde la observación e investigación científicas. Pero en esa pretensión Bultmann observa, en coincidencia con Karl Barth, que allí "se oculta la pretensión del hombre de ser él mismo, de comprender y modelar su vida desde aquello de que dispone, desde lo que domina o estima dominar con el pensamiento y su acción solícita".[49] Para

---

Requena, Madrid: Stvdivm, 1976, p. 131.

48 Rudolf Bultmann, "Crisis de la fe", en *Ibíd.*, p. 7.

49 *Ibíd.*, p. 18. Decimos que el lenguaje de Bultmann se parece al de Barth sobre todo si lo comparamos con el famoso parágrafo ξ 16, "The Revelation of God as the Abolition of Religion", *Church Dogmatics,* I.2, trad. G. W. Bromiley, T. F. Torrance, Edimburgo: T & T Clark, 1956, pp. 280–361, donde el teólogo suizo establece una oposición tajante entre la revelación de Dios en Cristo y la religión entendida como proyecto humano, carnal y, por lo tanto, destinado al fracaso. Ese texto está disponible en castellano como libro autónomo: Karl Barth, *La revelación como abolición de la religión,* trad. Daniel Vidal, Madrid: Marova-Fontanella, 1973. Por supuesto que ésta es una coincidencia tangencial entre ambos teólogos, ya que se sabe que Karl Barth nunca entendió el proyecto de "desmitologización" del Nuevo Testamento y hasta lo consideraba algo superfluo. Véanse las cartas entre Barth y Bultmann en Bernd Jaspert (editor), *Correspondencia Karl Barth – Rudolf Bultmann,* trad. José Arana, Bilbao: Descleé de Brouwer, 1973, especialmente pp. 152–181. En una de esas cartas escribe Barth: "Yo tengo preocupaciones distintas de Ud. Por eso también para mí todo el problema del kerigma y del mito es una cuestión de segundo orden". Carta fechada en Basilea el 24 de diciembre de 1952, cit. en p. 177.

Bultmann las crisis de la fe, provocadas por las ciencias naturales y la historia no son cosas para rechazar, sino, curiosamente, para celebrar. Explica la razón:

> ... fuerzan a reflexionar sobre la esencia de la fe y ponen de manifiesto la cuestión de la decisión a favor o en contra de la fe; la cuestión de la decisión, que no es nunca cuestión del conocimiento investigador y poseedor, sino siempre cuestión de la voluntad, de la apertura al instante, y que por lo mismo no se puede resolver con ninguna ciencia.[50]

La existencia escatológica se relaciona también con el hecho de que el creyente ha sido arrancado del mundo "de su ser mundano". Tomando en consideración los textos del cuarto evangelio, Bultmann relaciona el conocimiento con la libertad. Señala que ese conocimiento que da la libertad no es un conocimiento teórico, distante, sino que es "un dejarse determinar por lo conocido, un ser en lo conocido, de manera que puede designarse la relación hacia el Revelador y hacia Dios mediante un εἶναι ἐν ('estar en') (15, 3s; 17,21)".[51] En cuanto a la libertad, se trata de libertad del mundo y del pecado. A partir de la expresión "guárdalos del mal" (Jn 17.15) Bultmann aclara que "la libertad frente al pecado no consiste en hallarse dotados de una nueva φύσις que tuviese como propiedad natural la carencia de pecado. Más bien esta carencia de pecado es propia de la fe [...]".[52]

Bultmann hace una referencia a la teología paulina, en la que destaca el problema de la relación entre el indicativo y el imperativo de la vida cristiana. Para Pablo, la "existencia escatológica está marcada por la εἰρήνη y la χαρά ('alegría), que tradicionalmente describen la salvación escatológica (*cf.* por ejemplo, Ro 14.17)".[53] Volviendo a la teología de Juan, Bultmann explica que la εἰρήνη es una posibilidad escatológica que está más allá de una mera disposición del alma, ya que "solamente puede ser aprehendida como realidad por la fe y que,

---

50 "Crisis de la fe", p. 19.

51 *Teología del Nuevo Testamento,* p. 497.

52 *Ibíd.*, p. 498.

53 *Ibíd.*, p. 501.

por ello, como tampoco la libertad, no puede convertirse en un estado o condición".[54] ¿En qué consiste la existencia escatológica? Siempre inspirado en la teología joanina, Bultmann afirma:

> Se describe la existencia escatológica al presentar el ser del creyente como *un estar en el Revelador,* o, también, como *un estar del Revelador en ellos,* de manera que ellos entre sí y con él forman una unidad —unidad, al mismo tiempo, con el Padre, en el que está el Hijo y el cual está en el Hijo.[55]

En una referencia más específica a la escatología, Bultmann entiende que las palabras de Jesús en cuanto al conocer recíproco entre Jesús y sus discípulos (Jn 10.2ss., 14ss. y 27), proceden del lenguaje místico mediatizado por el lenguaje apocalíptico. Por otra parte, la promesa del retorno para volver a verse con ellos (Jn 14.8ss., 28; 16.16ss., sobre todo 14.23) se interpretan del siguiente modo:

> Estas últimas palabras no hablan de una parusía realista; las otras tampoco de la relación mística entre Jesús y los suyos. Todas estas palabras describen la existencia escatológica del creyente arrancada del mundo. Esta existencia es real únicamente en la fe y *no en una relación directa a Jesús o a Dios.*[56]

En la conclusión nos ocuparemos de analizar críticamente esta perspectiva escatológica de Bultmann. Ahora, habiendo expuesto lo que éste entiende por la fe como acontecimiento escatológico, pasamos a analizar su planteamiento teológico para detectar en qué aspectos su pensamiento, si bien está impulsado por la filosofía de Heidegger representa un desarrollo más amplio sobre el tema.

El planteamiento teológico de Bultmann

Es cierto que Bultmann se muestra influido por el pensamiento filosófico de Heidegger. Términos como "decisión", "angustia", "desesperación",

---

54 *Ibíd.*, pp. 501–502.

55 *Ibíd.*, p. 503. Cursivas originales.

56 *Ibíd.* Cursivas originales.

"caída" son usados tanto por Heidegger como por Bultmann. Pero ¿hasta qué punto este último simplemente pone en "lenguaje cristiano" las incisivas fórmulas de Heidegger? Sobre todo, ¿cuál es el objetivo último de Bultmann sobre la fe, a partir de ese diálogo con el filósofo existenciario?

Como expresamos en la introducción de este trabajo, muchos lectores de Bultmann rechazan su teología al quedar espantados por su propuesta de la "desmitologización", no siempre bien entendida. Pero el verdadero tema de Bultmann no es ese, sino el hecho de que, mediante un proceso hermenéutico que denomina "desmitologización", el kerigma pueda suscitar la fe del hombre moderno. En este punto, es bueno tener en cuenta las observaciones de Juan Luis Segundo cuando se refiere a la "desmitologización". El tema aparece en el capítulo V de *El hombre de hoy ante Jesús de Nazaret*, II/2, titulado "Desmitologización y espíritus", y en un contexto en el cual el teólogo uruguayo se refiere a los "ejercicios espirituales". Segundo resume lo que Bultmann quiere decir con "mito", bajo tres aspectos: a) una experiencia subjetiva de un encuentro con lo absoluto; b) una causalidad sobrenatural que opera como causa natural, y c) una historia "sagrada" en la que se tomen en cuenta y se narren interrupciones de la historia profana. A continuación aclara:

> … la palabra "desmitologización" es engañosa, pues Bultmann no propone desembarazarse sin más de toda narración "mítica". Lo que propone es interpretarla. Y, para ello, volver a poner en el interior, en lo "existencial", lo que el mito proyectó al exterior, al reino de los objetos y acontecimientos objetivos. Así el *hecho*, si no el acontecimiento, conserva su valor decisivo y aun teológico.[57]

Pero donde mejor se observa la mayor influencia de Heidegger sobre Bultmann es en cuanto al círculo hermenéutico, a partir del cual el lector u oyente del kerigma alcanzará una mejor comprensión de sí mismo, lo cual derivará en la "vida auténtica". Segundo desliza cierta duda en cuanto a si Bultmann entiende bien a Heidegger, aunque destaca lo importante de esa influencia:

---

[57] Juan Luis Segundo, *El hombre de hoy ante Jesús de Nazaret*, II/2, Madrid: Cristiandad, 1982, p. 720. Cursivas originales.

> Ese camino, como se sabe, es un análisis hecho por Heidegger en su conocida obra *El ser y el tiempo* de las diferencias entre una existencia inauténtica y una auténtica. Prescindamos del problema de si Bultmann entiende bien o no a Heidegger. Éste tiene una intención ontológica que Bultmann descarta pretendiendo que si no buscamos en Heidegeer los resultados de un análisis *existenciario,* sino *existencial* (de acuerdo a la terminología adoptada por el traducir castellano), hallaremos en *El ser y el tiempo* un análisis metódico muy útil para ahondar y perfeccionar nuestro nivel de comprensión existencial.[58]

A la luz de esta interpretación sobre la desmitologización, podemos decir que esa tarea no es para Bultmann un fin en sí mismo. Se trata siempre de un método para llegar a un fin: que el oyente pueda captar el sentido del kerigma y, con él, alcanzar la "vida auténtica". Como explica Ricoeur: "La filosofía de Heidegger proporciona solamente el requisito filosófico previo para una crítica del mito, cuyo centro de gravedad es el proceso de objetivación".[59] Como había afirmado antes el filósofo francés: "Separar el kerigma del mito es la función positiva de la desmitologización".[60] Luego de aclarar que se debe distinguir en Bultmann tres "personalidades", como hombre de fe, como filósofo y como auditorio de la palabra, dice Ricoeur:

> Cuando se sitúa en este último círculo, predica. Sí, predica; hace escuchar el Evangelio. De este modo, como discípulo de Pablo y de Lutero, opone la justificación por la fe a la salvación por las obras; por las obras, el hombre se justifica y se glorifica, es decir, dispone, en tanto soberano, del sentido de su existencia; en la fe, se desprende de la pretensión de disponer de sí mismo.[61]

---

58 *Ibíd.*, p. 721. Cursivas originales.

59 Paul Ricoeur, "Prefacio a Bultmann", *El conflicto de las interpretaciones,* trad. Alejandrina Falcón, Buenos Aires: FCE, 2003, p. 352.

60 *Ibíd.*, p. 351.

61 *Ibíd.*, pp. 353–354.

Precisamente en esa crítica que Bultmann formula a la pretensión humana de "disponer de sí mismo", de "autojustificarse" y "glorificarse", encontramos otro distanciamiento respecto del planteamiento de Heidegger. Si bien tanto en este último como en Bultmann el ser humano es una "posibilidad", y alcanzar "la vida auténtica" también es una posibilidad, para Bultmann, esa "vida auténtica" nunca se podrá alcanzar mediante el esfuerzo humano, por más hercúleo que fuese. Comenta René Marlé:

> La existencia en la fe es por el contrario una existencia fundada en lo invisible que el hombre no tiene en su propio poder, una existencia que renuncia, de antemano, a cualquier seguridad procurada por la industria humana. Una vida así no se hace "posibilidad" para el hombre si no es por la fe en la "gracia" de Dios, es decir, por la confianza que el hombre tiene en encontrarlo invisible, lo desconocido, bajo la forma de un amor que le abre un porvenir que es, precisamente, la vida misma.[62]

Bultmann tomó muy en serio el desafío filosófico planteado por Heidegger y lo aplicó al terreno decididamente teológico. Desde el planteamiento "existenciario" de Heidegger, encaró un proyecto de envergadura: articular la teología cristiana teniendo como eje la fe como evento que acontece cuando el ser humano es confrontado con el kerigma y el verdadero escándalo: la cruz de Cristo. Una fe que es decisión y obediencia pero que, en su propia esencia, toca al ser humano en su propia existencia y facticidad. En palabras de Capelle-Dumont:

> Bultmann "pone de manifiesto" de algún modo en teología la atención filosófica de Heidegger a la experiencia ficticial y su carácter histórico, pero ello, aún más y mejor que el modelo a partir del cual Heidegger se pregunta por la vida ficticial, y esto es, se ha señalado, la experiencia cristiana…[63]

---

62 René Marlé, *Bultmann y la fe cristiana*, trad. José Manuel Maruri, Bilbao: Mensajero, 1968, pp. 72–73.

63 *Op. Cit.*, p. 233.

Se puede afirmar que la filosofía de Heidegger ha servido a Bultmann para reinterpretar la situación humana en el siglo XX. El punto de coincidencia mayor está dado en el diagnóstico que esa filosofía hace de *Dasein,* el —ser— ahí que es arrojado al mundo. Él comenta esa influencia: "Heidegger puede exhortarnos a la resolución de existir como *yo mismo* de cara a la muerte, porque nos abre los ojos a nuestra situación como la de 'arrojados' en la Nada".[64] Pero ese punto de coincidencia no debe despistarnos de lo que realmente plantea Heidegger. En el parágrafo ξ 50 de *Ser y tiempo,* Heidegger describe la "caída" del Dasein y su condición de arrojado. No usa el término "caída" en el sentido teológico que supone haber perdido su estado natural, sino que "ha caído en el *mundo*, en ese mismo mundo que forma parte de su ser. La caída es una determinación existencial del Dasein mismo, y no dice nada acerca del Dasein en cuanto ente que está ahí, o acerca de relaciones simplemente presentes con algún ente del cual pudiera 'proceder' [...]".[65] Porque, mientras para Heidegger esa "caída" es algo neutral, para Bultmann es justamente la situación desesperada del ser humano sin la fe en Cristo. Dice:

> El punto en cuestión es cómo entendemos la caída. Incluso los filósofos están de acuerdo al respecto. Pero piensan que todo cuanto necesita el hombre es que le muestren su situación y entonces podrá escapar de ella. En otras palabras, la corrupción resultante de la caída no se extiende al núcleo de la personalidad humana. El Nuevo Testamento, por otra parte, considera la caída como total.[66]

---

64 *Nuevo Testamento y mitología,* p. 45. Cursivas originales. Respecto a la expresión de Heidegger "ser-para-la-muerte", Vattimo interpreta que entre todas las posibilidades o potencialidades del *Dasein* la más cierta es la muerte, hecho atestiguado en que todos morimos, "es decir, que esa posibilidad es coesencial al *Dasein*, pero la raíz del hecho empírico de que todos mueren es la circunstancia de que la muerte es la posibilidad más propia del *Dasein* en cuanto lo afecta en su mismo ser, en su esencia misma de proyecto, mientras que cualquier otra posibilidad se sitúa en el interior del proyecto mismo como su modo de determinarse". Gianni Vattimo, *Introducción a Heidegger,* trad. Alfredo Báez, Barcelona: Gedisa, 1986, p. 48. El "ser-para-la-muerte" implica a la muerte como sumo y extremo testimonio, como medición extrema de la temporalidad del *Dasein.* Martín Heidegger, *Aportes a la filosofía. Acerca del evento,* pp. 231–233.

65 Heidegger, *Ser y tiempo*, p. 219. Cursivas originales.

66 *Nuevo Testamento y mitología,* p. 47.

En un aspecto, Bultmann no ha entendido bien a Martín Heidegger en cuanto a la "caída", pero en otro, lo interpreta adecuadamente cuando dice que el Dasein es arrojado al mundo y, finalmente, a la Nada.

Conclusiones:

Bultmann recibe de Heidegger un impulso inicial para elaborar una teología del siglo XX, en un ámbito filosófico dominado por el existencialismo. Pero desde ese influjo, va más allá de Martín Heidegger para articular una teología en torno al tema de la fe. Mientras la teología fue una primera inspiración para Heidegger, quien derivó después, decididamente, en un planteamiento filosófico "existenciario", Bultmann hace suyo el desafío de Heidegger para derivar en una teología existencial cuyo eje es la fe en Jesucristo como centro del kerigma. Dicho de otra manera, ambos pensadores recorren un trayecto inverso: mientras Martín Heidegger comienza con la teología y deriva luego decididamente en una filosofía existenciaria, Bultmann recibe el impulso inicial de esa misma filosofía, pero luego la traslada al plano teológico con la fe como objeto central y neurálgico de su proyecto. En otras palabras, Bultmann ha tenido la capacidad de teologizar los conceptos filosóficos de Heidegger. En palabras de Philippe Capelle-Dumont, ello significa que:

> Bultmann "pone de manifiesto" de algún modo en teología la atención filosófica de Heidegger a la experiencia facticial y su carácter histórico, pero ello, aún más y mejor que el modelo a partir del cual Heidegger se pregunta por la vida ficticial, y esto es, se ha señalado, la experiencia cristiana...[67]

Cuando Bultmann dice que la fe en Dios significa la llamada al instante como la exigencia del tú que me sale al encuentro, como la llamada al amor, entonces la crisis de la fe cristiana en Dios es

---

67 *Op. Cit.*, p. 233.

siempre a la vez la crisis del amor. Las palabras "instante", "exigencia", "decisión", "encuentro", crisis", "posibilidad", "acontecimiento", "evento", pertenecen al vocabulario del existencialismo y han sido teologizadas por Bultmann para señalar que la fe no es algo estático e irrepetible, sino que es un evento que acaece en el instante de la decisión pero que también debe ser realizado siempre de nuevo.

Creemos haber demostrado que el verdadero interés de Bultmann no es la "desmitologización". Su verdadero foco de atención es la fe que se ve obturada por la mitología precientífica del Nuevo Testamento. La desmitologización era solo un método que propone para facilitar que el kerigma pueda interpelar al hombre moderno.

Al definir la fe como un evento escatológico, de alguna manera Bultmann se sitúa en una especie de "escatología realizada" (C. H. Dodd) o, quizás mejor, en una escatología existencial, la cual significa que el ser humano, al ser confrontado con el kerigma, está en el último acto de decisión.

La escatología bultmanniana se mueve en un plano casi exclusivamente intimista y espiritual, al punto de negar lo que denomina una "escatología realista". En ese contexto, destaca en tal grado la fe en sí misma que incluso niega que se refiera a una relación directa con Jesús o con Dios. Éstos son, quizás, los puntos más cuestionables del planteamiento de Bultmann, en cuya teología parece no haber lugar para una visión cósmica de la redención. En este sentido, con referencia a los teólogos latinoamericanos, Ricardo Foulkes señala que en su gran mayoría no se han sentido atraídos por el sistema de Bultmann, y explica:

> Las experiencias existenciales de guerras, desnutrición y dominación imperialista, les han convencido [de] que un sistema que protagoniza casi exclusivamente al *individuo* y sus decisiones, no ha captado la esencia del evangelio. Gustavo Gutiérrez resume esta reacción cuando comenta: "La desmitologización es un proyecto imposible". Parece que la filosofía de Heidegger no es el mejor odre donde guardar el vino del evangelio. Y es precisamente nuestra experiencia en América Latina —que es por definición más colectiva que intimista—, la que demuestra

> la deficiencia de un esquema forjado en medio de la abundancia. Nuestra lectura de la Biblia es otra.[68]

Por otra parte, la escatología de Bultmann significa un reduccionismo a la perspectiva neotestamentaria sobre el tema. De alguna manera, para él es cierto que la fe entra en la historia, pero en todo caso lo hace para poner fin a ella. En palabras de Joseph Florkowski:

> Cuando habla de la fe y del hecho escatológico de Cristo, se deduce claramente que para él la escatología es la única forma de lo eterno que puede alcanzar la historia. Y lo propio de la escatología es poner fin a la historia, pero poner fin ya en la actualidad presente y cada vez que se revela en la predicación de la palabra de Dios.[69]

Pese a todas esas limitaciones y reduccionismos, el pensamiento de Bultmann sobre la fe es una invitación a pasar de la crisis en que las ciencias naturales y la historia han colocado a la fe, a una crisis en el sentido de la fe como decisión existencial y escatológica convirtiendo el instante temporal en instante eterno. Parafraseando a Kant cuando dijo "tuve que dejar de lado la razón para dar lugar a la fe", Bultmann parece decirnos: "tuve que dejar de lado el mito para dar lugar a la fe". Y para que esa fe surja de la interpelación que al hombre moderno propone la desmitologización para que el falso escándalo dé lugar al verdadero escándalo: la cruz de Cristo.

---

68 Ricardo Foulkes, "Rudolph Bultmann", en Franz J. Hinkelammert, *et. al.*, *Teología alemana y teología de la liberación. Un esfuerzo de diálogo,* San José: DEI, 1990, p. 83.

69 *Op. Cit.*, p. 176. Para un análisis más pormenorizado de la escatología bultmanniana, véase Alberto F. Roldán, *Escatología: una visión integral desde América Latina,* Buenos Aires: Kairós, 2002.

Capítulo 2

La teología política como respuesta al desafío que la secularización plantea a los cristianismos

¿Cómo hablar de Dios sin religión, esto es,
sin las premisas temporalmente condicionadas de la metafísica,
de la interioridad, etc. etc.?
¿Cómo hablar (pero acaso ya ni siquiera se puede
"hablar" de ello como hasta ahora) "mundanamente" de "Dios"?
— Dietrich Bonhoeffer

La secularidad del mundo, tal como surgió en el moderno proceso
de secularización, y tal como se nos encara hoy día
de forma globalmente más aguda, ha surgido en su fondo,
aunque no en sus distintas expresiones históricas,
no como algo que va contra el cristianismo,
sino como algo que nace precisamente por medio del cristianismo.
— Johann Baptist Metz

Introducción

La religión es un fenómeno universal que se vive siempre dentro de una cultura y la representa. Debido a que la cultura es cambiante, la religión debe tener la suficiente ductilidad como para adaptarse a esos cambios sin perder su esencia. Uno de los desafíos que enfrenta la religión y sus instituciones se relaciona con la secularización. Nos preguntamos: ¿En qué consiste la secularización? ¿En qué sentido es un desafío para el cristianismo? ¿Cuál es la respuesta que se ha dado a ese fenómeno desde la teología política? Antes de abordar el tema, es preciso aclarar algo del título. Quizás sorprenda un poco que me refiera a "los cristianismos". Para ello, es necesario partir del hecho histórico y cultural de que, desde su propia génesis, en términos de vivir la fe de Jesús de Nazareth, no hubo un solo cristianismo, sino varios. Además, con el correr del tiempo, hubo un cristianismo judaico, un cristianismo gentil, un cristianismo helénico, un cristianismo romano, etc. Planteo el pluralismo aplicado al cristianismo, a partir de un trabajo de Alfredo Fierro: *Teoría de los cristianismos*[1], en el que el pensador español aborda el tema desde una perspectiva sociohistórica, y critica el apiñamiento que se hace de movimientos como el cristianismo, el cual tiene bastante heterogeneidad interna; motivo por el que es preciso estudiarlo en unidades más pequeñas. Dice:

> Hablar de cristianismo, o de la fe o de la práctica cristiana en singular impide la percepción de sus interiores diferencias y favorece, encima, el prejuicio de alguna singularidad de la fe cristiana, prejuicio que, en cambio, se conjura en tanto hablamos de los cristianismos y de las prácticas cristianas en plural.[2]

Para decirlo en términos rigurosamente históricos: existen por lo menos tres ramas del cristianismo: católico-romana, ortodoxa-oriental y protestante. En nuestra exposición, tendremos en cuenta los aportes de la primera y de la tercera de esas expresiones.

Otra aclaración: cuando nos referimos a la "teología política" debemos decir con Merio Scattola que "la teología política es eminentemente un ejercicio de filosofía política, acaso el ejercicio que le es más propio".[3] El filósofo italiano hace un rastreo histórico de la teología política, cuyo génesis lo remonta al libro de San Agustín: *La ciudad de Dios*, a pesar de que en el siglo XX fue reinstalada como tema a partir de los textos del jurista alemán Carl Schmitt.[4]. Posteriormente,

---

1 Alfredo Fierro, *Teoría de los cristianismos,* Estella (Navarra), Editorial Verbo Divino, 1982.

2 *Ibíd.*, pp. 9–10.

3 Merio Scattola, *Teología política. Léxico de política,* trad. Heber Cardoso, Buenos Aires: Ediciones Nueva Visión, 2008, p. 14.

4 Carl Schmitt, *Teología política,* Buenos Aires. Editorial Struhart & Cía., 1985. Nueva versión en castellano: Héctor Orestes Aguilar (compilador), *Carl Schmitt: teólogo de*

se han elaborado nuevas teologías políticas, como las de Johann Baptist Metz y Jürgen Moltmann. En América Latina, teólogos como Gustavo Gutiérrez, Leonardo Boff, Clodovis Boff, Juan Luis Segundo[5] y José Míguez Bonino han desarrollado otras formas de teología política en vertiente liberacionista.

La secularización como nuevo tema de la teología

Las primeras intuiciones sobre la necesidad de articular una teología acorde con la secularización, fueron elaboradas desde la prisión por Dietrich Bonhoeffer. En efecto, el teólogo luterano estaba en la cárcel por su decidida participación en contra del nazismo, lo que culminó en su ahorcamiento el 9 de abril de 1945. Esas intuiciones aparecen en una carta dirigida a su amigo Eberhard Bethge, fechada en la cárcel de Tegel el 30 de abril de 1944. Allí, Bonhoeffer dice:

> ¿Qué significan una iglesia, una parroquia, una predicación, una liturgia, una vida cristiana en un mundo sin religión? ¿Cómo hablar de Dios sin religión, esto es, sin las premisas temporalmente condicionadas de la metafísica, de la interioridad, etc. etc.? ¿Cómo hablar (pero acaso ya ni siquiera se puede "hablar" de ello como hasta ahora) "mundanamente" de "Dios"?[6]

---

la política, México: FCE, 2001. Para un análisis de su pensamiento, véase Alberto F. Roldán, "Las teologías políticas de Jürgen Moltmann y Johann Baptist Metz", *Reino, política y misión,* Lima: Ediciones Puma, 2011, pp. 157–186.

5 Segundo cita al sociólogo Estruch, que dice: "A partir del momento en que desaparece todo poder coercitivo para salvaguardar los antiguos monopolios de tipo religioso, aparece una población de *consumidores voluntarios de la religión*". Y agrega: "En ello consiste, sociológica y pastoralmente hablando, la secularización." Juan Luis Segundo, *Masas y minorías en la dialéctica divina de la liberación,* Buenos Aires: La Aurora, 1973, pp. 12–13.

6 Dietrich Bonhoeffer, *Resistencia y sumisión. Cartas y apuntes desde el cautiverio. Editadas por Eberhard Bethge,* trad. José J. Alemany, Salamanca: Sígueme, 1983, p.198. Otras obras donde Bonhoeffer muestra la *mundanidad* de la Iglesia son: *Sociología de la Iglesia. Sactorum Communio,* 2.ª edición, trad. A. Sáenz y N. Fernández Marcos, Salamanca: Sígueme, 1980 y *Creer y vivir,* trad. Miguel A. Carrasco, Ana Agud y C. Vigil, Salamanca: Sígueme, 1974 (orig. 1957). La biografía más importante sobre

Estas primeras ideas sobre la necesidad de una teología para el mundo o teología secular, fueron desarrolladas con mayor amplitud por teólogos como Friedrich Gogarten y su obra *Destino y esperanzas del mundo moderno*[7], Harvie Cox, teólogo americano que publica en 1965 su obra clave: *The Secular City*[8], en la cual analiza la secularización, la forma y el estilo que adquiere la ciudad secular, y reflexiona sobre el modo de hablar de Dios en la ciudad secular. También de esa época podemos citar a Paul van Buren y su libro *The Secular Meaning of the Gospel*[9], y John Macquarrie, *God and Secularity*.[10] Los teólogos contemporáneos que desarrollan teologías vinculadas a la secularización son el reformado Jürgen Moltmann, cuya primera obra sistemática: *Teología de la esperanza*[11], que surge bajo el impulso del diálogo con "el principio esperanza" del filósofo Ernst Bloch. El otro pensador actual que también ha tomado en serio el desafío de la secularización es Johann Baptist Metz, jesuita, teólogo y filósofo, quien ha producido obras como: *Teología en el mundo*[12] y *Dios y tiempo. Nueva teología política*.[13] Para la presente exposición tomamos en cuenta varios de esos textos a modo de marco teórico.

Bonhoeffer es la escrita por su amigo Eberhart Bethge, *Dietrich Bonhoeffer. Teólogo-Cristiano-Hombre Actual*, trad. Ambrosio Berasain, Bilbao: Descleé de Brouwer, 1970. Una aguda interpretación del pensamiento de Bonhoeffer es André Dumas, *Una teología de la realidad: Dietrich Bonhoeffer*, trad. Jesús Cordero, Bilbao: Descleé de Brouwer, 1971.

7 Friedrich Gogarten, *Destino y esperanzas del mundo moderno*, trad. Carlos de la Sierra, Barcelona-Madrid: Fontanella-Marova, 1971 (original alemán 1953).

8 Harvey Cox, *The Secular City*, Nueva York: Macmillan Co., 1965. Hay traducción al castellano.

9 *Nueva York: Macmillan Co., 1963.*

10 John Macquarrie, *New Directions in Theology Today*, vol. III, *God and Secularity*, Filadelfia: The Westminster Press, 1968. Nueva edición en 1994 por SCM Press, de Londres. Publicada en castellano por el Centro de Publicaciones Cristianas de San José, Costa Rica.

11 Jürgen Moltmann, *Teología de la esperanza*, Salamanca: Sígueme, 1967.

12 Johann Baptist Metz, *Teología en el mundo*, 2.ª edición, Salamanca: Sígueme, 1971 (Original alemán *Zur Theologie der Welt*, 1968).

13 Johann Baptist Metz, *Dios y tiempo. Nueva teología política*, Madrid: Trotta, 2002 (original alemán *Zum Begriff der neuen Politschen Theologie*, 1997).

Secularización y secularismo: distinción de conceptos

Es importante distinguir entre secularización y secularismo. En su obra *La ciudad secular,* Harvey Cox establece una cuidadosa diferenciación entre ambos términos. Dice:

> La secularización implica un proceso histórico, casi ciertamente irreversible, en el que la sociedad y la cultura son liberadas de la tutela del control religioso y de las cerradas concepciones metafísicas del mundo. Hemos afirmado que básicamente es un desarrollo liberador. El secularismo, por otra parte, es el nombre de una ideología, una nueva concepción cerrada del mundo que funciona de forma muy similar a una nueva religión. Mientras que la secularización encuentra sus raíces en la fe bíblica misma y en cierta medida es un producto, auténtico del impacto de la fe bíblica en la historia occidental; esto no ocurre con el secularismo. Como cualquier otro ismo, amenaza la apertura y la libertad que ha producido la secularización; por consiguiente debe ser vigilado con sumo cuidado para impedir que se convierta en un nuevo sistema establecido.[14]

Por su parte, Friedrich Gogarten también distingue entre dos tipos de secularización. En su libro *Destino y esperanza del mundo moderno,* el teólogo protestante diferencia esos dos tipos refiriéndose, primero, al movimiento cultural que se queda en lo secular y considera al mundo "nada más que mundo", reconociendo las limitaciones de la razón. El segundo tipo, dice, "es en el que normalmente se piensa hoy al oír esta palabra —podría designarse mejor como secularismo. Nace cuando la ignorancia que interroga no se mantiene firme frente al pensamiento de la plenitud".[15] Este secularismo considera inútil

---

14 Harvey Cox, *La ciudad secular,* trad. José Luis Lana, Barcelona: Ediciones Península, 1968, pp. 42-43. (Original: *The secular City. Secularization and urbanization in theological perspective,* New York: The Macmillan Co, 1965, p. 20-21).

15 Friedrich Gogarten, *Destino y esperanza del mundo moderno,* trad. Carlos de la Sierra, Madrid: Fontanella-Marova, 1971, p. 193.

y sin sentido toda pregunta que va más allá de lo visible y palpable. Recibe, también, el nombre de nihilismo. ¿Qué relación existe entre la fe (cristiana) y la secularización. Gogarten responde que la misión que la fe tiene ante la secularización consiste en ayudar a esta última a no perder su carácter secular, pero, al mismo tiempo, señala que la fe no puede cumplir su misión sin dejar de ser fe. Por lo tanto, afirma que la "relación entre la fe y la secularización es de tal manera que la fe no existe si no se seculariza la relación entre el creyente y el mundo".[16]

Habiendo distinguido con cierto cuidado entre secularización y secularismo, reflexionamos a continuación en la respuesta que la teología política ha dado a la secularización desde distintas fuentes y perspectivas.

La secularización: modelo del actuar de Dios

Categóricamente, Metz dice que la "teología cristiana no es una metafísica ajena a todo destino, sino apelación y testimonio de verdad dentro de la historia [...] Las situaciones históricas son inmanentes al *logos* de la teología".[17] Metz reflexiona a partir del Hecho de Cristo, sobre todo su encarnación. Es precisamente "la carne" el espacio donde Dios actúa como "tierra" o como "mundo secular". Desde la perspectiva cristiana, el mundo está volcado al ser humano y siempre implica una relación con el mundo desde la comprensión humana de éste. "El mundo, ahora, es instituido universalmente en lo que el mundo manifiesta vivamente ser, por medio de la encarnación: es instituido en la secularidad".[18] El teólogo jesuita va más allá de su asunción de la secularización para afirmar que la génesis del fenómeno radica en el misterio de Cristo.

> ... incluso la moderna objetivación de la naturaleza, el desencantamiento de la "madre tierra", la supresión de sus tabús,

---

16 *Ibíd.*, p. 195.

17 *Dios y tiempo*, p. 128. Cursivas originales.

18 Johann Baptst Metz, *Teología en el mundo*, p. 44.

> proceso que convierte primordialmente a la naturaleza en el objeto y campo de experimentación del hombre: ha sido posible —en lo más hondo— gracias al cristianismo. Y, en último término, es la erupción de aquella secularización del mundo, de aquella liberación de la naturaleza, que tiene sus raíces en el misterio de Cristo.[19]

También el misterio de la encarnación es un hecho que se corresponde con la secularización. Como hemos mostrado en un artículo anterior,

> Hegel entiende la encarnación como la evolución del Espíritu absoluto por el cual Dios se hace uno con el ser humano. "El mundo y la "mundanidad" ya no deben ser vistos como opuestos a Dios sino asumidos por Él. A diferencia del teísmo clásico, Hegel propugna "una unidad íntima de todo con Dios, una asunción de todo ente en el concepto divino."[20]

Desde esa óptica, el dualismo medieval de iglesia *vs.* mundo e interioridad *vs.* exterioridad es superado para dar a luz consecuencias nuevas en el modo de ver al mundo y lo mundano. Desde la más reciente filosofía posmoderna de la *kénosis,* Gianni Vattimo lo explica del siguiente modo:

> ... secularización no es un término que choque con la esencia del mensaje, sino un aspecto que, a su vez, le es constitutivo: como acontecimiento salvífico y hermenéutico, la encarnación de Jesús (la *kénõsis*, el rebajarse de Dios) es, en sí misma, ante todo, un hecho arquetípico de secularización.[21]

---

19 *Ibíd.*, p. 47.

20 Alberto F. Roldán, "El carácter ambivalente de los conceptos *carne* y *carnalidad* en la teología cristiana", *Enfoques* XXII.1, Universidad Adventista del Plata, Libertador Gral. San Martín, 2010, p. 65. La cita entre comillas corresponde a Hans Küng, *La encarnación de Dios. Introducción al pensamiento de Hegel como prolegómenos para una cristología futura,* Barcelona: Herder, 1974, p. 372.

21 Gianni Vattimo, *Después de la cristiandad. Por un cristianismo no religioso,* trad. Carmen Revilla, Buenos Aires: Paidós, 2002, p. 85. Cursivas originales.

La misión de las iglesias cristianas en la secularización

¿Cuál es el lugar de las iglesias cristianas en el proceso de la secularización? En su libro *Dios y tiempo,* Johann Baptist Metz elabora una tesis eclesiológica en los siguientes términos: "La iglesia tiene que concebirse, comportarse hoy como testigo y transmisor público de una peligrosa memoria de libertad dentro de los sistemas de nuestra sociedad que se llaman emancipadores".[22] Justamente, toda la narrativa bíblica se erige en dos ejes complementarios: el éxodo como gesta de liberación de un pueblo de la esclavitud con la pascua como símbolo y la nueva pascua que es Cristo Jesús. Como decía Paul Ricoeur, difícilmente hablaríamos de liberación en términos teológicos si no no hubiera existido un éxodo de Israel y el nuevo éxodo de Cristo. La memoria, aclara Metz, es una reconciliación con el pasado y una especie de transfiguración. Pero hay otra memoria, peligrosa y subversiva, que implica "una cierta anticipación del futuro, y en concreto del futuro de aquellos que llamamos desesperados, oprimidos y fracasados".[23]

En la otra obra, Metz también se refiere a la iglesia y la insta a tener una función crítica en la sociedad. Dice: "De esta función crítica de la Iglesia frente a la sociedad se deriva la posibilidad fundamental para la cooperación con otras instituciones y grupos no-cristianos".[24] Pese al optimismo que tal postulado pueda reflejar, Metz admite lo difícil de materializar una iglesia crítica. Afirma: "La cuestión *fundamental [es la]* de si una institución puede ser portadora de crítica. En el fondo, hablar de crítica institucionalizada ¿no significa hablar de la cuadratura del círculo? ¿No es característica de toda institución el ser contraria a la crítica?"[25] Y luego, enuncia un concepto teológico sumamente importante en cuanto a la definición de la iglesia, su razón de ser y el reino de Dios.

---

22 *Dios y tiempo,* p. 75. Cursivas originales.

23 *Ibíd.*, p. 76.

24 *Teología en el mundo,* p. 162.

25 *Ibíd.*, p. 152. Cursivas originales.

> ... la Iglesia como institución vive, ella misma, bajo la "reserva escatológica". La Iglesia no existe por sí misma, no está al servicio de su auto-afirmación, sino al servicio de la afirmación histórica de la salvación para todos. La esperanza proclamada por la Iglesia, no es la esperanza en la Iglesia sino en el reino de Dios. Así que la Iglesia, como institución, vive precisamente de la constante proclamación de su propia provisionalidad.[26]

Esta perspectiva muestra que Metz toma distancia del clásico planteo agustiniano que identificaba la iglesia con el reino de Dios. Se hace eco de la teología del reino, que se desarrolla o recupera a partir de los siglos XIX y XX, y que distingue, aunque no separa, el reino de la iglesia. Esta última es anunciadora del reino, anticipación del reino, pero el reino o, mejor expresado, "el reinado de Dios", abarca a la totalidad de la creación, apunta la acción reconciliadora de Dios con la creación, y en esa acción, Dios usa mediaciones que no se reducen a la iglesia, sino a otras instancias como la política, las ciencias sociales, y todo lo que propenda a la humanización en la historia. Porque la iglesia no existe ni junto ni por encima de la sociedad secularizada, sino "dentro de ella, como la comunidad de los que intentan vivir de las promesas anunciadas y confirmadas definitivamente en Jesús [...]".[27] Pero esas promesas no son exclusivamente para quienes pertenecen a la iglesia. Con osadía, dice Metz: "Las promesas escatológicas de la tradición bíblica —libertad, paz, justicia, reconciliación— no se pueden 'privatizar', no se pueden reducir al círculo privado. Nos están obligando incesantemente a la responsabilidad social".[28]

Por su parte, Jürgen Moltmann, teólogo reformado, aporta una nueva visión de teología política cristiana. En su *Teología de la esperanza,* elaborada a partir del diálogo con Ernst Bloch, cuestiona el lugar último que los tratados teológicos consagran a la escatología, postulando que ella no debe considerarse como una doctrina de los eventos futuros, sino más bien como "doctrina de la esperanza cristiana,

---

26 *Ibíd.*, pp. 152-153.
27 *Ibíd.*, p. 120.
28 *Ibíd.*, p 148.

la cual abarca tanto lo esperado como el mismo esperar vivificado por ello".[29] En *El Dios crucificado* amplía su reflexión sobre la teología política criticando un monoteísmo a partir del cual se instauró la idea de la monarquía, postulando que el concepto de trinidad es el que permite superar ese encuadre. Como hemos expresado en otro trabajo:

> A manera de síntesis, podemos decir que la teología política que propone Moltmann no es una mera ética política ni tampoco el intento por hacer de las cuestiones políticas el tema central de la teología u ofrecer un sistema político. "Más bien, la teología política designa el campo, el ámbito, el ambiente y el medio en el cual la teología cristiana hoy debiera ser articulada".[30]

¿Cuáles son los cambios que debieran operarse en las iglesias como respuesta al desafío de la secularización?

Por la conversión de las iglesias en la secularización

Convertirse al reino

En general, las iglesias han vivido un eclesiocentrismo, como si la iglesia fuera el centro del propósito de Dios. La iglesia es agente del reino de Dios, es anticipación del reino, pero no el reino. El reino de Dios supera las fronteras de la iglesia porque implica la *missio Dei*, es decir, la acción reconciliadora de Dios en la historia. Por lo tanto, los aportes de teólogos como Metz representan una superación de la identificación agustiniana de reino = iglesia. Como lo ha señalado el teólogo luterano Wolfhart Pannenberg:

> La iglesia es necesaria mientras la vida política y social de los hombres no represente y concretice aquella plenitud perfecta

---

29 Jürgen Moltmann, *Teología de la esperanza*, trad. Diorki (A. P. Sánchez Pascual), Salamanca: Sígueme, 1969, p. 20.

30 Alberto F. Roldán, *Reino, política y misión*, Lima: Ediciones Puma, 2011, p. 176. La cita entre comillas corresponde a Jürgen Moltmann, "Political Theology", *Theology Today*, Volumen 28, abril de 1971, p. 8.

de la determinación humana que realizará el reino de Dios en la historia humana. Vistas así las cosas, es claro que la iglesia no es ciertamente eterna, pero sí necesaria para el tiempo que transcurra hasta que el reino de Dios aparezca en su forma plena.[31]

Convertirse al diálogo

Dia-logo supone siempre la presencia de dos. Es lo que supera al monólogo. Y diría que ese diálogo debe hacerse en una forma horizontal para que sea abierto y fructífero. Las iglesias deben dialogar con otras expresiones religiosas y encontrar en ellas núcleos comunes de consenso, rastreando, inclusive, en sus orígenes comunes, como lo son el judaísmo, el cristianismo y el Islam, que abrevan en la fe de Abraham.

Convertirse al mundo

Este planteamiento puede resultar provocador. ¿No es que el mundo debe convertirse a la iglesia? Ése ha sido el enfoque clásico en la historia y acaso tuvo su culmen en la Edad Media, cuando la iglesia era la que dominaba todos los ámbitos del saber y de las ciencias. Pero todo cambió. Y la iglesia ya no puede abroquelarse en sí misma y no tomar en cuenta al mundo en el sentido de la historia, la cultura y la autonomía de las ciencias. En otras palabras, la iglesia debe hacerse mundo en el sentido de encarnarse en el tiempo y espacio y, sobre todo, encarnarse en la cultura a la cual quiere darle la Buena Nueva.

Conclusiones:

Cada nuevo momento de la cultura humana suscita nuevos desafíos para las instituciones religiosas. En el caso de los cristianismos, las iglesias necesitan tomar muy en serio el desafío de la secularización y considerar esa instancia como un momento creativo para la propia

31 Wolfhart Pannenberg, *Teología y reino de Dios*, trad. Antonio Caparrós, Salamanca: Sígueme, 1974, p. 57.

vida y razón de ser de ellas. Entendemos que el Dios creador actúa no sólo en las iglesias cristianas, sino también en otras religiones que hunden sus raíces en la fe de Abraham, y también en el mundo y la historia. Este Dios, al que llamamos de diversas maneras: Yahvé, Señor, Alá, Dios de Abraham, Isaac y Jacob y, en la invocación cristiana: Padre, Hijo y Espíritu Santo, nos convoca al servicio al mundo en la perspectiva de su reino. Particularmente para los cristianismos, esto significa, tomar en serio el pluralismo del mundo actual y la necesidad de su transformación. En palabras de José Míguez Bonino:

> … la Iglesia responde con comprensión y apertura a la búsqueda de libertad, al anhelo de emancipación, a la diversidad y el pluralismo del mundo moderno, no porque encuentre necesario acomodarse a todas esas cosas para sobrevivir, sino porque se reconoce ella misma envuelta en la fragilidad, la búsqueda, la esperanza, la angustia de la gestación, la necesidad de transformación de este mismo mundo. Porque, precaria y frágil, no tiene fórmulas mágicas que ofrecer, sino la solidaridad del peregrino en el camino.[32]

32 José Míguez Bonino, *Concilio abierto*, Buenos Aires: La Aurora, 1967, p. 52.

Capítulo 3

José Míguez Bonino: teología del reino en América Latina

¿Tienen los acontecimientos históricos —a saber,
la acción histórica humana, con sus diversas dimensiones:
política, cultural, económica— alguna significación en términos del reino
de Dios que prepara y ha de establecer gloriosamente en la parusía del Señor?
¿O es éste la negación total y absoluta de aquellos? Si hay tal relación,
¿cómo hemos de entenderla, y cómo incide en nuestra acción?
— José Míguez Bonino

Introducción

José Míguez Bonino ha sido, sin dudas, el teólogo protestante latinoamericano de mayor proyección e influencia mundial en el siglo XX. Varios hechos abonan esta afirmación que, en principio, puede sonar a pleonasmo. Míguez Bonino fue, no solo un teólogo metodista que influyó en el mundo protestante latinoamericano. sino que dejó su impronta también en los ámbitos ecuménicos del mundo y aun en la Iglesia Católica Apostólica Romana, ya que fue el único observador protestante latinoamericano del Concilio Vaticano II. ¿Cuál es el núcleo teológico de su pensamiento? No es tan fácil determinarlo, ya que su obra abordó los temas clásicos de la teología sistemática: Dios, antropología, jarmartiología, cristología, eclesiología, escatología y ética. Pese a ello, en el presente capítulo intentamos demostrar por qué el reino de Dios se torna en el centro neurálgico de toda su teología. Partimos de la hipótesis siguiente: *La teología de José Míguez Bonino encuentra en el reino de Dios su punto neurálgico a partir del cual articula un pensamiento en que vincula a Dios con la historia, la iglesia, la política y el futuro, convirtiéndola en una teología relevante para el escenario social y político en que se forja: América latina. Por esa razón, su teología puede ser definida como contextual y, como tal, aunque responde a la situación, corre los riesgos de que pierda cierta relevancia en la medida en que el contexto cambia.*

Notas biográficas[1]

Míguez Bonino nació en la ciudad de Santa fe, el 5 de marzo de 1924. Su padre, José Míguez, era de Galicia y había arribado a Argentina en 1900. Su madre, Aurelia A. Bonino, era de familia italiana. Ambos eran de origen católico romano y se convirtieron al cristianismo evangélico en la Iglesia Metodista de Rosario, ciudad a la cual fueron a vivir en 1931 por razones laborales. Aunque en esa iglesia se practicaba el bautismo infantil, sus padres dejaron que José tomara su propia decisión al respecto y se bautizó a la edad de catorce años. Realizó sus estudios secundarios en la Escuela Normal. Posteriormente se inscribió en la Universidad de Rosario para estudiar Medicina, y en las primeras etapas de esa carrera siente una fuerte vocación por el ministerio pastoral. Era 1942 y la lectura de las cartas de San Pablo a los Filipenses y a los Efesios le produce ese cambio vocacional, por lo que luego se va a Buenos Aires para estudiar en la Facultad Evangélica de Teología. Allí comienza su larga trayectoria como pastor y, sobre todo, como teólogo. De 1945 a 1946 fue pastor en Cochabamba, Bolivia, experiencia que le impactó mucho al constatar el grado de entusiasmo y compromiso de los creyentes de ese país. Al retornar a Argentina, continuó sus estudios de teología, y en febrero de 1947 se casó con Noemí Francisca A. Nieuwenhuize, cuya familia asistía a la Iglesia de los Hermanos Libres en Rosario. En ese mismo año también fue pastor de una pequeña iglesia en Ramos Mejía. En 1948 terminó su licenciatura en Teología, con una tesis titulada: *Hombre y Dios en el siglo XVI. Estudio e interpretación de las relaciones entre el Renacimiento*

---

1 Varios de los datos recogidos aquí son tomados de Paul J. Davies, *Faith seeking Effectiveness: The Missionary Theolgy of José Míguez Bonino*, Zoetermeer, Uitgeverij Boekencentrum, 2006, pp. 13–27.

y la Reforma en la persona, obra y pensamiento de Lutero y Erasmo de Rotterdam: su influencia y su actualidad.

Desde 1952 y hasta 1958 realizó estudios de posgrado en Estados Unidos, y obtuvo el Master of Arts en Emory University. Posteriormente, en 1960 se doctoró en Teología en el Union Theological Seminary, de Nueva York, con una tesis en la cual aborda las relaciones entre catolicismo romano y protestantismo en el pensamiento reciente. De 1960 a 1970 es rector de la Facultad Evangélica de Teología, transformada después en Instituto Superior Evangélico de Estudios Teológicos (ISEDET) y, más recientemente, en Instituto Universitario Isedet.

La trayectoria internacional de Míguez Bonino se puede apreciar en su participación en varias conferencias del Consejo Mundial de Iglesias. Junto con otros teólogos sudamericanos, fundó en 1961 ISAL: Iglesia y Sociedad en América Latina, el primer movimiento teológico protestante que trató de pensar la nueva realidad latinoamericana y fue el antecedente de la Teología de la Liberación. Otro núcleo del que participó como invitado e interlocutor fue la Fraternidad Teológica Latinoamericana (FTL), cuya idea germinal surgió en Bogotá en 1969 durante el Primer Congreso Latinoamericano de Evangelización (CLADE I), como consecuencia de la distribución de un libro de Peter Wagner: *Teología Latinoamericana: ¿evangélica o izquierdista?*[2] El comienzo formal de la FTL fue en Cochabamba, Bolivia, en noviembre de 1970. En varias consultas posteriores Míguez Bonino participó como invitado, ya que su ingreso oficial a la FTL se produciría muchos años después.

En el plano ecuménico, no sólo fue miembro del Consejo Mundial de Iglesias y uno de sus copresidentes, sino que también participó como observador en el Concilio Vaticano II, experiencia que se plasma en su libro *Concilio abierto*. También fue un luchador comprometido con los derechos humanos en Argentina, ya que integró la Asamblea

2 Para más datos sobre esa obra y una crítica a sus postulados centrales véase Alberto F. Roldán, *¿Para qué sirve la teología? Una respuesta crítica con horizonte abierto*, Buenos Aires: FIET, 1999, pp. 143–145, con prólogo de José Míguez Bonino (2.ª edición: Grand Rapids: Libros Desafío, 2011, pp. 112–114).

Permanente por los Derechos Humanos y fue el único evangélico que participó como constitucionalista para la Nueva Carta Magna de 1994. Su principal aporte en esa instancia fue la inclusión de los pueblos originarios en la historia y la cultura de la nación. Míguez Bonino falleció en Tandil el 30 de junio de 2012.

Influencias teológicas y filosóficas

Indudablemente, la mayor influencia teológica de Míguez Bonino es el pensamiento del teólogo reformado suizo: Karl Barth. Él mismo lo admite en una especie de "itinerario teológico" presentado en el XX aniversario de la FTL, celebrado en diciembre de 1990, en Quito. Admitió que la estrategia liberal no lo conformaba porque sentía que algo faltaba, y agregó:

> ... es por los años 1945–47 que descubrimos la teología de Carlos Barth, que nos llegó principalmente en traducciones francesas. Empezamos a leer y a sentirnos profundamente atraídos y desafiados. Encontrábamos allí algo que nos hacía sentir a gusto. Yo me he preguntado qué es lo que nos hacía sentir a gusto con Barth. Y creo que es el hecho de que Barth nos devolvía la Biblia como mensaje, no a pesar de un camino que pasaba por la crítica sino desde allí. Es decir que en la Biblia que estudiábamos históricamente, con todos los instrumentos de las ciencias bíblicas, encontrábamos el mensaje de Jesucristo, que había sido de alguna forma aquello que nos había atraído allí, que nos estaba impulsando. Creo que Barth nos devolvió la Biblia de una manera nueva.[3]

Podemos decir que a su herencia metodista-wesleyana, Míguez Bonino incorpora luego el pensamiento barthiano por el modo en que

---

[3] José Míguez Bonino, "Simplemente una experiencia", en *Boletín Teológico,* N.° 42/43, Buenos Aires: FTL, 1991, p. 202. Para un análisis del modo en que Barth elabora su teología y, en modo especial, su interpretación de la Biblia, véase Alberto F. Roldán, *Reino, política y misión,* Lima: Ediciones Puma, 2011, capítulo 6: "El círculo hermenéutico en las teologías de Juan Calvino y Karl Barth", pp. 126–155.

el teólogo de Basilea devuelve la Biblia luego de pasar por la crítica del liberalismo al cual, posteriormente, el propio Barth criticará, inaugurando, acaso sin proponérselo, una nueva escuela que se puede denominar: teología de la Palabra, neoortodoxia o, directamente, "barthianismo". Tal vez, otro rasgo de Barth en el que pudo haberse inspirado Míguez Bonino, es la inserción sociopolítica del teólogo suizo en su lucha contra el nazismo.

Por supuesto, la influencia teológica en su pensamiento no se reduce al nombre de Karl Barth. Míguez Bonino toma en cuenta las mejores expresiones de la teología protestante del siglo XX, particularmente: Emil Brunner, Paul Tillich, Dietrich Bonhoeffer, Oscar Cullmann, Rudolf Bultmann y, de manera muy especial, Jürgen Moltmann —con quien llegó a cultivar una gran amistad luego de cierto malentendido[4]—, los hermanos Reinhold y Richard Niebuhr y Paul Lehmann. Del ámbito latinoamericano, Míguez Bonino dialoga particularmente con los teólogos Richard Shaull, Hugo Assmann, Rubém Alves, Gustavo Gutiérrez, Leonardo Boff, Clodovis Boff, Enrique D. Dussel y Juan Luis Segundo.

Pero también se pueden detectar las influencias filosóficas en la elaboración teológica de Míguez Bonino. Ya que la suya es una teología contextual y decididamente volcada a las cuestiones sociales y políticas, sobre todo en sus obras *Toward a Christian Political Ethics*[5] y *Christians and Marxists. The Mutual Challenge to Revolution,* se pueden encontrar referencias a Aristóteles, Nicolás Maquiavelo, John Locke, Thomas Hobbes, Jürgen Habermas y Paul Ricoeur, entre otros. Con todo, debe aclararse que la producción de Míguez Bonino, tanto en sus artículos como en sus libros, siempre es de naturaleza teológica, para la cual echa mano de cualquier recurso que le resulte útil e idóneo para expresar su pensamiento. Al ser un teólogo sistemático, entra en diálogo fecundo con las diversas

---

4 Nos referimos particularmente a una carta abierta que Moltmann publica como crítica al libro de Míguez Bonino: *Doing Theology in a Revolutionary Situation.*

5 José Míguez Bonino, *Toward a Christian Political Ethics,* Filadelfia: Fortress Press, 1983. Recientemente se ha publicado la versión en castellano: *Militancia política y ética cristiana,* trad. Carlos Sintado, Buenos Aires: La Aurora, 2013.

escuelas filosóficas, como ha sido casi una constante en la historia de la teología cristiana.[6]

Una teología del reino en América Latina

Rastreando en los muchos trabajos publicados por Míguez Bonino, hemos encontrado que una conferencia habría marcado el comienzo de su interés por el tema del reino de Dios. Más allá de que existe un folleto titulado: *El Mundo Nuevo de Dios: estudios bíblicos sobre el Sermón del Monte,* publicado por el Consejo Metodista de Educación Cristiana y que data de la década de 1940[7], creo que en la Conferencia Misionera de Willingen, Alemania, en 1952, Míguez Bonino capta la idea de lo central del reino para la *missio Dei* y su relación con el mundo. En efecto, en esa conferencia escuchó la exposición del teólogo holandés J. C. Hoekendijk y su crítica a la visión eclesiocéntrica. En *Rostros del protestantismo latinoamericano* transcribe un párrafo de ella:

> La concepción eclesiocéntrica, que desde Jerusalén (1928) parece haber sido el único dogma casi indiscutido de la teoría de la misión, nos ha aferrado tan estrechamente, nos ha enredado en una trama tan densa, que apenas podemos darnos cuenta de la medida en que nuestro pensamiento se ha "eclesificado". De este abrazo asfixiante no escaparemos nunca a menos que aprendamos a preguntarnos de nuevo qué significa repetir una y otra vez nuestro amado texto misionero: "Este evangelio del reino debe ser predicado en todo el mundo" y [se debe] tratar de

---

6 Para un análisis de las relaciones entre teología y filosofía, véase Wolfhart Pannenberg, *Una historia de la filosofía desde la idea de Dios,* trad. Rafael Fernández de Mururi Duque, Salamanca: Sígueme, 2001, especialmente el cap. 1: "Tipos de definición sobre la relación entre filosofía y teología", pp. 23–44. También Paul Tillich, *Teología sistemática,* vol. I, trad. Damián Sánchez-Bustamante Páez, Barcelona: Ariel, 1972, pp. 38–46. Otra fuente, desde el neotomismo, es Etienne Gilson, *El filósofo y la teología,* trad. G. Torrente Ballester, Madrid: Guadarrama, 1962.

7 Debe ser anterior a 1948, porque en la primera biografía intelectual de Míguez Bonino, se indica: "Sin fecha". Véase *Fe, compromiso y teología. Homenaje a José Míguez Bonino,* Buenos Aires: Isedet, 1985, p. 13. Este libro-homenaje se publicó cuando Míguez Bonino se jubiló.

> hallar nuestra solución al problema de la Iglesia en ese marco de Reino-Evangelio-Testimonio (apostolado)-Mundo.[8]

Al comentar esta propuesta de Hoekendijk, Míguez Bonino admite que en las últimas cuatro décadas se advierte, con distintos énfasis, cierta influencia del reino en las teologías misiológicas del Consejo Mundial de Iglesias y las conferencias de Lausana, pero al mismo tiempo advierte sobre el peligro de cierto "monopolio eclesiástico" que derive en un "triunfalismo eclesiástico", el cual es una nueva forma de imperialismo cristiano. Por tal razón, insta a tomar en cuenta los aportes de teólogos como Richard Shaull, Rubém Alves, Jon Sobrino y Emilio Castro. Los dos últimos "son excelentes ejemplos de esa hermenéutica: el Cristo que identifica su misión con los pobres, es la tesis de Sobrino. El Cristo que reina es el 'Cristo siervo', hace claro Castro".[9]

En uno de sus trabajos para ISAL, Míguez Bonino se refiere al reino de Jesucristo como eje de la acción social cristiana:

> El centro de nuestra fe, hemos dicho, no es una ley, ni una doctrina, ni una filosofía, sino la persona viviente de Jesucristo. Una concepción verdaderamente cristiana de la responsabilidad social sólo puede basarse en la verdad que hemos conocido en la vida, la muerte, la resurrección y la soberanía de Jesucristo, en quien conocemos el propósito, la obra y la naturaleza de Dios.[10]

---

8 J. C. Hoekendijk, *Evangelische Missions Zeitchrift*, enero de 1952, p. 9. Cit. en José Míguez Bonino, *Rostros del protestantismo latinoamericano,* Buenos Aires: Nueva Creación, 1995, p. 132.

9 *Rostros del protestantismo latinoamericano,* p. 133. Precisamente, tomando en serio esa invitación, hemos interpretado las teologías del reino en los trabajos de Jon Sobrino, Emilio Castro y el propio Míguez Bonino en la obra ya citada: *Reino, política y misión,* cap. 2: "El reino en la teología latinoamericana", pp. 49–73. Al finalizar el análisis del pensamiento de Míguez Bonino sobre el reino, ilustramos las tendencias señaladas por el teólogo metodista, indicando que en el imaginario *evangelical* latinoamericano, se han instalado, vía discursos, frases como "ya reinamos", "la iglesia está llamada a tomar el poder", "estamos llamados a ser cabeza y no cola", que representan perspectivas teocráticas que transmiten falsas comprensiones del reino de Dios. *Ibíd.*, pp. 66–67.

10 José Míguez Bonino, "Fundamentos teológicos de la responsabilidad social de la Iglesia", en Rodolfo Obermüller, *et al.*, Montevideo: ISAL, 1964, p. 26.

Es el reino de Dios, llamado aquí "reino de Jesucristo", el que permite tener una concepción auténticamente cristiana de la responsabilidad de la iglesia hacia lo social, y el que permite conocer a Dios, su propósito y su obra en el mundo. Este acercamiento al tema, le permitirá desarrollar más adelante una "teología del reino". A eso vamos.

En la década de 1970 Míguez Bonino reflexiona con mayor profundidad en el tema del reino de Dios. Podemos citar especialmente dos textos: "El reino de Dios y la historia", ponencia presentada en la segunda consulta de la Fraternidad Teológica Latinoamericana en Lima en 1972, y el capítulo "Reino de Dios, utopía y compromiso histórico", de *La fe en busca de eficacia.*[11] En otros lugares ya nos hemos ocupado de interpretar el primer trabajo citado[12], por lo que aquí nos limitaremos a señalar los aspectos más sobresalientes de la ponencia.

El propio título del trabajo revela que se trata de interpretar el reino "en la historia", en este caso, de América Latina. Por lo tanto, es el escenario histórico el que toma preponderancia, dejando de lado visiones espiritualistas o celestiales que nunca "aterrizan". La hipótesis de su planteamiento es inmejorable y, creemos, se torna en un modelo para hacer teología. Dice:

> Cómo podemos entender la presencia activa del reino en nuestra historia de tal modo que podamos adecuar a ella nuestro testimonio y acción, particularmente en esta hora concreta de América Latina en que nos ha sido dado profesar nuestra fe y servir al Señor.[13]

También en la introducción, admite que su planteamiento se encuentra en el ámbito de una "tesis sistemático-ética", pues no intenta dar una respuesta acabada al problema, sino más bien representa la utilización

---

[11] Se trata de la versión en castellano de *Doing Theology in a Revolutionary Situation,* Filadelfia: Fortress Press, 1975. Los datos de la versión en castellano son: *La fe en busca de eficacia,* Salamanca: Sígueme, 1977.

[12] Véase Alberto F. Roldán, *Reino, política y misión,* pp. 58–67, y Alberto F. Roldán y David A. Roldán, *José Míguez Bonino: una teología encarnada,* Buenos Aires: Sagepe, 2013, pp. 36–39.

[13] José Míguez Bonino, "El reino de Dios y la historia" en C. René Padilla, *El reino de Dios y América Latina,* El Paso: CBP, 1975, p. 75. Cursivas originales.

de fórmulas y proposiciones "un tanto desprotegidas y cuestionables, destinadas más bien a invitar a un diálogo comprometido de articulaciones divergentes, o al menos diversas de nuestra visión de la relación de reino e historia [...]".[14] El enfoque del tema por parte de Míguez Bonino es el más osado de todas las presentaciones en esa consulta de la FTL. En efecto, mientras Emilio Antonio Núñez se refiere a "la naturaleza del reino de Dios" desde una perspectiva neotestamentaria y teológicamente dispensacional, y C. René Padilla aborda el tema del "reino de Dios y la iglesia", Míguez Bonino pone el bisturí en un asunto mucho más riesgoso: cómo detectar la presencia del reino en la historia latinoamericana para participar activamente en ella. Analiza críticamente las dos visiones de la historia: una visión dualista y una visión monista. Se trata de un dilema que, en apariencia, parece resolver C. René Padilla, cuyo planteamiento puede sintetizarse en que se debe admitir, e incluso celebrar, que la acción transformadora de la sociedad está mediada por la iglesia. Cita al propio Padilla, quien dice sin ambages: "El correlato del reino de Dios es el mundo, pero el mundo es redimido en la iglesia y a través de la iglesia".[15] Luego, Míguez Bonino hace más clara su indagación mediante preguntas incisivas:

> ¿Tienen los acontecimientos históricos —a saber, la acción histórica humana, con sus diversas dimensiones: política, cultural, económica— alguna significación en términos del reino de Dios que prepara y ha de establecer gloriosamente en la *parusía* del Señor? ¿O es éste la negación total y absoluta de aquellos? Si hay tal relación, ¿cómo hemos de entenderla, y cómo incide en nuestra acción?[16]

Propone, entonces, que la cuestión no es buscar dónde está presente el reino sino comprometerse a participar a manera de una respuesta activa más que noética, ya que el reino "no es un objeto a conocer sino

---

14 *Ibíd.*

15 *Ibid.*, p. 81. Para una crítica más profunda de este planteamiento que otorga a la Iglesia un papel redentor, desconociendo otras mediaciones del reino, véase Alberto F. Roldán, *Reino, política y misión*, p. 60.

16 *Ibíd.*, p. 83. Cursivas originales.

un llamado, una convocación, una presión que impulsa".[17] Y luego viene el tema más controversial: ¿cómo responder al dilema socio-político-económico de América Latina. Ya que su planteamiento no es una construcción especulativa, sino una obediencia activa que implica hacer una opción concreta, dice:

> ...con otros cristianos, hemos optado por una alternativa histórica —que en términos de la problemática aquí mencionada— en general llamamos "socialista". [...] el socialismo como estructura social es para mí hoy en América Latina el medio de correlación activa con la presencia del reino en lo que hace a la estructura de la sociedad humana. Es, en este terreno, mi obediencia de fe.[18]

En las reflexiones finales nos ocupamos más detenidamente sobre las implicaciones que tal decisión comporta. Ahora, nos corresponde señalar otros conceptos sobre el reino elaborados por Míguez Bonino en *La fe en busca de eficacia.* Ya que esta obra es posterior al ensayo comentado, lo que el propio autor reconoce, no son muchos los nuevos conceptos que vierte sobre el reino. Pero, algunos pueden detectarse y merecen comentarse. Reconoce que los teólogos de la liberación fueron quienes han procurado superar la visión dualista de la historia, y agrega que las recientes teologías de Moltmann y Metz representan un esfuerzo por superar el dualismo. A partir de ellas, puede afirmar:

> Dios edifica su reino a partir y dentro de la historia humana en su totalidad; su acción es un desafío y un constante llamado a los hombres. La respuesta humana se lleva a cabo en la arena de la historia con sus opciones económicas, políticas, ideológicas. La fe no nos transporta a una historia distinta sino que opera como dinámica, motivación y —en el horizonte escatológico— como una invitación transformadora.[19]

Míguez Bonino elabora otro concepto en el que vincula al reino con la historia: "El reino de Dios no es la negación de la historia sino la

---

17 *Ibíd.*, pp. 84–85.

18 *Ibíd.*, p. 89.

19 José Míguez Bonino, *La fe en busca de eficacia*, p. 167.

eliminación de su corruptibilidad, sus frustraciones, su debilidad, su ambigüedad —más profundamente, su pecado— [...]".[20] Por otra parte, rechaza toda posibilidad de que el reino sea el resultado natural de la historia, como si ella tuviera ciertas leyes inherentes que la conducen, inevitablemente hacia ese *telos*. Más bien, "la historia desemboca en el reino mediante el sufrimiento, el conflicto y el juicio".[21] Finalmente, intenta fundamentar por qué piensa que la relación entre el reino y nuestro compromiso cristiano exige una opción concreta. Sus argumentos son seis: a) La relación positiva entre el reino y la historia humana justifica concebir al primero como un llamado a comprometernos con lo segundo; b) el juicio de Dios abarca la totalidad de los logros humanos; c) la participación es polémica y comprometida, y exige, a su vez, un discernimiento entre alternativas históricas; d) la relación entre la dirección que surge de la Escritura, la tradición y la proyección ideológica no es unidireccional ni estática; e) hay una "función utópica" de la escatología cristiana; f) una fe escatológica permite al cristiano invertir su vida históricamente en la construcción de un orden provisorio e imperfecto, pero sabiendo que el esfuerzo no es absurdo ni fugaz.

En trabajos posteriores publicados en la década de 1980, Míguez Bonino continúa su reflexión sobre el reino, vinculándolo al tema de la utopía. En *Toward a Christian Political Ethics*, dedica un espacio significativo para responder la pregunta: "¿Es el reino de Dios una utopía?" Recurre al concepto de "utopía" en el filósofo de la Escuela de Frankfurt: Ernst Bloch y su *Prinzip Hoffnung*[22], que señala tres funciones sociales de la utopía: representa una protesta contra la

20 *Ibíd.*, p. 171.

21 *Ibíd.*

22 *El principio esperanza.* Se trata de tres volúmenes de densa lectura, que han sido publicados en castellano por Editorial Trotta de Madrid, 2007. Otra obra de Bloch, importante para el tema del reino es *El ateísmo en el cristianismo,* trad. José Antonio Gimbernat Ordeig, Madrid: Taurus, 1983, en la cual el filósofo judío-alemán interpreta que sólo un ateo puede ser un buen cristiano y sólo un cristiano puede ser un buen ateo. Para un análisis de Ernst Bloch como "teólogo de la revolución" y "de la esperanza", véase Michael Löwy, *Redención y utopía. El judaísmo libertario en Europa Central. Un estudio de afinidad electiva,* trad. Horacio Tarcus, Buenos Aires: El cielo por asalto, 1997, pp. 140–146.

presente situación, explora las posibilidades todavía no realizadas en las que relaciona la imaginación y la realidad al proyectar en tiempo (*quiliasmo*) o en espacio (la utopía propiamente dicha) una realidad diferente; demanda una realización inmediata para esa nueva sociedad. Siguiendo con su interpretación de Bloch, Míguez Bonino señala que el utopismo con posibilidades de concreción es aquel que supone un conocimiento anticipatorio que luego se verificará en la praxis.[23] El autor luego aclara que prefiere establecer, junto con teólogos como Gustavo Gutiérrez,[24] una relación indirecta entre utopía y fe cristiana. Reconoce que las utopías son creaciones humanas que tienen mucha incidencia en lo social. Vinculándola con los datos bíblicos, encuentra que ellos estimulan la creación de utopías, llámense la idea de *creatio ex nihilo,* resurrección de Jesús y regeneración por el Espíritu, en los cuales,

---

23 Para un análisis de las relaciones entre Romanticismo y utopía en Bloch, véase Michael Löwy-Robert Sayre, *Rebelión y melancolía. El Romanticismo como contracorriente de la modernidad,* trad. Graciela Montes, Buenos Aires: Nueva Visión, 2008, pp. 212–231, donde se analiza, particularmente, la obra de Bloch *Geist der Utopie* (1918) y se caracteriza su escritura como hermética, esotérica y expresionista. También se ha señalado a Bloch como un pensador ecléctico, ya que abreva en fuentes muy diversas: Biblia, historia, filosofía, teología, psicoanálisis, etc. Y, además, no siempre consigna las fuentes de cuales toma sus ideas. Hay una segunda versión de la obra de Bloch publicada en 1923, en la cual se lo percibe más marcado por la problemática marxista. Para un enfoque filosófico de la utopía en perspectiva latinoamericana, véase Horacio Cerutti Guldberg, *Ensayos de utopía* (I y II), Toluca: Universidad del Estado de México, 1989 que el autor, filósofo argentino-mexicano, tuvo a bien enviarme para los efectos de que le hiciera un comentario para una nueva edición. A su vez, Cerutti Guldberg escribió gentilmente una reseña de mi libro *Escatología: Una visión integral desde América Latina,* Buenos Aires: Kairós, 2001, en la cual destaca, entre otras cosas, mi referencia a la obra decisiva del jesuita Manuel Lacunza, *La venida del Mesías en gloria y majestad,* a la cual él también hace referencia en sus *Ensayos de utopía.*

24 Precisamente Michael Löwy y Robert Sayre, al final de su análisis del concepto de utopía en Bloch, reconocen que ha sido el pensador marxista que más influyó en los teólogos de la liberación, especialmente en Gustavo Gutiérrez. Véase su obra clave: *Teología de la liberación. Perspectivas,* 4.ª Edición, Salamanca: Sígueme, 1973, pp. 279–281, 288–289 y 311. Por otra parte, como se sabe, El "principio esperanza" de Bloch, fue la inspiración para que Jürgen Moltmann elaborase su *Teología de la esperanza*, trad. Diorki (A. P. Sánchez Pascual), Salamanca: Ediciones Sígueme, 1968. Véase especialmente el apéndice: "El principio esperanza y teología de la esperanza. Un diálogo con Ernst Bloch", pp. 437–466.

> ... Dios aparece como la negación de las determinaciones. En tales acciones como la liberación del pueblo de Egipto o la superación de la esterilidad de Sara y de Ana, la promesa y la esperanza son la negación de las imposibilidades naturales y del cinismo subjetivo.[25]

En 1989, Míguez Bonino publica un artículo titulado "Theology and Peace in Latin America", en el que vuelve a referirse al reino de Dios como uno de los principales símbolos que ilustran su acción en la historia. Reconoce los aportes de la Teología de la Liberación y de la Fraternidad Teológica Latinoamericana al tema, en donde el énfasis está en el reino como clave para entender la misión de la iglesia. La iglesia pertenece al reino pero no es sinónimo de él, sino que testifica del reino futuro. Y puntualiza una distinción:

> El reino de Dios no puede ser identificado con una utopía social o política, no puede una utopía ser deducida del reino de Dios. Las utopías son creaciones humanas, edificadas por el ejercicio de una razón creativa, que extrapola de y niega la realidad existente.[26]

En otras palabras, aunque las utopías sean creaciones humanas y no puedan ser identificadas con el reino, son útiles como mediaciones de él, así como lo es también la iglesia. Con estos conceptos, Míguez Bonino distingue los siguientes binomios:

- Reino e iglesia
- Reino y utopías

Reflexiones críticas

Antes de elaborar estas reflexiones críticas es importante que aclaremos en qué sentido nos referimos a la "crítica". Lo hacemos en la

---

25 *Toward a Christian Political Ethics*, p. 93.

26 José Míguez Bonino, "Theology and Peace in Latin America", en Theodore Runyon (editor), *Theology, Politics and Peace*, Maryknoll, Nueva York: Orbis Books, 1989, pp. 48.

perspectiva de Theodor Adorno, uno de los más importantes filósofos de la Escuela de Frankfurt. Dice en una obra que recientemente ha sido vertida al castellano: "La cuestión es que el pensamiento crítico, es decir, el pensamiento que mide a la cosa según ella misma, la confronta consigo mismo y la hace seguir avanzando".[27] Reflexionar críticamente, en nuestro caso respecto a la teología de Míguez Bonino, implica hacer el esfuerzo para entender bien su pensamiento y evaluarlo con honestidad intelectual, para los fines de confrontarlo consigo mismo y relacionarlo con otros aspectos y posibilidades tendientes a enriquecer ese pensamiento.

A partir de esa aclaración, podemos decir que la teología de Míguez Bonino, es una teología dialéctica, que va avanzando proposiciones, como él mismo lo indica: "un poco desprotegidas" que no están destinadas a dar la respuesta final sino a invitar al diálogo y la discusión. En este sentido, se percibe que es heredero de Karl Barth, el teólogo que más influyó en su pensamiento, cuya teología se caracterizó, precisamente, por ser "dialéctica".[28]

La teología de Míguez Bonino encuentra en el reino de Dios su centro neurálgico a partir del cual se interpreta el propósito y la acción de Dios en la historia. Su ponencia presentada en la segunda consulta de la Fraternidad Teológica Latinoamericana representa no sólo un desarrollo del tema, sino también una especie de núcleo programático de reflexión y acción. En efecto, tomando distancia de las visiones

---

27 Theodor W. Adorno, *Introducción a la dialéctica,* trad. Mariana Dimópulos, Buenos Aires: Eterna cadencia, 2013, p. 84. El libro recoge las clases que Adorno dictó en Frankfurt en 1958. Adorno aborda el sentido de la dialéctica desde su uso en Platón hasta su elaboración sistemática en Hegel que se caracteriza, en este último caso, por un movimiento de la cosa y del pensar y que, a diferencia del pensar tradicional en que se plantea una teoría que luego "se aplica" a la praxis, establece la unidad de teoría y praxis tal como fue planteado por Hegel y Marx. Esto, para el tema de la verdad, implica que ella no es algo que se pueda contemplar en el tiempo "sino que, al tener una estructura temporal, siempre posee también su relación muy drástica con la praxis posible." *Ibíd.*, p. 88.

28 Para un análisis del carácter dialéctico de la teología de Karl Barth, véase Alberto F. Roldán, "La dialéctica de la justicia en el comentario de Karl Barth a la carta a los Romanos", Revista *Enfoques,* Año XXI, N.° 1-2, Libertador San Martín: Universidad Adventista del Plata, 2009, p. 21-35.

eclesiocéntricas y espiritualistas del reino, plantea el modo en que podemos detectar su presencia en la historia, resolviendo que no se trata de una cuestión noética, propia de *nous* o la *ratio,* sino más bien de un compromiso en el cual nos debemos comprometer, ya que el reino es un llamado que nos impulsa a la acción.

El reino como eje interpretativo para elaborar su teología, le permite a Míguez Bonino interpretar no sólo a Dios y su propósito con la historia, sino también entender la *missio Dei* como el despliegue de la acción reconciliadora de Dios con el mundo, así como iluminar la misión de la iglesia, la responsabilidad cristiana con lo social y lo político, y la ética cristiana con todos sus desafíos y oportunidades.

La teología del reino elaborada por Míguez Bonino dialoga creativamente, no sólo con otras teologías europeas y latinoamericanas, sino también con la filosofía y las ciencias sociales, de las cuales se nutre. No pretende articular una teología cristiana simplemente "bíblica", como si solo de esa fuente se pudieran derivar "principios" que luego se puedan extrapolar y aplicar a las situaciones cambiantes de la historia. Por el contrario, busca constantemente los conceptos e ideas que, pertenecientes al campo de la filosofía, de la sociología o de la economía, puedan servir de puentes para enriquecer a la teología y hacerla eficaz.

Al ser, decididamente, una teología contextual, la teología de Míguez Bonino responde a un momento concreto y específico de la historia, en este caso, de América Latina. Dado que la historia no se detiene y los contextos son cambiantes, como él mismo lo admite en el prefacio de *La fe en busca de eficacia,* el rápido giro de los eventos históricos "fácilmente desubican la reflexión"[29], por lo que cabe preguntarse cómo ha cambiado el escenario de América Latina, lo cual obliga a un replanteo de los temas. En otro ensayo en que se refiere a la universalidad y contextualidad en teología, se pregunta, entre otras cosas: "¿cómo es local nuestra teología? ¿cómo *podemos crear nosotros* teología contextual? ¿cómo refleja esa teología la forma en que *nuestra cultura [se]* ha apropiado [de] la fe cristiana?"[30] Una de las cuestiones

[29] *La fe en busca de eficacia,* p. 9. Cursivas originales.

[30] José Míguez Bonino, "Universalidad y contextualidad en teología", *Cuadernos de*

para revisar se relaciona con la opción concreta que Míguez Bonino hace del "socialismo" en términos generales. El socialismo era, entonces, correlato del reino. Al enunciarlo a secas, sin mayores precisiones, cabe preguntarse si se trataba del socialismo marxista, del modelo de la URRS, del socialismo de Cuba o de la socialdemocracia de los países nórdicos. La nueva pregunta clave es: ¿cuál sería el correlato del reino hoy ante el fracaso del llamado "socialismo real", la globalización y la emergencia de nuevos modelos de socialismo? El propio Míguez Bonino, con cierto matiz de nostalgia, dice a modo de testimonio, que en aquel entonces tenía, como Tillich en los años 1920, la esperanza de la llegada de un *kairós*, que para él y otros teólogos latinoamericanos significaría la materialización de "una América Latina democrática y socialista, emancipada de su dependencia e inaugurando un mundo nuevo, justo, participativo y progresista"[31], pero admite que "el kairós no llegó o nos pasó de largo. Aún debemos profundizar el análisis de los diferentes factores que hicieron que esto fuera así".[32]

Estrechamente vinculado a lo anterior, David Roldán[33] observa atinadamente que, mientras en la década de 1960 Míguez Bonino consideraba peyorativos los conceptos de "libertad, democracia y desarrollo", en la década de 1990 proponía una "estrategia de paciencia" que recuperase algunas hebras del tejido de la modernidad. El nuevo adversario, parece ser el "fin de la historia" planteado por Fukuyama, lo cual le conduce a señalar, críticamente "qué rol juega aquí el 'instrumental marxista' para el análisis de la coyuntura histórica. Nuestro autor ya no se plantea el interrogante en 1993".[34] En otras palabras: se trata del imperativo de reelaborar una teología contextual como la expuesta, pero que tome en serio el nuevo escenario de la globalización y las crisis propias del capitalismo y de diversas formas

---

teología, Vol. XVI, 1997, p. 96.

31 José Míguez Bonino, "Un silbo apacible y suave..." (1R 19.12). Notas autobiográficas de un recorrido pastoral y teológico", en Guillermo Hansen, editor, *El silbo ecuménico del Espíritu. Homenaje a José Míguez Bonino en sus 80 años,* Buenos Aires: Instituto Universitario Isedet, 2004, p. 433.

32 *Ibíd.*

33 David A. Roldán, en *José Míguez Bonino: una teología encarnada,* pp. 123–124.

34 *Ibíd.*, p. 124.

de socialismo.[35] La teología del reino desarrollada por Míguez Bonino es un modelo que necesita revisarse a la luz las nuevas realidades históricas, eclesiales, sociales y políticas en América Latina para, de ese modo, tornarse eficaz como herramienta para la *missio Dei* en nuestro continente.

---

35 De modo incipiente, teólogos como Hugo Assmann y Jung Mo Sung encaran una revisión crítica de postulados propios de lo que denominan "izquierda sectaria y fundamentalista", la cual, en su ignorancia de la economía, decía que "el mercado, a lo sumo, se puede tolerar en pequeños aspectos". A esto replica Assmann: "Se demoró casi veinte años hasta que la izquierda tradicional comenzó a percibir que, en sociedades amplias y complejas, el mercado es un instrumento indispensable para una economía activa y constructiva". Hugo Assmann y Jung Mo Sung, *Deus em nós. O reinado que acontece no amor solidário aos pobres*, 2.ª edición, San Pablo: Paulus, 2010, p. 26. También Leopoldo Cervantes-Ortiz, se ha ocupado de analizar la autocrítica que algunos teólogos y teólogas de América Latina han encarado en relación con la teología de la liberación en el nuevo escenario posmoderno. Véase Leopoldo Cervantes-Ortiz, "Teología latinoamericana y posmodernidad: un diálogo *sui géneris* (2011)" en *Resistir. Ensayos (1992–2013)*, México, 2013, pp. 134–138 (versión digital).

Reflexiones finales

¿La Iglesia evangélica crea pensamiento?

... una comunidad con escasa vinculación cultural con el ambiente
y con un menguado aprecio por toda actividad intelectual.
La teología juega en tal situación
una función fundamentalmente apologética, por oposición a una crítica.
— José Míguez Bonino

Introducción

La pregunta que me planteo o que, mejor expresado, se me ha planteado, es sumamente importante y decisiva. No es fácil dar una respuesta categórica y simple, primero, porque no hay una "iglesia evangélica", ya que la tan mentada "unidad de la iglesia" siempre se da en diversidad, nunca en uniformidad. En segundo lugar, porque al no existir un único modelo de iglesia —lo cual debemos celebrar— hay iglesias que intentan elaborar pensamiento teológico a las diversas situaciones que se presentan y otras que no lo hacen. Debido a esos dos factores señalados, en este capítulo nos referimos al espectro de iglesias evangélicas, es decir, aquellas que no tienen una vinculación directa con la Reforma Protestante y que, en algunos casos, no se reconocen como derivadas de ella. Por supuesto, siempre hay excepciones a la regla; por eso nuestro enfoque es elaborado en términos muy generales.

Tendencia antiintelectual

En primer lugar, hay una fuerte tendencia antiintelectual en esos ámbitos eclesiales. Abundan expresiones tales como: "El mucho estudio es fatiga de la carne", "La letra mata, pero el Espíritu vivifica" que, además de manifestar una dudosa exégesis de los textos bíblicos, tienden a menospreciar el estudio de la Biblia y, por ende, también de la teología. Recuerdo el caso que me sucedió hace unos años y que puede ilustrar claramente esta tendencia. Fui con mi esposa a una iglesia del gran Buenos Aires a iniciar un curso sobre la vida de Jesús. En un momento dado, un joven me espetó: "¡Un momento! ¿Cómo se va a estudiar la Biblia en este curso?" Le respondí: "Como se hace con cualquier estudio: leyendo, reflexionando…". Casi no me dejó terminar, porque agregó: "¡Ah! Eso no es de Dios. Porque las cosas de Dios no se estudian con la mente sino con el espíritu". Intentando serenarme ante tanto "atropello a la razón" —como diría Discépolo—, le dije: "Debes saber que el comienzo de la experiencia cristiana es la "conversión". Y la "conversión" de la cual habló Jesús en el evangelio, en el griego es *metanoia*, que significa "cambio de mentalidad" y que San Pablo nos exhorta: "Sean transformados mediante la renovación de su mente" (Ro 12.2). Demás está decir que este candidato no llegó a inscribirse en el curso porque, argumentó: "Yo hice todos los cursos con el pastor Roberto". El caso ilustra, creo que de modo rotundo, la tendencia de evangélicos y evangélicas que creen que la mente humana pertenece al demonio y que solo nuestro espíritu es de Dios, siendo, a su vez, el único espacio donde actúa el Espíritu Santo. Se trata, en suma, de una "santificación de la ignorancia" como si fuera la aplicación de cierto teorema (que no es de Pitágoras), y reza así: "A mayor ignorancia, mayor acción del Espíritu Santo".

Desprecio hacia la teología, los teólogos y las teólogas

En segundo lugar, hay un manifiesto desprecio de la teología, de los teólogos y de las teólogas. En algunos casos, quienes así actúan son líderes evangélicos que hablan desde la ignorancia, juzgando como "mundanos" a quienes piensan la fe. Su amplio bagaje de ignorancia no les permite entablar un debate teológico serio; entonces, como "último recurso" o "golpes bajos", apelan al argumento *ad hominem*, juzgando a quienes se dedican profesionalmente a la teología por su color de piel, su estatura y su fealdad. Se trata de aspectos externos que, además de ser absolutamente subjetivos y relativos, implican una inocultable discriminación que no armoniza con el evangelio, con la praxis de Jesús ni con las tendencias pluralistas de las sociedades actuales que han realizado avances notables en contra de todo tipo de discriminación por esos aspectos y otros. Sería muy oportuno que tales líderes se tomaran el trabajo de leer algún texto de historia del cristianismo para informarse que la teología, aunque no es una palabra bíblica, pertenece a los comienzos de la iglesia. Ya en el siglo II de la era cristiana surgieron los primeros teólogos, entre los que cabe mencionar a Clemente y Orígenes de Alejandría en la vertiente griega, y a Tertuliano, en la escuela latina. A este último esos mismos líderes, sin saberlo, lo están citando cuando hablan de la "trinidad", de una sola "persona" y una misma "sustancia". Esta tendencia al desprecio de la teología como oficio y a los teólogos y teólogas como personas que se dedican profesionalmente a ella, tiene razones históricas. En algunos casos, porque esos líderes proceden de iglesias que creen que pueden vivir sin teología. En otros, debido a que, en lugar de estudiar, al ser superados por quienes han tomado en serio a la teología como herramienta para la iglesia, toman el camino más fácil, que es el de desprestigiar.

Hace más de cuarenta años, José Míguez Bonino reflexionaba sobre este problema. Al referirse a lo que le sucede al "candidato-a-teólogo", dice:

> Una serie de rasgos configura la actitud que el "candidato-a-teólogo" encuentra en su iglesia con respecto a la teología, sea que haya nacido (o se haya convertido) en una congregación de las iglesias libres (metodista, presbiteriana, bautista) o en una comunidad de inmigración (luterana, reformada, anglicana). El trasfondo es en ambos casos una comunidad con escasa vinculación cultural con el ambiente y en el primero con un menguado aprecio por toda actividad intelectual. La teología juega en tal situación una función apologética, por oposición a una crítica.[36]

36 José Míguez Bonino, "El camino del teólogo protestante latinoamericano", *Cuadernos de Marcha,* N.° 29, setiembre de 1969, p. 59.

Podemos observar que la descripción que hace Míguez Bonino excede el ámbito eclesial al que nos referimos en este capítulo. Si tomamos como válida su descripción, el problema todavía es más grave de lo que pensamos porque se ve no sólo en el espectro *evangelical*, sino también en las iglesias llamadas "históricas". Más adelante, el teólogo metodista dice que para las iglesias "hacer teología es repetir." Del candidato a teólogo se dice: "Ya aprendió todo lo que necesita". Por lo tanto, no hay que estudiar más, pues "la teología como sistema de respuestas se constituye en un universo autónomo, un mundo divino, acabado, final, perfectamente articulado internamente, pero incuestionable desde afuera, cerrado sobre sí mismo".[37] Ese modo de comprender la teología está destinado a ser solo aceptado, pasivamente, por los miembros de la iglesia a la que corresponde pero no es útil para la sociedad y el mundo. Asistimos muchas veces a discursos eclesiásticos que representan un mundo, muchas veces medieval, que ya no existe. Se ignora que la teología responde a situaciones concretas y su articulación se hace en determinados contextos socioculturales que, como tales, están en permanente cambio. Esas teologías pueden seguir siendo vigentes *intra muros* de la iglesia, pero no son escuchados ni respetados fuera de esos ámbitos intraeclesiales.

Pese al desprecio que ciertos líderes hacen de la teología, la necesitan siempre, de modo que copian ciertos discursos elaborados generalmente en Estados Unidos y que reflejan esa cultura. No responden a la situación social, política y cultural de América Latina. Tienen entonces dos alternativas: esforzarse, previo estudio, por elaborar una teología que responda a las situaciones o repetir los discursos que otros elaboran. Obviamente, es más fácil optar por la segunda alternativa, con sus consecuencias inevitables.

---

[37] *Ibíd.* En el libro *¿Para qué sirve la teología? Una respuesta crítica con horizonte abierto*, Buenos Aires: Fiet, 1999 (2.ª edición, Grand Rapids: Libros Desafío, 2011) me he ocupado de distinguir cuidadosamente entre "doctrina" y teología. La primera la define cada iglesia. La segunda es un ejercicio (*teologizar*) que implica una actividad intelectual seria y permanente, porque es reflexionar sobre la realidad, siempre cambiante, desde la fe y con las más variadas herramientas del conocimiento humano.

¿Qué hacer para cambiar?

Si el criterio de verdad es directamente proporcional a la cantidad de gente que sigue a un pastor o a una pastora, no hay necesidad de cambiar. Pero si entendemos que la verdad no es un asunto de mayorías, entonces sí es importante procurar un cambio. En todo caso, como siempre, el cambio debe surgir de los propios pastores y pastoras de las iglesias, que deben promover el estudio de la Biblia, la historia de la iglesia, la hermenéutica, la teología bíblica sistemática, contemporánea, latinoamericana, etc. Si la Iglesia evangélica pretende elaborar un pensamiento que sea relevante para la sociedad y su problemática, no puede eludir esa diversidad de fuentes. Sólo una lectura superficial de la Biblia puede sostener lo contrario. A veces se ha apelado a lo dicho por el apóstol Pablo para justificar la aversión a la filosofía. Recuérdese el pasaje de 1 Corintios donde dice: "Ya que Dios, en su sabio designio, dispuso que el mundo no lo conociera mediante la sabiduría (*sophía*) humana, tuvo a bien salvar, mediante la locura de la predicación, a los que creen." (1Co 1.21 NVI). No podemos negar que aquí, el apóstol Pablo establece una oposición entre *sophía* y *locura* y parece desprestigiar totalmente a la filosofía.[38] Sin embargo, ésa sería una lectura parcial de los textos paulinos. En la misma epístola, el apóstol dice: "Hablamos sabiduría (*sophía*) entre los que han alcanzado madurez" (1Co 2.6). Y, en ciertas ocasiones, no tiene problemas en citar a los poetas griegos como en el famoso discurso en el Areópago de Atenas frente a los epicúreos y estoicos. O sea: si bien rechaza la sabiduría humana en su intento por conocer a Dios, la utiliza como herramienta para su discurso.

---

[38] Recordemos que en *Metafísica,* Aristóteles se refiere a la *Sophía* con referencia a la *Filo-sofía* como "el estudio de las primeras causas y de los principios." *Obras completas de Aristóteles,* II, *Metafísica Libro* I., p. 48, trad. Patricio de Azcárate, Buenos Aires: Bibliográfica Omeba, 1967, Aristóteles también indicaba que hay tres ciencias teóricas: la física, la matemática y la teología: "Pero la última que hemos nombrado supera a todas las ciencias teóricas." *Ibíd.*, p. Libro XI. VII, pp. 278–279.

Conclusiones:

La misión de la iglesia, inserta en la *missio Dei*, requiere hoy, como siempre ha sido, el manejo de las mejores herramientas a nuestro alcance. Como bien decía Paul Tillich en una predicación basada en 1 Corintios 3.18–19: "La cruz hace que Dios sea Dios. Y gracias a esta locura divina, nosotros logramos la sabiduría de usar lo que es nuestro, la sabiduría del mundo, la filosofía, incluso".[39] Únicamente la iglesia que considere que para colaborar con la *missio Dei* en el mundo precisa de todas las herramientas del conocimiento, podrá crear un pensamiento que no sólo sea escuchado dentro de las paredes de los templos sino también en los ámbitos culturales, sociales y políticos a los cuales está llamada a dar testimonio de Jesucristo.

---

[39] Paul Tillich, *El nuevo ser*, trad. Damián Sánchez Bustamante Páez, Barcelona: Ariel, 1973, p. 137.

Siga leyendo...

Reino, política y misión

SUS RELACIONES EN PERSPECTIVA LATINOAMERICANA

Alberto F. Roldán

ISBN: 978-9972-701-72-6

Tapa rústica, 224 páginas

www.ingramcontent.com/pod-product-compliance
Ingram Content Group UK Ltd.
Pitfield, Milton Keynes, MK11 3LW, UK
UKHW022025190726
13853UKWH00005B/2119